后现代主义书系
POSTMODERNISM

Légitimité et Politique

[法]让－马克·夸克／Jean－Marc Coicaud 著

佟心平 王远飞 译

合法性与政治

中央编译出版社
CCTP　Central Compilation & Translation Press

谨以此书献给苏茜·庞

致　谢

如果没有一些机构与人士所给予的信任与支持,此部著作就不可能完成。因此请允许我借此机会对他们表示感谢。

这本书的主要部分是我在哈佛大学教学与研究期间完成的。无论是在欧洲研究中心、国际研究中心、在哲学系或是在法律系,我总是置身于一个热情也充满激情的环境之中。各位同仁所给予我的支持是尤为可贵的,在他们之中,我要感谢帕特里斯·伊戈内(Patrice Higonnet),施坦利·霍夫曼(Stanley Hoffmann),塞缪尔·P. 亨廷顿(Samuel P. Huntington),哈维·C. 曼斯菲尔德(Harvey C. Mansfield),希拉里·乌特纳姆(Hilary Utnam),约翰·罗尔斯(John Rawls)和罗伯特·曼加贝拉·昂格尔(Roberto Mangabeira Unger)。

哈佛大学 SACHS 基金会和外交部给予了我决定性的财政支持,没有这项帮助,我将很难抽出必要的时间来完成这本书的写作。

在法国,我要感谢巴黎政治学院的让·勒卡(Jean Leca)教授。本部著作来源于我的国家博士论文,而他曾经非常乐意担当起该篇论文的指导工作。

很多朋友,通过他们的讨论,通过他们的鼓励,在研究中给予我各种帮助。对于剑桥大学,我要感谢文森特·高特斯(Vincent Gortes),米歇尔·多伊默(Michael Daumer),雅克·德利勒(Jacques Delisle),阿列克萨·吉拉斯(Aleksa Djilas),杰弗里·格罗斯(Jeffrey Gross)和让－米歇尔·罗伊(Jean－Michel Roy)。我还要感谢法国的迈斯·德·贝尔内德(Mailys De Bernede),奥利维埃·布罗什

（Olivir Broche），加布里埃尔·吉拉尔（Gabriel Girard），迪迪埃·卢韦尔（Didier Louvel），克里斯托夫·诺洛（Christophe Nnulleau），让－玛丽·佩尔兰（Jean－Marie Pellerin），亨利·鲁索（Henry Rousso），索菲·塞比罗特－尼索夫（Sophie Sebirot－Nlssof），让－贝尔纳（Jean－Bernard）爵士，帕特里克·威尔（Patrick Weil）。我同样也要感谢让－克里斯托夫·布罗西耶（Jean－Christophe Brochier），帮助我斟酌文字。

目 录

合法性,民主的合法性和
过渡时期在中国[①]
（中译本序）

这本关于政治的合法性的书是在一个特定的背景下写成的。这个背景就是当代欧洲大陆及以英美为代表的英语国家。他们对合法性[②]的司法的和政治的思考有着悠久的历史。因此,对于中国读者来说,本书会有些费解。基于这个原因,本书前言部分将尽量通俗地阐明合法性,更确切地说,是民主的合法性的定义。本书也会简单涉及书中观点对当下的关于中国国情争论的意义。

合法性的含义

最通俗地讲,合法性是对被统治者与统治者关系的评价。它是政治权力和其遵从者证明自身合法性的过程。它是对统治权力的认可。这种认可是建立在一系列条件基础之上的。而这些条件主要与认同、价值观及同一性和法律有关。它也对政治权力的行使和作用

[①] 我要感谢丹尼·贝尔、毕晓青、雅克·德莱尔、维多利亚和彼得·帕威林尼斯花时间审读序言部分并提出意见。他们对中国部分提出的建议很有帮助。其他的错误则与我有关。我还要感谢吴新平和玛瑞安·科林帮助我找到了中国出版商。最后,我要把这本书献给苏茜·庞。

[②] 真正有意思的是,欧美政治学界传统上对合法性问题的关注远不及欧洲大陆。

在责任感和社会化方面产生了一些约束。如果上述因素能够很好地结合，那么政府在制定规章制度的时候，合法性带来的将不仅仅是秩序和效率，还有司法的公正。

被统治者的首肯是合法性的第一个要求。法律的社会属性使这一点更加明确。个人权利与义务的观点和实践从根本上说是一种相互的约束。这种约束建立在妥协和退让上，也建立在个人一致的看法上。没有人承认的权利和义务是无效的，对个人的日常交往也就没有约束力。在设法协调个人关系时，在监督纠缠不清的权利和义务时，在本着交往发生在最低限度的互惠时，法律，特别是代表了在整个社会中负责分配权力的政治法律，很大程度上要建立在个人一致的基础上。在法律组织下的期望实际上是一个人们不得不遵守的社交体系。

合法性的第二个需求涉及社会价值观念和社会认同。认同需要社会满意度。没有满意，就不会认同。对于作为合法性重要因素的价值观念的认同起源于价值观的社会作用。价值观念是社会现实的延伸，它综合了两种品质。首先是现实中的描述的品质，它解释了人们把价值观念跟自己联系起来的原因。如果价值观念与现实毫无关系，人们就无法赋予它们意义。价值观念有助于区分什么是要遵守的原则，什么是要实现的理想和什么是要避免的弯路。它也是在应该表扬的和应该批判的方面达成一致过程中的一部分。

这也就提出了合法性的第三个需求，它与法律的性质和作用相关联。尽管合法性不应被简化为法律（这种倾向符合司法实证主义者对合法性的理解），人们也不能忽视法律在追求合法性过程中的重要作用。法律对于合法性重要作用的理解要靠澄清价值观与法律之间的关系来实现。要这样做就要强调价值观是法律的实质这样一个事实。价值观使权利和义务充满人情味，而法律的任务在于监督。价值观为法律的理论和实践提供了基础、目标和方向。法律是包含在价值观中的世界观，是等级观念的载体和组织工具。只有在这种条件下,价值观才能被解释成为法律。在法律与价值观的这种关系的基础上,法律相对于价值观有三个主要作用:制定为法,保护和升华。第一个作用认可了价值观念范畴的权利要求并使它们成为法律程序的一部分。价值观念成了法律规范的基础。一旦一种价值观被制定成为法律,那么司法系统的任务就是尽可能地保护并升华这种观念。

民主的合法性

本书没有详述民主的合法性的本质,但是它涉及了几项相关的内容来强调合法性在民主方面的重要性。由于合法性在民主政治中的集中性,合法性有时仅仅被认为是一种时髦的民主现象。但实际上并不是这样,尽管我们必须承认合法性是民主政治的重要特征。关于合法性与民主的紧密关系有各种各样的解释,它们接近于这样一个事实,即民主政治是社会化①精神的体现。对于这种情况,最好的解释之一可以在民主的价值和行使一致性权利及这种价值的被认可的合法性、重要性的理想特性中找到。一致性的重点存在于民主价值的内容和这种价值对个人权利的强调中,自由和平等的价值观和由它们创造的信仰和权利体系是对认同的重要性的展示。它们赋予了认同权力和权利。它们以法律的形式通过协商和选举机制得以实施并对统治者发起了挑战。由这种挑战构成的检验是民主机构合法性的重要组成部分。而对挑战的合理应对和对其结果的认可则证明了民主机构的合法性。

合法性是民主政治的重要组成部分。民主最大限度地鼓励了分

---

① "社会化"这个术语用来描述涉及互惠原则和参与者的权利义务动力的社会整合过程。关于这个问题参看菲利浦·阿洛特的《欧诺弥亚:新世界的新秩序》(*Eunomia:New Order for a New World*、牛津大学出版社,1990 年,第 152—177 页。)

权。在民主制度中,合法的权力从不意味着对任何人的占有和垄断。原则上讲,每个人①都能获得权力,包括政治上的、经济上的和社会上的。在当权者还没有运用权力制造垄断并阻止那些有潜力的竞争者争取权力的时候,权力和利益的分配不公在道义上是可以被接受的。这也就给民主的政治机构的职责下了定义。政治机构必须尽最大努力保证权力不能永久地被社会上某一部分人享有而牺牲另外一部分人的利益。在保证权力以不同的形式循环流转的同时,政治机构有责任维护作为民主价值观最精华部分的自由和平等精神。自由和平等为一个向往民主的社会中的成员的竞争提供了可能和公平。一方面,这些价值观念在强调个人权利的同时,允许人们自由追求个人利益。同样地,它们也认为个人的独创性作为整个社会活力的源泉非常重要,即使这会由于利益的冲突而产生潜在的矛盾。另一方面,自由和平等还可以规范和解决竞争中产生的问题。它们以最大限度的

---

① 这就是为什么对于民主合法性的理解不能局限于马克斯·韦伯那些关于合法性问题的原始著述上。比起民主的合法性和它所暗指的权力的公开获得和运行,马克斯·韦伯更注重权力的垄断和一般意义上的辩护。而且,对韦伯而言,合法性是一种没有理性基础的信念,就像他在各种相互竞争的合法性模式中没有看到合理的调和和区别的可能性。因此,他的关于合法性的观点产生于比较历史社会学框架内这一事实使他不可能持一种规范化观点。不管是在国家的范围还是国际范围,这与民主合法性在或多或少相一致的社会化模式中寻求调和标准和共同点的事实不符。就其本身而言,民主合法性只是现代性所产生的挑战的一部分,而后者意味着有关实践真理的讨论和有关多元化和史实性的社会组织方式的对与错的讨论。韦伯的关于合法性的观点与民主合法性的不同之处招致了对崇拜式阅读的背离。而这种类型的阅读在许多崇拜韦伯的政治学家们当中仍然很流行。崇拜式阅读导致了他们把韦伯的关于合法性的观点描绘成这一问题的最后真理。而即便是韦伯本人也会批评这种倾向。他实际上拒绝把理论具体化,他只是把它们看成帮助理解社会现实的解释工具,而不是使之凝固并宣称它是社会现实的全部。

灵活性来保证社会竞争平稳进行。灵活性，主要是政治，经济和社会的，以及连续的重新分配权力的可能性是自由和平等将竞争社会化和民主化的主要手段。为自由和平等服务的民主机构①使社会成员均衡地获得竞争的利益并承担竞争的风险。在风险和利益面前的个人平等是另一种形式的权利义务互惠。它有助于竞争中权力失衡的社会化。取得成功以后，这种机制使得权力分配不公能够被接受，因为开始的公平只是一种假设。只要不平等被假设成平等竞争的产物，或是均衡承担风险和获得利益的产物，那么不平等就可以假设为平等。不平等是可修改的和可逆的，因为它并不是永久的积累起来的障碍的源头。随着条件的改善和竞争的开放，不平等是可以被克服的。今天的败者也许会成为明天的胜者，而今天的胜者也许会成为明天的败者。对产生于公平竞争的灵活性的接受和保证会避免由积蓄的怨恨和绝望导致的暴力。在民主机构的帮助下，在平等竞争的条件下，自由和平等将使个人利益的追求者在社会化的范畴内得到最大限度的满足。

在尽力确保一定阶段内的权力霸权没有转化为权力垄断的过程中，民主找到了其合法性，也就找到了它持久的社会化的力量。只要保持平等和自由的可能性，个人利益的分配就不会带来破坏性后果。

中国，合法性和过渡时期的挑战

为什么这个对中国也适用？这里至少有三个原因。首先，中国

---

① 在这种情况下，受教育的机会是民主的最低限度的要求之一。这种机会赋予人们力量并使他们能够在社会上竞争。与此形成对比的是掌权的人并不是规范的公开竞争的和已被展示的优秀才能的产物，而是使他们获利的和以破坏所有人的受教育机会为先导的社会不公的产物。因此任何不重视国民教育的发展中国家及其精英分子都不能宣称这个国家在发展民主或是被公认为是民主国家。

政府是一个拒绝用武力对待其人民的政权,政治的合法性在国内是人们关注的政治问题。人民怎样评价政府的行为?他们怎样把这些同自己联系起来?中国人认为政府的责任是什么或者应该是什么?所有这些问题都促使我们思考和解决政治的合法性的问题。它们当然也是中国政府不可以忽视而且不能忽视的问题。合法性问题在当代中国占据重要地位的第二个原因是中国正在经历深刻的变革。实际上,中国自 19 世纪被迫向西方开放以来所经历的变革的深刻性赋予了合法性特殊意义。中国近代历史不过是一个连续变革的过程。这种变革或者被外力催生,或者由内力促成,抑或是两者共同作用的结果。所有的这些变化把政治的合法性的问题推向了中国政坛①的前沿。第三,在这方面,本世纪的最后 20 年也不例外。邓小平在 20 世纪 70 年代末进行的经济改革使中国进入了一个过渡时期。它影响了社会的各个方面,当然也包括政治体制的合法性。这当然对中国政治的未来提出了疑问。在接下来的几年里,中国政治形态的合法化和政治合法性程度将如何发展?

在设法平稳渡过转型期和妥善解决与其相关的合法性问题时,中国受益于其他国家不具备的因素。例如作为同样世界大国和共产党国家的俄罗斯就是这样。那么这些因素是什么,它们是怎样影响政治的合法性在中国的发展的?首先,中国共产党执政以后,高层领导中就有自由发表意见的传统。人们可以就不同的发展模式提出自己的见解。尽管后来有些沉默发生,但这些不同的声音从未彻底消失。

所以,当 20 世纪 70 年代末的改革到来的时候,政府就可以召回那些熟悉这个传统的并靠近权力圈的人,以及那些持有不同意见的人来启动新的政策路线。然而,在 90 年代初的俄罗斯,这种可能性

①　关于这个问题,参考肯尼思·利伯索尔:《统治中国:从革命到改革》,纽约,诺顿公司,1995 年,如第一部分和第二部分。

从未存在过。最后,只能依靠国内一些毫无经验的人和国际专家。这成为俄罗斯走向平稳过渡的致命障碍。第二,俄罗斯的过渡是以一种突然的方式在毫无准备的情况下开始的。与此不同的是,中国体制调整早在20世纪70年代末就开始了,并且至今仍在进行。因此,在过去20多年的改革历程中,各个方面的参与者——普通老百姓、领导层、政府机构都有充裕的时间适应和接受变革。这与俄罗斯式的一夜之间的突变大不相同。尽管上层的不一致有时不被外界知晓,这种分歧却是个重要来源,因为它来自熟悉这种制度内幕的人们,如果需要的话他们会提供改变政策的办法。① 第三,尽管中国的经济和社会改革是由上层发起的,改革却直接关系到社会底层的民众并着重赋予他们经济权利。这成为了转型过程的一部分。而俄罗斯的改革至今仍发生在上层,那些靠近权力圈的人是唯一受益者。第四,俄罗斯没有可以依赖的海外资金。相反,中国却受益于遍布东南亚乃至全世界的富有的、强大的华人团体。他们超群的经济实力使得中国在面对国际金融机构的指令和国际私人财团的威胁时不再脆弱。第五,前苏联政府在过渡期被毁,而中国政府却在推动改革的进行。在过渡时期,它是维护稳定和秩序的主要力量。第六,中国人口众多且极具上升期的活力,而且中国传统文化对商业和贸易有很高的悟性。比起浪漫但不切实际的俄罗斯民族,这些因素在转型期具有更积极的意义。

中国正在艰难地渡过转型期,并在这个过程中得到了壮大。在这种情况下,经济增长及其对中国社会造成的影响成为政权的政治

---

① 这种可能性在20世纪90年代早期的俄罗斯是不存在的。经济改革被毫无经验的俄罗斯技术人员和国际顾问操纵。在俄罗斯的过渡时期,这种组合是致命的。关于这个问题,参考彼得·雷德韦和德米特里·格利斯基:《俄罗斯改革的悲剧:市场布尔什维主义对抗民主》,第五章:追忆过去:政治经济领域的休克疗法,华盛顿特区,美国和平研究所出版社,2001年。

合法性的主要来源,中国的进步使其在西方面前成为我国今后国际竞争中的有力挑战者。① 所有这些都使人们对中国政治的未来作出了乐观的预测,尽管这种判断是谨小慎微的。中国政府过去 20 年的改革导致经济高速增长的事实也是采取乐观态度的原因。经济增长以及它对中国社会产生的深远影响是中国政权政治合法性的源泉。但是我们也不能忽略这当中遇到的问题。上面所提到的使中国受益的因素并不是取得积极成果的自动保证。要获得更深层次的政治合法性,中国要认真对付面临的诸多挑战。那么这些挑战是什么,中国又怎样迎接呢?

首先是正在扩大的社会和经济的差距。经济增长给国家带来繁荣的同时,也带来了社会和经济上的不公。这也正是中国政府付出努力想要消除的。在改革初期,这种差距尚不明显,远未达到现在的水平。随着经济的不断放开,两极分化越来越严重。这种分化给中国的政治未来带来的影响目前还难以估计,但这两者肯定是密切相关的。过去 20 年经济的快速增长提高了人们的期望值。再加上体制的政治刚性,都会引发人们心理上的烦躁和不安从而影响政治稳定。现任的中国领导层和政治机构如果能更有效地遏制腐败的蔓延,中国的老百姓就会更有耐心并重新树立对政府的信任。最后,政府机构腐败的猖獗也许是最危险的挑战。对于现任的政治机构来说,制止腐败是在转型期维护信誉最保险的办法。实际上,老百姓对政治改革的耐心,尽管靠目前的稳定形势支撑着,最终还要依赖于领导层治理腐败的效果。

---

① 然而西方对中国现状的评价显得既不全面又不怀好意。那些强调中国快速发展的观点都忘记了中国还远远不是一个经济大国:它对亚洲国民生产总值的贡献只有 5%,而日本是 30%;而那些惊异于中国进步速度之快的人经常把这个国家当成一种威胁并讨论遏制其发展的政策。美国在这方面的表现尤为突出。

中国,民主的合法性和西方的影响

　　现代西方的民主社会是地方传统与现代性的混合体。形成政治和社会认同与参与机制的程序和内容是二者相结合的产物,是二者不断对话和相互作用的产物。所以说到民主合法性的标准和原则时不要以为它们是凭空产生的。它们是在一定背景下产生的。它们与环境必须相互适应。隶属于一个政治团体的感觉和对其忠诚以及对公民道德的实践经常成为一个成功的相互适应的证明。意味着民主的合法性不是孤立存在的。由于西方对现代社会的影响是不能回避的,民主合法性产生的背景就会有些疑问。转型期的社会要面临双重考验。在寻求国内的合法性和国际认可时,中国必须在信仰和实践上靠近民主的现代性。但是这么做意味着中国必须应付来自西方的影响。这种影响与民主的价值观相关联的事实并不一定能消除引进过程中的痛苦。对于一个社会来讲,引进外来的价值观并不是件容易的事。对他们来说,在接受民主的原则时不背叛自己的认同感和合法性,不在国际霸权势力的强力干预下贬损自己是个艰巨的任务。当然,这是中国在现代历史上必须面对的挑战。

　　在历史上,中国的对外关系总是很紧张。从 19 世纪下半叶以来,这种紧张表现在与西方特别是美国的关系上。后来是同亚洲的邻居日本。相对于西方来说,中国必须尽量适应源自西方的变革同时保持自己的特色。在这种情况下,中国本土的传统与来自西方文化的影响相互作用。

　　目前,为了适应转型期的变化,中国要面对自身的和外部的压力。中国将在对外开放和保持特色方面寻找平衡。在这个过程中,中国在逐渐调整和重新评价现行的政治格局。保留什么,调整什么尚不清楚。但有一点可以肯定,就是中国在解决政治同一性方面会有所提高。中国社会下一步变化程度之深足以使我们把反思目前的政治制度及政治合法性当做当务之急。在这种情况下，当然不是由西方来说中国是什么或是应该怎么做。西方所能做的最好的就是听听中国人到底想要什么并支持他们走自己的路。毕竟，要走什么样的道路，要建立什么样的合法性制度是要由中国政府和中国人民决定的。当然，在变革中，中国既要重塑自己，也要找回自己。

我曾在几年时间里遍游中国。我逐渐发现并欣赏中国这个礼仪之邦和彬彬有礼的人民。如果这本书（尽管理论性很强）能够对中国解决面临的政治问题有所借鉴，将是我真正的欣慰。这本书是我很久以前写成的。那时候，我还不能想象它被译成汉语。如果它能对目前关于中国政治的讨论和思考有所帮助，我也会感到真正的满足。

（郑颖　译）

引　言

　　何为政治合法性？在何种条件下我们可以谈论政治上的合法地位？这些问题在表达上非常简单，但却并不因此而就不复杂。给这些问题以令人满意的回答，意味着要逾越一定数量的难题，在所有的这些难题中，处在首要位置的就是政治判断的概念。

　　事实上，面对这样的概念，需要求助于政治领域中的"判断能力"。这种判断能力在于对担负着社会正常运转的领导人和机构所采取的决策和行动进行评估。它意味着政治判断的标准问题必须得到清楚的阐明，即对于那些能够评价政治关系公正性的因素，必须确立其获得有效性的条件。那么，这些标准的立足点在哪里？到哪里去寻求这些标准？又如何来确保它们的可信性呢？

　　合法性这一主题，由于它的复杂性，在当代的政治思考中处于一种自相矛盾的境地。

　　一方面，人们承认，合法性在政治生活的运行中是至关重要的。因而以描述和解释政治生活运行机制为目标的分析研究都对其予以关注。所以如果我们愿意将观察家们在其工作中所使用的术语进行分类的话，那么"合法性"这一词将会出现在前沿队伍之中。事实上，无视这一概念的著作和观察家是十分罕见的。

　　而另一方面，对合法性理念的探讨又经常会引发缄默。虽然合法性与判断能力密不可分，但是使用它的大部分著作却厌恶对合法性所包含的判断范畴进行考虑。它们拒绝通过思考政治生活的评估标准来研究统治权力发生的条件。我们会看到，马克斯·韦伯对合法性的分析大都属于这种情况。

因此,目前有关合法性这一问题的研究情况非常混乱:合法性概念的重要性已被承认,并已经被这一事实所证明——所有的政治生活观察家都情不自禁地引用它;但与此同时,在谈论政治判断这一问题时(他们)保持缄默。

因此,当我们考虑"何为政治合法性"这一问题时,紧接着我们立即就会考虑另一个问题:究竟应该如何解释在当代的政治思考中,对合法性理念的研究似乎并没有将对政治领域中判断能力的思考包含在内?这种"忘记",或者说是这种"否认"迫使我们通过一种相对全面的角度来理解合法性概念的内涵,也迫使我们解释它在当代政治研究领域中所处的悖论地位。

因此对合法性的一些重要主题进行分析将成为我们的出发点。接着,对合法性问题和判断能力的审视将把我们引入到思想与现代社会历史的中心。在此基础上,就有可能构建出一些假设,这些假设可战胜那些构成合法性惯常研究途径特点的各种疑难。

因此,本书的第一章将给出合法性的定义,并据此阐明其在政治领域中的含义。合法性理念首先是通过它与赞同、规范网络和法律这三个概念的关系来给出定义的。在一个社会内部,个体之间正是围绕着这一规范网络来达成一致的;而法律是作为保护与颁布就合法性所达成的一致而被构想的。在这种情况下,从合法性的角度来理解政治将力图从权利的角度来理顺指挥关系,并努力建立统治者与被统治者之间的责任动力,这种动力本身也需要政治判断这一理念。由于这种导向强调探求政治关系应具备的条件以使其具有权利与正义的特征,因此就有别于政治分析中的马克思主义与实证主义的观念。

第二部分将会分析一些反对意见,并指出其局限性。这些意见反对从合法性的角度来分析政治。因而,合法性概念在当代的政治思考中之所以处于悖论境地,这些反对意见正处于其中心;我们将通过理论和方法论两个专栏来汇编出这些反对意见。显然,在这两个层次之间存在着一种互相补充的关系。

　　理论方面的反对意见主要在于拒绝从统治权利的角度研究政治的可能性。这或者是因为法律活动与正义这一主题之间所存在的特殊关系受到了质疑；或者是因为个体的赞同被认为起不到任何作用，或者是因为合法性的一切问题都被归结为政治的道德认知感，甚至政治竟被认为与伦理学范畴的有关原则毫不相关。

　　至于方法论方面的一些反对意见，它们主要在于质疑从价值的角度来研究政治现实的有效性。这种反对意见建立在经验主义的基础上，而这种经验主义却首先是通过现象与价值的分离来确定的，这种分离排除了对判断能力的运用，也排除了对实践推理的任何考虑。

　　这种批评意见虽然主要属于马克思主义与实证主义流派，但同样也可以参照其他的一些作者，比如说那些经典流派的，像马基雅维里、马克思、韦伯，特别是可以参照当代的一些作者，如皮埃尔·布迪厄（Pierre Burdieu），西达·斯考伯尔（Theda Skocpol）。这些批评意见包含着重大的局限和矛盾：如果法律范畴并不是某些人所描述的那样是公平的天堂，那么它也并不会因此而沦落为一个或多或少被掩饰的暴力世界。因此应该考虑到各种因素，并审视法律范畴究竟是怎样在实际上成为社会生活的坚决要求，表达出社会与政治正义的理念，并有助于这一理念的实现。此外，个体赞同的作用也不应该执拗地加以否认，因为它构成了政治关系的核心因素之一。再者，道德对政治来说并不是陌生的。虽然在严格的意义上政治并不能被认为与伦理学的原则与行为相同，但是它也并不能完全忽视道德，以避免看到在同一个共同体内部的成员之间的关系转变成为一种公开的战争。最后，现象与价值的分离，无论是在理论层面上还是在方法论层面上，都是既不可能、也不是我们所希望的。因此，对合法性的分析必须要摆脱狭隘的经验主义与实证主义。

　　第三章将会表明，这些理论上和方法论上的反对意见在当代的政治思考中所占据的地位，虽然经常很模糊，但却非常重要，因而也就被纳入了社会理论与现代社会的历史。它们可以在对社会与政治现实进行分析的唯科学主义观的垂直发展脉络中找到自己的位置，就像该种观念自17世纪以来在自然科学研究的影响之下进行发展一样。从这个角度说，霍布斯（Hobbes）和孟德斯鸠所作的研究可以作为出发点。然而在这样一个交融期后，在思想启蒙时代，在理论理由和实践理由之间却出现了分裂。马克斯·韦伯对现象与价值的分离所作的思考就足以证明这一情形。然而，如果社会本身没有经历过一次它自身价值依托的危机，或者扩展开说，各种总体价值依托的危机，那么理论理性与实践理性的分裂就根本是不可能的。此外，如果说这场危机在某种程度上是区分前现代世界和我们所熟知世界的断裂运动的产物，那么它也同样是现代性的理想状态发展进程的结果。这些理想状态虽然得到了不断发展，并试图实现普遍性的目标。然而它们却反过来损及到了它们自己，最终将合法性问题作为了政治思考与政治实践的中心议题：它们不仅在横线上而且在纵线上构筑了合法性，而社会现实却是无法完全据此进行调整。因此，合法性也就成为了现代政治生活的核心问题。

既然现代性在面对合法性时必须要迫使自身来面对这些疑难问题，那么怎样才有可能战胜它们呢？本书的最后三章将试图回答这个问题。这三章将给出三种互相补充的思考途径，这些途径都与合法性理念和历史经验、共同体经验之间的关系有关。将这几个因素连接在一起，将能够在社会与政治现象的分析中重塑实践推理与判断能力的功用。

第四章将阐明对实践真理所作的真正思考必须要与对历史所做的唯科学主义的诠释区别开来。从这一点来看，马克思主义者与韦伯主义者的历史观则同样都是靠不住的。每种历史观都以它们自己的方式阐明了参照合法律性（légalité）理念看待合法性（légitimité）理念的危险。卡尔·施密特的理论则对权力屈从于政治命令所暴露出来的危险做了精彩的阐述，然而他的理论却是在对马克斯·韦伯学说的发展中展开分析的。但无论如何,唯科学主义的马克思主义与韦伯主义的指导方针都呈现出一种追求绝对怀旧特征,这使他们无法以如下方式来将真实性问题置于历史当中:这种方式将使我们能够以一些令人满意的字眼来考虑合法性问题。

第五章会着重指出,与这些理论相反,由于人类现实和为了对其进行评估而建立的参照系所具有的多元性和变化性在现代性中占据着至关重要的地位,因而在现代性中行使判断能力必然导致重新审视历史观以及历史与社会政治理论之间关系的观念。这一点可以通过这两个互相补充的指导方针来加以说明:首先,如果从对合法性研究的角度来说,对有关经验论各种资料的重视是有益的,那么也只有在这种重视与我们所称之为价值的东西紧密联系在一起之后,它才能够称得上是有益的。正是这一点督促我们要认真对待在人类现象的构建中价值的重要作用,同时也督促我们不要将价值哲学领域描绘成是无理性的,并因此而阻碍了在它的组成因素之间建立等级的可能性。但这也同时意味着我们要采取一种中立与客观的视角,它将会引入一种正在被运用的对人类现实的研究途径。其次,对判断能力的论述也意味着要阐明在社会与政治现象的分析与历史之间所存在的关系的类型。判断能力的适用领域将得到确定。通过这种确定,判断的标准将得到阐明。确切地说,这涉及到务必要使对社会与政治现象的分析以及能够从中派生而出的对统治权利的评价不依据同我们所审视的情形不相干的标准进行。

第六章也是最后一章将会指出建立一种政治评议理论的重要性。这种理论将"可能"与"必须"之意义紧密相连,个体认同于这种意义,并以这种意义为起点通过考虑他们的处境与他们的正义与非正义的标准是否相符来评价自己所处的情势。正是从这个角度来说,前面所引述的对历史的思考获得了它全部的力量。同时,对于个体所生存其中的社会,其同一性需要某些价值来获得确认;而个体也正是以某种方式通过这些价值来重新认清自身。因而,事实上,正是通过思考个体这种自我认清的方式,正是通过审视个体认为预留给他的位置可以接受与否,对合法性的研究才有可能被更加推进向前。换句话说,这意味着应该观察个体在他们所属的共同体中是如何来确认他自身位置的。从这个角度来说,就有可能阐明我们正在研究的政治情势是否具有合法或是非法的特性,阐明由既给社会的同一性所推动的权利理念,阐明个体在面对这一权力理念时所表现出的接受或是拒绝的态度。被统治者对统治方式的拒绝将会导致各种不满形式的产生,或者也很有可能导致一些或多或少具有战略意义的政治转变。这一事实有赖于力量对比关系的情形,尤其是有赖于反对者在他们发泄不满的行动中所具有的获胜的机会,以及有赖于这样的行动所付出的代价,不论是物质的还是象征的。不论怎样,我们有可能通过个体在社会生活中授权的方式及程度来重建政治合法性和非法性的指数,而没有必要亲临各种激进的动荡。因而,合法性问题的这个侧面可以通过分析如下的进程来进行研究:通过这种进程,我们就能够从被当局所禁止的、甚而是被他们移交司法审理的请愿活动,过渡到表达我们自己的观点——这些观点将开始被听取,并最终合法化。

显然,确定这样的研究途径意味着从方法论上到思想上都要下定决心。首先,尽管这项工作属于政治科学的范畴,然而它却并不局限于此,同样可以求助于哲学、社会学和法学的领域。事实上,合法性问题,由于它的发展状况、它所处的地位,由于各种社会纽带均汇聚于此,一上来就应该从多种学科的角度来理解。要补充一点的是,本书以大量的篇幅回顾了社会政治思想发展史。然而,但问题并不因此就在于透彻地阐述(上面)所提及的思想与历史现象,为了这些现象本身而阐述。这些问题之所以被讨论,是因为我们更多地是将它们作为合法性或然判断形成过程中的指数与显示器。最后,在关注合法性问题时,我们还要重视人类现实中规范的领域,审视如何恢复其地位。

所以从方法论到思想上所下定的这些决心就可以解释本部著作的双重目的:一方面,本书将明晰历史的一种重新构建或是重组;另一方面,这种重新构建是用来分析对实践真理进行思考的可能性。所以,很显然,这里并不涉及到提出某些抽象的解决方法或是给出某些抽象的答案。相反,此书的目的在于指出:寻找历史根源,并不是要禁止政治判断能力或是使关于它的疑问成为多余,而是因为这种寻找迫切地需要它。简而言之,这里涉及到借助于历史的观察角度,通过在行为规范领域中的研究,来建立起一种分析合法性问题的途径。

从这个角度来说,由于对政治科学的研究历来都是从一些常规的途径着手,因而本书所进行的分析也就为这种研究提供了另一种选择。

首先,它有别于对政治现实进行研究的实证主义途径。本书的分析显然并不否认实证主义研究的效用,但是它却并不承认这种途径的霸权主义意图:后者正是萦绕在我们周围的唯科学主义、习惯的惯性作用和某种思想上的惰性相结合而造成的综合结果。正是这三个因素导致研究人员偏离了某些首要问题:这些问题的复杂性与本身属性意味着对它们的回答只能是临时性质的,并且可以不断地进行修正;此外,这种回答与法国科学界中被认可的某些理念也是背道而驰的。

其次,历史在本书中得到了运用,但目的却并不在于研究自身。我们毫不否认历史研究在使过去重新适应(理论)以及在记忆的构建中所发挥的重要作用,但是有时候,考虑某某人曾经说过什么,他曾经想怎样说,他曾经怎样想,而不是努力地去思忖究竟应该在现在并且也是为现在而思考些什么,这倒是一种便利的解决方案。显然,我们总是在考虑寻求他人的帮助,与他人在一起思考。但是如果竟至将对政治的思考简化为对过去的重新筛选,简化为对著作的评述,那么这也正是政治思想本身的衰落。但是这部著作也有别于那种反历史的愿望,通常来说,盎格鲁—萨克逊人的哲学作品正具备这一特点。这种愿望是英国经验哲学遗产——在传统上这种哲学很少求助于历史研究、新大陆的文化特色以及具有重要作用的分析哲学的产物,它的结果是创造出了一些可以重复的情势。然而这种研究竟至达到了对历史的无知与遗忘的境地,这正是应该竭力避免的。

最后,既然论及了合法性问题,这也就意味着必须要重视权利这一主题,并考虑那些使得行使政治指挥权获得正义性的条件。因此,这也就与某些法国科研与大学机构所过分维系的指导方针背道而驰:他们拒绝承认法律要求与正义之间所存在的关系。这种情况可以通过实证主义与马克思主义的共同作用来予以解释:实证主义没有将"权利"与"价值的内容范畴"连接起来;而马克思主义,我们知道,它对法律要求进行了怎样的批判。但是,这种情况也可以通过在法国权利与国家之间所存在的关系,以及通过国家所处的、源自其自身的教导地位来进行解释。在这个六边形的国度中,权利与国家紧密联系在一起——而这,比如说,是与美国不同的;在那里,民主理想的发展要先于国家的出现,而国家机器也不像法国的国家机器,凌驾于市民社会之上。因此,这个事实以及权利能力的保守主义的趋势并不易于均衡的法律研究的出现。此外,部分地也是因为,有关权利的哲学在法国一直以来都是一个没有得到发展的学科。简而言之,权利在法国,由于它与国家的联盟关系,长久以来,或者是威信扫地,或者是受人尊崇。

所以,对合法性的思考也就回到了对权利的关注,但是考虑这一问题的角度却并非是法国传统上习惯使用的。显然,随着左翼意识形态的退缩,今天越来越多的著作开始论及到了权利问题。然而,当这些作品无法再将权利说得十全十美之时,它们就会经常过分自满于按照它们自己的方式来重新建立国家与权利之间的平衡,因此它们也就在这一点上屈从于一种思想发展史所习惯的平衡运动。然而,考虑一下究竟在何种条件下权利才会满足正义的要求却也是更为明智的。

　　因此,通过与价值范畴的联系来分析合法性将会引出在政治中何为"善"的问题,并使我们重新重视对政治的规范思考方法;这种规范思考方法当然并不屏弃实证分析中涵盖的所有要素。换句话说,这就是要使政治思考回复到特别是政治现实主义曾使它所偏离的轨道,即责任的轨道与义务的轨道。因此,这种研究途径,它不仅关心对人类现实的分析与理解,它还试图完成对某些价值的定位,这其中就包括尊严。因此,本书的目标之一,并不是要提供某些思考与行为准则,而是要指出,在政治研究中排除价值、判断能力和何为"善"的问题,这既是不可能的,也是我们所不希望看到的。

　　法国在传统上将对价值评判进行分析的角色给予知识分子。同时在这个国家中阴极经济鼓动着对矫揉造作的追逐,有关各种思想的辩论也具有高度的论战性;这两种情况都强化了所存在的这种事实状态。因此,研究人员和学者们本来就难于让人们听到他们的声音,更何况他们的科学观也倾向于禁止他们表明立场。在如此的背景下,本书的创作动机在于它表达了这种关注:科学在世界中演变,它也尝试着能够有助于世界的改善;因此,科学对这个世界并非是无动于衷,这种理念必须要加以保护,加以阐明。所以,按照马塞尔·莫斯(Marcel Mauss)的说法,在科学中我们不应该走得太慢,在实践中,我们也不能够等待①;因此,对这两大领域的研究就需要一种平均速度。而政治研究也只有以这种速度才能够更好地面对现实,面对它所赖以发展的世界。

　　如此研究,意味着在谈论这些问题时要采取迂回的方法,对于那些想要立刻获得答案的人来说可能显得尤为漫长。然而经验表明,如果观察时眼光匆忙,而又距离太近,那么有些东西就有可能看不到;而保持住耐心与一定的距离却最能够使我们经常看清这些东西。

---

　　① 　马塞尔·莫斯:《作品集之三,社会一致与社会学的分裂》,巴黎,午夜(Minuit)出版社,1981年,再版,第579—580页。

第一章　何为政治合法性？

"合法性"的定义：统治权利

合法性问题，虽然是政治中的核心问题，但却并非为某一学科的排他特性。哲学、政治学、法学、社会学、政治人类学也同样将合法性作为其优先研究对象。有关的图书资料之丰富已足以证明这一点。然而，每一门学科都代表着一种理解现实的特殊方式，因此，即使表述的论点呈现出显著的不同，这也并不令人惊奇。并且，如果我们比较各个作者的著作抑或是各个思想流派，我们就会发现，即便是在某个学科的内部也都存在着重大的分歧。尽管如此，却仍存在着共同之处：合法性这一观念首先并且特别地涉及到统治权利。合法性即是对统治权利的承认。从这个角度来说，它试图解决一个基本的政治问题，而解决的办法即在于同时证明政治权力与服从性。①

同时证明权力与服从的合法性，这是合法性的第一要旨。而统治权利及其衍生物——政治义务，正有赖于这种双重目的的论证。但是这种论证要得以成功，它还必须至少实现三个补充条件，这三者与赞同、法律和规范这三个在现实中密不可分的领域有关。对这三个概念的审视可以使我们观察它们究竟是以何种方式构成合法

---

① 参照雷蒙·阿隆(Raymond Aron)：《民主与极权主义》，巴黎，加利马尔出版社，1976年，再版，第52页。

性的。

赞同与合法性：从权利到政治权

把合法性定义为统治权利，意味着赞同扮演着一个重要的角色。对公共特性的研究有助于更好地理解这一论证。

从广义的观点来看，权利在于确定归属于每个个体的那部分事物，即理应给予他的合法份额。[①] 所谓归属于每个人的事物，即是被明确地称之为"他的权利"的那部分事物。因而，个体的权利，只有在与他人相比较而言时，才具有意义。甚至权利这一观念本身便意味着存在着某个共同体。因为，在只有一个人生存的世界上，权利并没有存在的理由。事实上，权利既是冲突的结果又是解决冲突的灵丹妙药，因此，一方面，当至少有两个人谋求对某一特定财产的支配时，权利便与这一竞争状态密切相关；另一方面，它也与某种共存关系的创造紧密相连。

从这一角度来看，权利的公共特性便被明确地表现出来：由于法律限定了究竟什么是不可剥夺的因而必须得以尊重，所以，权利的目的便在于通过法律来协调个体之间的行动，并协助建立起一个社交网络。[②] 后者使得交换能够在一个确定的框架内、在一种互利的形式下进行，也就是说，在一种错综复杂的权利与义务的网络中进行。因为，任何一种权利都是与义务相对应的。

显然，公共空间的这种运转不能没有个人的赞同。它甚而正是后者的产物。事实上，赞同在这种互利机制中所扮演的角色是决定性的。因而，一项权利，如果没有任何人承认它的有效性，那么它也

---

① 参照米歇尔·维利(Michel Villey)：《权利的哲学》第一章《权利的定义与目的》，巴黎，达洛斯(Dalloz)出版社，1982 年，再版，第 146 页。

② 对于权利的公共特性(由于权利是社会的，因而是公共的)，请参照埃米尔·涂尔干(Emile Durkheim)：《论社会分工》，巴黎，法国大学出版社，1986 年，再版，第 96 页。

就不具备真正意义上的权利特性。权利的属性即在于它是一份有效的产权证书,因而可以非常安全地享有它。① 并且它必须要以一种无可置疑的方式得到认可。但是,由于给予某些人的一切正是他人所必须放弃的,因此个体权利只能通过建立在妥协与让步这一理念基础上的相互限定,才能得以实现。

正因为如此,义务即是对权利有效性的承认:我们感到对某个个体负有义务,意味着我们承认他的权利;相应地,这也预示着这个个体也同样地认可我们的权利。② 换句话说,权利是指与他人就有关构成每人份额的部分以及应互守义务的部分所达成的谅解。权利在组织起个体之间持续关系的同时,也创造了某种相互的期待,只有得到每个人的赞同才能使之得以实现。

对于权利的赞同,当它涉及到统治权利时,它的重要性通常说来会表现得尤为显著。政治机构通过它们的决定,调动起整个社会。在这些决定中,我们可以分辨得出那些与调节或协调各个个体或特殊集团相关的决定,以及那些与将整个社会动员起来的集体事业或行动相关的决定。③ 从这个角度说,政治机构解决冲突,是因为这种冲突不仅在国内层面上而且在国际层面上威胁到了共同体的紧密一致。颁布法律、进行审判、领导战争是典型的政治活动。因而政治机构作为公共空间的保证人,它既是权利的工具,又是权利的表达。正是这一点给予了政治机构以指挥地位以及它对强制力的垄断。同样

---

① 这正是孟德斯鸠在为自由下定义时所认识到的权利的特点:自由是"精神的安宁,它来自于每个人都具有他的安全感这一判断"。《论法的精神》,巴黎,加利马尔出版社,《全集》,第二卷,1976 年,再版,第 397 页。

② 参见约翰·普拉梅纳兹(John P. Plamenatz):《赞同、自由和政治义务》,伦敦,牛津大学出版社,1968 年,再版,第 85 页。

③ 我们从让－威廉·拉皮埃尔(Jean－William Lapierre)有关政治体系的评论中得到启发。《政治体系分析》,巴黎,法国大学出版社,1973 年,第 34—35 页。

也正是这一点将赞同放诸统治权利的核心。

　　既然政治机构保证公共空间，即保证在某个既定社会内部个体之间的互利关系，因而，它协调与指挥集体事物的角色，就只有在获得了全体人民赞同的条件下，才能够具有法律的特性，这是符合逻辑的。赞同对于权利的常规行使是必要的，同样，它对于确保权利的良好运行也起着作用。因此，当对整个共同体利益的防卫而导致有必要将团体生存的总体条件置于某个个体权利之上时，这一点就显得尤为真实。

　　权利是建立在对个体权力的相互限制这一原则的基础之上的，政治机构正是使这一原则得以固化和系统化。但是，政治机构并非只是使人消极地承担义务①，正如在民法范畴中那样，每个人都必须坚守自己的领域并同时尊重他人的特别权利；相反地，它要求共同体成员的积极参与。这种竞争使得个体走出他们急功近利的樊笼，特别是当战争爆发时，甚而能够牺牲他们的生命。

　　对个体自由可能的根本限制处于政治功能的核心地位。因此，为了建立统治权利，这种限制便造成了对赞同的需求。由于权利与义务之间的动态关系预示着对于所放弃的部分应达成一致这一观念，因此，义务越是繁重，权利关系的建立就越必须以更高程度上的赞同为前提。为了使政治指挥能力具有法律的特性，并不至成为对力量的非正义使用，赞同的程度和价值必须要和强制义务的广度成比例。② 政治权利的存在正是与这个方程密切相关。因而，只要一个

----

①　参见埃米尔·涂尔干就消极的连带责任所作的论述:《论社会分工》，第 87 页。

②　这正是迈克尔·沃尔泽(Michael Walzer)在他的著作《义务》之《论抗命、战争与公民权》(马萨诸塞，坎布里奇，哈佛大学出版社，1982 年，再版)一篇中针对此问题所阐述的不同方面。特别请注意这一段:"在赞同这一理论背景条件下，我们不能说因为统治是合法的，因而公民就应该遵守义务，而更应该说因为公民同意，所以统治才是合法的"(见第 12 页)。

政府是建立在赞同的基础上,那么以集体的名义采取行动就不可能是一种毫无意义的形式。

因此,当赞同在一开始就将政治指挥纳入到互利的范畴之后,它在将合法性定义为统治权利时就扮演了一个重要的角色。赞同建立了义务感,并使政治生活成为了对规则与程序的追寻,因为正是通过后面这二者,共同体的成员互相谅解以便互相遵守义务。从这个角度来说,赞同与那些唯一地建立在暴力基础上的政治活动不同,它在明确的界限之内证明了对强制力诉求的合法性。但是这种证明并不能消除"赞同"这一术语所表明的张力状态。赞同,即指接受一种情势,这种情势包含着所放弃的份额,并被反映在服从这一义务之中。因此,正是在这个意义上,统治者与被统治者之间的权利关系可以按照"政治权威"这个字眼来理解。合法性问题导致了权威问题,这是因为后者所表明的是指挥与服从的关系。而统治与屈从的关系却是单纯地建立在个体或团体间力量对比的基础之上,因此,将前种关系与后种关系加以区分的标准在于:指挥与服从包含有赞同。此外,这也正是汉娜·阿伦特(Hannah Arendt)在论述政治权威时所指明的:

> 因为权威总是要求服从,因此权威(autorité)经常会与武力(force)或是暴力(violence)相混淆。无论如何,权威排除对强制的使用;一旦武力被运用,权威本身便失败了……如果权威可以被定义的话,那么就应将它与武力区别开来……在指挥者与服从者之间建立这种权威关系的基础在于他们承认该等级制度的公正性:在这种等级制度中,每个人都占据着一个明确而稳固的位子。①

---

① 汉娜·阿伦特:《在过去与未来之间》之《政治思想的八种应用》,纽约,企鹅丛书出版社,1983 年,再版并增补,第 92—93 页。

　　虽然"专制的（autoritaire）"这个词①通常被认为具有贬义，被作为专断暴力的同义词，但是政治权威的概念确实是与合法权力密切联系的。② 权威由于是服从者之所求，因此它表现为属于合法性范畴内的强制力。所以，正是这种意愿给予了政治权威以有效性。政治权威为了共同体的利益而采取行动并发号施令，被号令者则要遵守它。政治权威是给予一定数量的男子和妇女的决定权和行动权，它是团体所同意认可的准则的人格化。各个个体之所以认同政治权威，是因为他们在其中既看到了集体精神，又看到了使之得以保存的工具。

　　因此，赞同之所以在合法性的建立中起到作用，正是因为它在构成普遍意义上的权利与构成特别意义上的政治权利的这种相互关系中处于基础地位。如果统治者尊重共同体成员的权利并完成他们的特别义务，那么个体就会为了政治机构的利益而放弃他们的部分行为能力。换句话说，他们承认政治机构的统治权利。只要存在着赞同，那么对权力与权利的同一性的判断就将一直延续下去。如果这种赞同被收回，那么这将构成政治缺乏合法性的标志。

　　因此，赞同是统治权利的必要条件，而并不是充分条件。事实上，虽然政治合法性使得处于指挥地位的个体和处于服从地位的个体之间的这种关系具有效力，但是它却并不只能建立在像刚刚被论述的那种赞同的基础之上。因为赞同引入了一个"程序"，而对该程序的执行预示着其内容应予以参照并预先取得共识。这就是为什么，虽然赞同对于政治合法性的建立是至关重要的，然而这种建立却只能按照构成权利与义务实质内容的价值来进行。这一点导致我们涉及到合法性的第二个条件。

---

① 该词与权威（autorité）具有相同的词根。——译者注

② 参见弗朗索瓦·布里考（François Bourricaud）对善与恶的权威所做的区分，《权威理论刍议》，巴黎，普龙（Plon）出版社，1970 年，再版，修订并增补，第 10—12 页。

规范,或政治合法性的内容

合法性需要对规范的重视,合法性的条件之一就是对于政府的活动应该为何取得谅解。政治究竟应该将何种价值作为自己所推动的目标,处于统治地位的人和处于服从地位的人应该就这一点达成一致,也只有在这个时候,统治才成为一种权利行为。对价值与权利之间关系的分析,对价值与一个既定社会的同一性之间关联的研究,对政治权力与价值的规范层面之间的关系的思考,都指明了这一点。

价值构成了权利的内容,权利的存在将价值作为先决条件。事实上,由于从广义的角度来讲,价值意味着那些更为可取的东西①,所以强迫人们去尊重那些并不是他们所希望的东西,并进而将之规定为权利,这就有可能是矛盾的,甚至是荒谬的。举个例子来说,这就好像是说,在承认偷盗是一种堪可谴责的行为的同时,又给予偷盗以权利。

显然,并不是所有的价值都可以派生出权利。为了能够获得权利的地位,价值必须是绝对可以评价的,并因此也是不能让与的。②因此,权利是通过与那些作为财产而存在的东西之间的关系来建立起来的。对于财产而言,权利是使财产正式化、保护它并促进它的一种方式。

价值在构成权利的内容的同时,也建立起法律实践的内涵。法律实践的认可(officialisation)、保护与促进三重作用指出了在那些更为可取的东西与那些并不更为可取的东西之间存在着等级。显然,只有当这些价值是共同的,也就是说这些价值得到了一定数量的人

---

① 尼克拉斯·卢曼(Niklas Luhmann):《社会分化》,纽约,哥伦比亚大学出版社,1982 年,由斯蒂芬·霍尔梅斯(Stephen Holmes)与夏尔·拉莫尔(Charles Larmore)译自德语版本,第 97 页。

② 源自对权利的经济学的思考;罗纳德·德沃金(Ronald Dworkin)在《财富是否为价值》中所论述的也正是这个问题,本篇文章登载在《规则问题》上,马萨诸塞,坎布里奇,哈佛大学出版社,1985 年,请注意参看第264 页。

的要求与认可时,这种法律活动才有可能实现。这种对价值的认同使得个体之间的活动得以共存,交换成为可能。①

同样,价值的内容也与价值的这种共有性相联结。由于价值是共同的、具有内容的,因而它们既是准许在个体之间进行交换的肇因,同时它们又是交换的对象。正因为如此,友谊的价值就既是使两个朋友发生关系的东西,同时又是他们之间所交换的财产。

然而这种并存性却并不因此而必然地成为个体之间进行合作的保证。事实上,它甚至经常是冲突的起因。如此看来,竞争也就成为了利益分歧的同义词,因为这种分歧是建立在同级别的价值之上的。比如说,对利润的追求就会引起有关各方的紧张关系,因为各方都在这里看到所渴求的利益。

因此,为了使共同价值能够有效地创造出合作关系,而不是为纠纷纷呈开辟道路,至关重要的一点是在确定那些更为可取的东西——即权利行为的对象时,永远都不能放弃"互利"这一规则,这是至关重要的。而且,也只有当这一规则作为范例而被参照时,价值才会促成义务而不是对立的诞生,并因而构成整合而不是分裂的因素。同时,体现在团体中的人与人之间行为准则的保存也有赖于此。

因此,权利情势的建立意味着权利必须要考虑到公共范畴的存在。但这种条件却也并不包含权利与义务的实质内涵对于所有的社会是相同的。公共空间存在的形式根据政治与社会类型的不同而变化。所以说,尽管财产分配问题对任何团体生活来说都是必然所要关注的问题,但是却存在着多种形式来进行资源的给付。所以,对互利关系这一术语的分析必须要重视存在于社会同一性与社会所推崇的价值之间的联系。

团体或是社会的同一性是确保其延续性和凝聚力的东西。它表

---

① 塔尔科特·帕森斯(Talcott Parsons):《社会体系》,纽约,自由出版社,1964年,第52页。

现出两种属性：一方面，它决定了一个社会区别于它周遭自然环境的方式；另一方面，它确立了个体归属于其所处的社会的方式，同样，也规定了将他们开除出社会的条件。①

同一性表达出一个既定社会的价值，而个体作为共同体的成员，也正是从体现之中汲取他们各自的特性。这些特性并非只是存在的方式。它们也可以通过具有多种形式的活动表现出来。这也就是为何能够将一个社会的同一性描绘成为个体在一个团体的内部、在其运转的不同层次之间所相互给予的行为的总和。

因此，价值就在塔尔科特·帕森斯称之为行为体系的组织内部制度化。构成社会的个体或是其组合便在这些体系所构成的框架中活动。② 然而，在这些价值和活动体系中，并不是所有的这些都与团体的组织结构相关。只有社会整体中的文化与活动体系的一小部分才对社会的同一性真正具有决定意义。③ 这一小部分与基本价值和处于基础性地位的制度相关，这二者所获得的一致性是不容置疑的，它们所具有的有效性也是最为基本的。从这个角度来说，共同体中的每个成员，对于这些核心价值的破坏或是践踏，其自身都会感到不安，都会将其作为对其自身统一性的威胁。因而正是在与这些核心价值的联系中才建立起每个人的个性和集体的团结，才可能使集体同一性的不同形式表现出来。④ 所以，这些核心价值既是集体生活的

---

①　参见于尔根·哈贝马斯（Jürgen Habermas）：《马克思之后》，巴黎，法亚尔（Fayard）出版社，1985年，由让－勒内·拉德米拉（Jean－René Ladmiral）与马克·B. 德·洛奈（Marc B. de Launay）译自德国版本，第52页。

②　参见塔尔科特·帕森斯：《社会体系》，纽约，自由出版社，1964年，第36页。

③　同上，第47页。

④　参见埃米尔·涂尔干对社会意识的有关评价，见《论社会分工》，第73—74页。

源头也是其终极目标,它们构成了基本规范。

从广义的角度来说,规范首先是诠释的标准,这些标准是评价与衡量现实的基本要素;其次,它是行动的向导。① 从这个角度来说,任何价值都包含有规范意义的范畴。当其中某一价值被赋予某种行为或是某个目标时,对于那些赞同这一价值的人来说,它就成为了一种评价的标准,因而应该据其而采取行动。然而,根据价值与社会总体运行的联系程度,在它们之间存在着一定的等级。那些最为普遍的价值则很显然是那些最为能够体现出团体同一性的价值。而那些替代这些基础规范的、在社会内部运行的其他规范,也正是从这些基础规范中,象征性地或是实践性地、直接地或是间接地派生而来。

事实上,在共同体的不同活动领域之中、在每个个体之间所存在的互利关系也是与给予这个共同体特性的那些原则紧密相连的。为了确保能够保持团体的特性,那些统领这些不同领域的活动的价值就不应该与这些原则发生矛盾。因此,这种要求也就解释了政治制度的重要性,并同时分析了统治权利的可能性和作为规范力量的政治权力。

社会所具备的协调与领导的政治功能,只有在它反映了社会同一性之时,它才是合法的。但权力的合法性仍然与该团体价值向其整个行为体系的传播密不可分。同时,统治权利与政治权力的规范力量的地位也是有赖于这项传播工作的实现。政治权力所发出的指示,只有在它符合共同体同一性时,才能使个体承担义务。

为了有助于使社会的那些最基本的价值正式化,保护并促进这些价值,也即是说使这些价值作为合法(律)的规范而制度化,政治权力拥有两种类型的机关:创制法律的机关,比如说,像议会与制宪会

---

① 参见约瑟夫·拉茨(Joseph Raz):《合法体系观》,选自《合法体系理论引言》,牛津,牛津大学出版社,1980年,再版,第123—124页。

议;以及实施法律并使其得到遵守的机关,比如说,法院与警察局。①

正是社会规范与政治规范之间的这种同一关系促成了社会价值与法律之间的延续性。② 因而从这个角度来说,法律就不仅是应该遵守的,而且也是公众所希望的。

换句话说,合法性的职能在于回应社会同一性所特有的社会整合的需要。这也就涉及到政治机构——已经存在的或是竭力推荐的——怎样、为什么具有组织政治权力的能力,以至于社会同一性的组成价值能够有效地构建现实。实现合法性的这一目标显然预示着一种经验论的胜利:共同体内部具体的生活现实必须在可信的比例内回应所阐述的基本原则。但这个目标如果独立于那些规范所蕴涵的使之合法化的力量,它也是不可能获得的。因此政治机构通过采取那些具有强制性质的措施,担当起预防社会发生任何分裂的保证人的角色,进而,权力行使的必然结果也就必然要求社会维持其既定同一性。正是在这里存在着一种能够评价政治权力合法性的标准。

我们已经看到,赞同并不足以促成统治权利的产生,因为还应该重视那些保证基本规范发生作用的价值。这些价值在建立起权利与义务的内容的同时,也促使个体在社会同一性的基础上进行活动、达成谅解。它们因此也就构成了政治合法性的一个标志,使我们能够理解在统治权利的构成中法律所应占据的位置。

合法性及与法律的一致性

合法性与法律之间所存在的关系是大部分字典在定义合法性之时必会提及的第一要素,在那里,合法性被定义为"符合法律的东西"。然而在这里还应该详细说明合法性与法律的一致性这一理念所包容的具体内涵。

---

① 参见约瑟夫·拉茨:《法律的权威》,选自《论法律与道德》,牛津,牛津大学出版社,1986 年,再版,第 105 页。

② 同上,第 100 页。

　　根据那些对"合法性"一词寻本溯源的学者所提供的信息，合法性（légitimité）在中世纪之前还没有出现。① 然而，在古拉丁文中却出现了"合法的（légitime）"这一词汇，这样，合法性这一词汇便被提前了。"合法的"这一词汇被用来指明那些合乎法律的东西，也即是指那些与法律相一致的东西。因此，在那些与司法案例相关的领域，这一词汇得到了应用，并且具有明示的政治内涵。正因为如此，当西塞罗在论及通过合乎法律的途径而获致的权力与法官之职时，他使用了 legitimum imprium（合法的权力）与 potestas legitima（合法的法官）的表达方式；他也运用了同样的方式来区分合法的敌人（legitimus hostis）与窃贼或是强盗，因为与第一类人已经签订了条约，这些条约具有法律文件的价值。

　　合法性一词第一次在中世纪的文献中使用，其词义仍然保留着"与法律相一致"这一理念。而同时，通过思考对权力授予是否合乎正义的证明，合法性概念的政治特性得到了加强。② 因而合法性被等同于统治资格的质，并被当作一种以法律途径而获得有效性的政治活动。

　　从这个角度来说，君主并不创立法律，反而是他的权威要从法律中获得。因此，对他的任命必须要从属于法律，法律规定了他的权力，并确定了他的意愿能够获得强制力的条件。③ 在君权神授的理念衰落之后，现代立宪主义的发展及权利不断趋向理性化，它们在合法

---

①　为了清楚"合法性"这一词汇的发展历程，请特别参照乔丝·吉列尔梅·迈奎奥尔（José Guilherme Merquior）：《卢梭与韦伯：合法性理论中的两种研究》，伦敦，陆特勒杰（Routledge & Kegan Paul）出版社，1980年，第2—3页。

②　同上，第2页。

③　参照让－法比安·施皮茨（Jean - Fabien Spitz）文章：《何为宪政国家？1100—1300年中世纪思想的贡献》，选自《批评》，巴黎，午夜出版社，1988年1—2月，第488—489号，第129—131页。

性的进程中有助于增强人为法的作用及合法律性标准的重要性,以至于法律实证主义趋向于将合法统治归结为合乎法律的统治。① 这就是马克斯·韦伯的分析所证明的东西。

在《经济与社会》②一书中,权利社会学得到了鲜明阐述,它主要在于研究权利理性化进程:从上帝恩赐的权利——默启的因而也是不合理性的,到现代的权利——不仅在它的推演规则中,而且在它的技术性特性不断增强的程序上③,都呈现出理性。韦伯将这种发展描写成为一种不可避免的形式化运动过程;这一过程趋向于逐渐屏弃对伦理的重视以及对具有实质内涵的正义的参照。④ 理性权利是一种体系,在该体系中决定的作出并不是根据具体情况,而是根据一些抽象的规范,这些规范既提供了规律性又提供了可预见性。权利越是能够将特殊归并入一般,那么它也就越能够构成一种理性的体系。从这个角度来说,就很容易理解,为什么在韦伯看来,英美法系并不

---

① 参照罗伯特·曼加贝拉·昂格尔:《现代社会中的法律,社会理论的批判》,纽约,自由出版社,1976 年,第 61—62 页。

② 马克斯·韦伯(Max Weber):《经济与社会:解释社会学概况》,伯克利,加利福尼亚大学出版社,二卷本,1978 年,再版,由伊弗雷姆·菲少夫(Ephraim Fischoff),汉斯·格特(Hans Gerth),A. M. 亨德森(A. M. Henderson),费迪南·考勒卡(Ferdinand Kolegar),赖特·米勒(C. Wright Mills),塔尔科特·帕森斯,马克斯·莱茵施泰因(Max Rheinstein),坎瑟·罗茨(Guenther Roth),爱德华·希尔(Edward Shils),克劳斯·维蒂希(Claus Wittich)译自德文。

③ 对于理性化进程不同阶段的描述,请参照马克斯·韦伯《经济与社会:解释社会学概况》,第 882 页。

④ 马克斯·韦伯:《经济与社会:解释社会学概况》,第 657 页:"那些内容理性将优势给予规范;这些规范通常来说会是一些伦理学规定,功利主义及方便实用的规则,和政治准则。然而,(这些准则)却完全是与形式主义对立的,因为后者求助于抽象的逻辑。也即是,分析权利现代意义内涵的途径应该是专业的、严守条文的和抽象的,这种途径也只有在权利的形式特性被承认的情况下才是可能的。"

像大陆法系一样合理：它的经验论特性就已经标志出它在体系性上和理性上并非处在较高的水平。① 所以，理性的权利也就被剥夺了任何神圣的内容②，因而也就不是建立在价值的基础之上的。与韦伯主义权利社会学这一中心内容相对应的，在政治层面上，即表现为这种结论，认为国家所制定的简单形式法就构成了它的合法性建立的基础。

　　今天，流传最广的合法性形式是对合法律性的信仰，换句话说，接受那些形式上正确的、按照与法律的一致性所构建的规则③。

有一种主张认为，在现代国家中，按照一定的法律程序所制定的决定，就足以建立政治合法性，而根本就没有必要将它建立在价值之上。④ 在韦伯看来，这种思想是与现代政治的命运紧密相连的。按照他的说法，形式权利与实质权利之间的矛盾是无法战胜的，这一点导致权利领域中任何超法律公理的灭亡。形式自然权利⑤向实质自然权利的转变主要是在社会主义影响之下进行的；这一转变过程也伴随着自然权利的历史化与相对化：它的相对化也最终导致了它的灭亡。

自然权利因此丧失了任何可信性，从而无法构成法律体系的基

---

① 马克斯·韦伯：《经济与社会：解释社会学概况》，第 890 页。

② 同上，第 895 页。

③ 同上，第 37 页。

④ 同上，第 36 页："根本就无须要求所有的那些由协议或是法律所确保的命令都求助于伦理规范的权威。"

⑤ 自然权利(le droit naturel)也可以译为"天赋权利"，是与"实证权利(le droit positif)"相对应的。前者指的是人类依据道德的需要而先天享有的权利，后者指的是人类依据法律的规定而享有的权利。——译者注

础;自其中所产生的怀疑主义,也对价值的功能与其成立的理由产生了质疑。① 这使得将合理性与合法律性等同起来的法律实证主义得以发展。此外,韦伯也认为,一方面,对价值体系的选择是不能成立的,因为它只是简单地反映了表达强权意愿的主体的切身利益。另一方面,不同价值体系是相互竞争的,试图使它们具有普遍性的奢望,只能使这些价值体系变得更加难以调和。

因此,形式合法律性便被设想为一种合法性,它在政治领域中的作用,相当于在社会科学方法论中给予客观性的作用②:由于无法证明价值体系以及价值体系之间所存在的冲突关系的真实性,形式合法律性是缺陷最少的解决办法。由此也就建立起来理性—合法律性的统治,最为适合这种统治的组织方式也就是官僚主义③;通过建立这种统治方式,形式合法律性也就使政治避免了在世界上各种对立的代表(价值体系)之间仅仅成为一种没有结局的斗争。法律不再是基本原则与规范命令的表达,它成为了一种工具,根据不同时刻的需要可以转变,以形式的方式被运用,以便在对立的利益之间寻求妥协。④

韦伯的分析与法律实证主义有关,这些分析无疑具有深彻的洞察力。他对权利不断增长的技术性及与价值关系衰落的评论,使人联想起社会发展的基础条件。他的分析与涂尔干在这一点上的分析是一致的:政治与经济职能在逐渐摆脱了其宗教职能之后而获得了

---

① 马克斯·韦伯:《经济与社会:解释社会学概况》,第 873—874 页。

② 关于这个问题,请参照沃尔夫冈·J. 莫姆森(Wolfgang J. Mommsen)的有关评论:《马克斯·韦伯与 1890—1920 年德国政治》,芝加哥,芝加哥大学出版社,1984 年,再版,由迈克尔·S. 斯坦伯格(Michael S. Steinberg)译自德文,第 449—450 页。

③ 参见菲利普·雷诺(Philippe Raynaud):《马克斯·韦伯和现代理性的困境》,巴黎,法国大学出版社,1987 年,第 193 页。

④ 马克斯·韦伯:《经济与社会:解释社会学概况》,第 875 页,第 895 页。

一种世俗特性:这种特性也被一种越来越具有技术性及专业性的法律活动所表现出来。① 但是如果说韦伯的评注使我们参照涂尔干的相关分析,然而后者却并没有将权利的不断专业化与其不断增长的技术性作为一种论据,以此来判断权利自身与价值的分离。因为对于涂尔干来说,权利在现代社会中很显然丧失了它在原始社会中所具有的神圣特性,然而它却保存了基本的社会范畴,并且在它所得以运行的社会中,也是与社会的规范密不可分的。②

通过分析权利的不断形式化从而认为,政治权利并不参照价值体系而只是通过纯粹的形式主义来运行,这并不能成立。因为对合法律性的信仰将可能构成衡量政治合法性的最后标准,这一点将会给韦伯赋予法律实证主义的角色制造麻烦。此外,虽然他竭力为合法律性可能的纯粹形式主义观念辩解,然而他有时却显露出犹豫。③事实上,这种论断认为合法律统治由于它本身所具有的技术手段因而可以确保合法性的形成;为这种论断辩护就又回到了这种观点:认为法律本身的特性使得合法性的任何(价值)代表都成为多余。这也就是在肯定:仅只是在形式层面上观察到的国家的有效性,而不是那些参加社会生活中的人所感受到的有效性,促成了合法性的产生。④然而,认为只要符合法律程序就可以接受,而没有必要去验证去评价这种程序,这种观念与合法性的概念却是不相容的。

将合法律性—实证论秩序提升为评价政治合法性最终标准的地位,这意味着对国家的一种屈从,这种屈从与合法性理念是完全相违

---

① 参见埃米尔·涂尔干:《论社会分工》,巴黎,法国大学出版社,1986 年,再版,第 143—144 页。

② 同上,第 81—82 页。

③ 马克斯·韦伯:《经济与社会:解释社会学概况》,第 874 页:"而自然权利中的某些公理是未被承认的,但它们的影响却潜伏下来,完全将这些影响从法律实践领域中根除掉是非常困难的、不可能的。"

④ 参见于尔根·哈贝马斯:《马克思之后》,第 254 页。

背的。事实上，如果凡是符合法律的，只是由于它符合法律，就因而是合法性的，那么从权力的角度来说，自其中就会产生出一种消极性，它与合法性精神是相反的。一方面，正如韦伯所提及的[①]，源自于自愿赞同基础上的命令与强加给人的命令，它们之间的区别将因此而消失，义务也因此就没有了存在的理由。另一方面，将合法性简单地归结为合法律性，将对法律的评估程序限制为对其形式修正特征的审查上，这种归结也就使得这种程序失去了任何意义。这样，法律只要在表决时符合所认可的程序，不论其内容如何，都足以受益于合法性的这一标签。因而，在这种完美的一致性之外也就没有任何办法能够评估一部法律是不合法的，抑或是专断的。[②]

在这种条件下，既然我们不可能理解在合法律性与合法性之间所存在的冲突，那么合法性这一理念本身也就使人产生了疑问；但是这种冲突也使人认识到了合法性这一主题的重要性及其意义。因为如果说重点在于评估法律秩序的有效性，那么这种评估却不能仅仅在合法律性标准的基础上进行。因此，正是有赖于将合法性与法律区分开来并对这种区分加以维持，才能够评价法律的有效性，决定是否应该承担义务。换句话说，统治权利的可能性正取决于此。

合法性并不仅限于法律，合法律性并不足以确立统治权利，这一点也同样被这一事实所证明：法律并不能引起其自身对合法性的信仰。我们并不能为了合法律性而赞同合法律性。合法律性存在并且制造出那些形式上正确的陈述，这不足以使人赞同。从这个角度来说，南美洲是一个非常有教育意义的例证：在这个大陆的很多国家中都存在着一种法律文化，这种文化强调用一种成体系的立法建立起全部社会关系的框架。法律、法令、政令层出不穷，它们的目标在于

---

① 马克斯·韦伯：《经济与社会：解释社会学概况》，第 37 页。

② 参见沃尔夫冈·莫姆森：《马克斯·韦伯与 1890—1920 年德国政治》，前引书，第 450—451 页。

将社会关系的方方面面囊括进去①，然而这却并不能导致人们对合法律性的赞同。因为这种法律条文主义还只是停留在理论层面上，甚至经常是不现实的。② 我们甚至还可以这样阐述，政治机构由于本身就不具有合法性，从而根本就没有能力使人们遵守法律，因此法律的"通胀"就显得尤为显著。

换句话说，立法并不能必然地使合法律性成为合法性的同义词。无疑地，遵循那些已经被接受的程序具有决定性的作用，但这并不足够。事实上，对合法律性的信仰意味着，那些用以立法的符合法律的程序必须要以合法性为前提。③ 程序只能以非直接的方式通过那些预先被承认的机构而赋予其他事物以合法性。因此，合法律性，或者说是对合法律性的信仰，并不构成一种独立的合法性④，而是这种合法性的一种指数。

从这种观点来看，对合法律性的信仰需要两个补充条件。首先，有关法律的叙述必须要与社会同一性的构成性价值协调一致。由于这些价值既是权利的来源又是其保障，因此只有当法律源自社会同一性之时，它才能够被认为是合法的。这也就是说，只有当合法律性表达了团体的同一性时，我们才有可能将合法性阐述为与法律的一致性。如果说某些符合法律的、具有限制性的决定是在独立于暴力

----

① 参见肯尼思·卡斯特（Kenneth L. Karst）和凯思·罗森（Keith S. Rosenn）：《法律及其在拉丁美洲的发展》，伯克利，加利福尼亚大学出版社，1975 年，第 61—62 页。

② 参见格伦·迪利（Glen Dealy）的文章：《西班牙政治传统绪论》，选自霍华德 J. 威尔达（Howard J. Wiarda）编辑《拉丁美洲政治与社会变化，与众不同的传统》，阿姆赫斯特，马萨诸塞大学出版社，1982 年，再版，第 165 页。

③ 于尔根·哈贝马斯：《交往行为理论》卷一《理由与社会的理性化》，波士顿，灯塔（Beacon）出版社，1984 年，托马斯·麦卡锡（Thomas McCarthy）译自德文，第 265 页。

④ 同上，第 267 页。

与威胁的情况下作出的,并且这些决定具有合法性,这是因为我们认为这些决定是在表达已经被承认和接受的规范。

法律陈述与社会构成价值之间的协调涉及到共同体的各个领域。这种协调在那些凡是与集体生活的主要方面有关的活动领域中——因此也在政治领域中——都是最为基本的。法律约束共同体的整体构成,为了使法律具有合法性并得到个体的支持,那些制订法律并使法律得以执行的机构必须要根据这个团体的基本价值来制定法律。

其次,法律陈述必须要以一种可信的方式促进社会价值的实现。否则将最终导致对这些法律陈述的放弃,甚至使价值本身失去信誉;如果这些价值得不到具体化,那么这些价值也将最终难以实现。

认为对合法律性的信仰必须要以法律程序的合法性为前提,这使我们能够将重点放在这种理念上:权利的运行更多地有赖于承认它所强加的限制性措施的有效性,而并非是形式上的执行条件。承认相反的情况,这是将因果倒置。对于那些将自己的分析局限在稳定的、高度制度化的社会中的观察家们来说,这种混淆构成了他们的特性。[1] 对于那些源自于具有合法性的政治机构的法律来说,它们的实施并没有遭到重大的反对,这有助于证明:法律的可执行性与有效性只是一种严格意义上的技术性问题,是一种在表述合法律性时的内在问题。这种论断得到如此广泛的传播,以至于南美洲的许多法学家——恕我再次举这个例子——正是在这一思想的支配下得以如愿以偿地谈论起总统制与议会制的各自优势,希望借此确保政治稳定性与民主。然而这个地区政治制度的长期动荡表明,除了一些细节问题之外,这两种政府组织形式中的任何一种都不能够解决问题;政治机构本身的合法性是最为重要的,政府形式的有效性正有赖于

---

① 关于制度化这个概念,请参照塞缪尔·亨廷顿的有关评论:《变化社会中的政治秩序》,纽黑文,耶鲁大学出版社,1968 年,第 12 页。

此。为了使议会制与总统制各自优点的比较具有真正的实际效用,首先就必须在社会同一性上和在创建政治机构的必要性上取得一致——这种创建必须要尊重和确保民主价值的推进。[①]

因此,法律有效性的获得,主要源自于合法性。[②] 宪法无论具有何种形式上的优势,只要它所创建的规则与程序不能回应共同体的根本利益,那么它就无法赋予政治现实以形式,充当政治活动的真正标准。[③] 法律的权威性,或者我们更愿意将它称作有效的运行是建立在这种信仰上:合法律性表达了社会的价值。法律有助于法治国家的形成,但是它自身却不能创造出法治国家。

有人认为合法性即是法律的一致性。为了使这种理念成立,合法律性就必须回应社会利益。正是在这种条件下,与法律的一致性才成为合法性的一个标准,才会获得共同体成员的同意与赞同。具有正义性的权力是与具有合法性的法律密不可分的。团体的根本价值以及个体的赞同将确认权力的来源是否成立;只有当法律按照这种方式进行理解时,它才能够在权利关系的框架内建立起它自身得以有效运行的明确条件。从这个角度来说,尽管在统治者与被统治者之间的指挥关系是一种不对称的关系,但法律却使这种关系得以稳定。

法律具有合法性,这就有别于个体以暴力方式所掠取的权力,合法性法律就以一种具体的方式界定了权利与义务,确定了不应逾越的界限,并因此成为既能支配统治者又能支配被统治者的规则。这

---

① 参见胡安·林茨(Juan Linz)的文章:《总统制民主还是议会制民主:区别为何?》,选自《总统制与议会制:物质范畴与宪法改革的研究》,布宜诺斯艾利斯,布宜诺斯艾利斯大学出版社,1988年,第42—43页。

② 参见约瑟夫·拉茨:《法律的权威:论法律与道德》,第28—29页。

③ 参见于尔根·哈贝马斯:《理由与合法性,先进资本主义国家中合法性的形成问题》,巴黎,帕约(Payot)出版社,1978年,让·拉克斯特(Jean Lacoste)译自德文,第140—141页。

也就使我们得以说出,掌控权力的人并非是至高无上的,只有法律才是至高无上的。中世纪的一条箴言这样说:法律创造统治。

总而言之,法律是合法性的一个条件。当然,它和个体的赞同、社会的根本规范一起分享这种地位。法律并不是一种独立的合法性,因此它自身也同样需要证明。为了使合法律性在合法性的进程中发挥作用,即是说,为了使与法律的一致性成为法治的标志,那么法律就必须要和那些被统治者所承认的价值协调一致。

因此,政治合法性尔后的出现将会作为对价值的正义性的一种承认,政府通过法律来建立这种价值。从而政治合法性也就成为了统治权利及任何以权利体系形式来组织的政治活动的基础。所以,合法性作为对政治利益的一种表达,将它所证明了的政治机构描述成为最为卓越的,甚至是必须的,以至于它们并不需要合法性就可运行自如。

不过,这种有关合法性的初步研究仍然不能够将某些因素阐释清楚,下面我们将从合法性的政治意义开始谈起。

合法性的政治意义

分析何为合法性的政治含义在于研究作为权利关系而存在的政治关系这一概念究竟包含有什么内容。从这个角度来说,应该将注意力集中在三个定义上,这三者是作为合法性这一理念的前提条件而存在的:政治分化,政治责任和政治判断。

政治分化与合法性

政治合法性机制的目标在于建立对统治权利的承认。因此这种目标并不涉及到消除权力的存在。相反,个体将会分化成为指挥者与服从者,合法性逻辑正是建立在这一分工的基础之上的。而统治权利的意义正是与这种划分紧密相关。

　　为了理解合法性理论是如何建立在统治者和被统治者分离的基础之上，首先必须要将这种分离与某些政治观念相区分，因为这些政治观念认为国家权力是无法证明的。然后还应该着重指出，从合法性的角度来研究政治生活，这也就相当于分析将统治者和被统治者进行划分所必须满足的条件，以便于将这种划分置于权利关系的框架之内。最后还要阐述在合法性的构成中其代表现象的基本层面。

　　权力显然并非是政治生活中的特有现象。它在绝大部分的共同体和联盟的组织和运行中都起着重要的作用，无论这些共同体是属于经济领域、军事领域或是其他领域。当然，它的重要性在政治领域中被加强。政治机构由于它的领导和协调功能，产生着巨大的影响；这一影响确保其他形式的权力，并且也通过政治机构的特权所准许的、将其自身强加给他人的约束措施，构成了对个体自由限制的、实际的或是潜在的主要源泉。正是由于这些原因，政治权力有可能成为一种受到执拗反对的目标，并被认为在原则上就是难以被证明合法的。因此，必须要集中全力来使国家消失或是灭亡，也就成为了这种批判态度的逻辑结果。

　　从这个角度来说，无政府主义一方面和马克思恩格斯的著作有相通处，其另一方面所维护的立场代表了对政治权力所进行的最为严厉的批评，因为它们将政治权力认同为国家。事实上，尽管无政府主义者和马克思主义者对于权力的概念有着巨大的差距①，然而它们却同样批判政治机构，做了两种同样的比较。首先，这二者在其本质上都将国家权力与它的当代历史实现形式——资产阶级国家混淆起来。其次，它们都将国家同化为政治权力或是统治权力。因此，他们

---

① 　为了能够粗略了解马克思主义和无政府主义关于国家问题的区别，请特别参看莱塞特·科拉科夫斯基（Leszek Kolakowski）：《马克思主义的主要潮流：源头、发展与解体》第二卷《黄金时代》，牛津，牛津大学出版社，1981 年，再版，法拉（P. S. Falla）译自波兰文，第 19—21 页和第 198页。

或者是从力量对比的角度,或者是从理想的角度来谈论政治关系,并从原则上拒绝任何建立起指挥—服从关系的政治形式。这一点致使它们将权利问题置之不理,不去探讨合法性问题。

无政府主义在鼓吹国家消失的时候,屏弃那些甚至是构成现代政治哲学重点本身的东西;这种现代政治哲学在于思考究竟应该以何种方式才有可能调和个体对自治与自由的需求和与政治机构的运行相关的强制措施。① 无政府主义干脆拒绝寻找在个体与国家之间可以达成谅解的领域。它认为权力是不祥的,所有的罪恶都源自这些非人性的政治机构②,它将过去的历史诠释成为一种进程,在这个框架中,个体持久地成为国家的囚徒。国家无任何作用,它只是用来保护特权和某些强制性的社会关系。③ 因此,应该将国家消灭。

从这个角度来说,政治权力无论在什么情况下都不能享有具有合法性的地位。国家只不过是构成了一种为了少数人的利益从而侵犯了绝大多数个体权利的一种体系。④ 既然没有任何理由可以证明政治分化的合法性,那么这就涉及到废除一切超出直接民主层次的组织结构,实现公共生活中完全的权力分散。无政府主义认为,只有当人类可以按照他们的偏好自由行动时,他们才可以建立起来和谐的团体。

马克思主义对政治分化的批判尽管有些许的细微变化,但是这种批判也同样在其原则上导致了对政治权威的否认。事实上,如果

---

① 参见罗伯特·诺奇克(Robert Nozick):《无政府主义,国家与乌托邦》,纽约,基础丛书出版社,1974年,第4页。

② 参看莱塞特·科拉科夫斯基:《马克思主义的主要潮流:源头、发展与解体》,第二卷《黄金时代》,第20页。

③ 同上,第198页。

④ 参见罗伯特·保罗·沃尔夫(Robert Paul Wolff):《辩护无政府主义》,纽约,哈珀－罗(Harper & Row)出版社,1976年,再版,第71页,第112—113页。

说马克思认为在与资本主义决裂之后所进行的社会重组并不包含清算管理资源与生产的中央机构[①]，甚至，即便他因此选择了中央集权统治，而并非是共产主义社会中的农村集体主义[②]，那么他也并不会因此而不认为国家作为统治工具只是暂时的。历史的目的性与历史的毁灭被混淆起来。

国家将最终随着阶级斗争的消除而消失。突破奴役意味着人类的存在可以通过个体与个体、个体与世界之间的和解而得到彻底的转变，而这也就必须消除在公共范畴与私人领域之间所存在的分工。共产主义在摧毁阶级体系与剥削制度的同时，也排除了对政治机构与权威的需要。因此，它也就结束了市民社会与国家之间存在的差异，结束了统治者与被统治者之间的压迫的政治关系。

马克思与启蒙时代拥护自由观点的人不同。他认为，立法改革在于调节个体利己主义与集体利益之间的关系，然而社会和谐却并不会因此获得，它的实现必须要摧毁源自于社会分工的对立。一旦这些对立情况消失，那种建立在自愿基础上的团结一致性，而并不是机构所进行的那些合乎法律的、限制性的调节功能，使得我们能够确保人类关系的和谐。不平等的终结将敲响政治分化的丧钟。[③] 对社会与政治角色僵化的指定——曾经作为受奴役社会的标志——将不

[①] 参看莱塞特·科拉科夫斯基：《马克思主义的主要潮流，其源头、发展与解体》第二卷《黄金时代》，牛津，牛津大学出版社，1981 年，再版，法拉译自波兰文，第 20 页。

[②] 关于马克思的作品中在我们所认为的具有国家主义特征的篇章和具有市镇主义色彩的篇章之间所存在的紧张关系，请参见皮埃尔·安萨尔（Pierre Ansart）：《意识形态、冲突与权力》，巴黎，法国大学出版社，1977 年，第 197—199 页。

[③] 参见卡尔·马克思：《德意志意识形态》，巴黎，加利马尔出版社，作品集第三卷，1982 年，马克西米利安·吕贝尔（Maximilien Rubel）译自德文，第 1276 页。

再存在。① 个体之间的冲突失去了存在的理由。每个人因此都可以朝着一个方向将自己的能力发挥到极致；因为从集体的观点来看，这个指导方向必然是具有建设性意义的。

　　无论是对无政府主义还是对马克思主义而言，问题都在于揭示资产阶级国家是缺乏合法性的，都在于努力地创建一个公正的社会。然而它们的理论观点却没有任何一点符合合法性的逻辑，因为后者的观点在于证明政治分化的合法性。事实上，合法性这个词本身甚而都没有进入它们的词汇之中。此外，马克思的支持者们也没有错过将合法性观念描述成为一种属于已经过时了的资产阶级神学理论。② 他们认为国家与总体利益没有任何关联，它完全是经济上占统治地位的阶级所制造的产物，因此他们也就排除了对政治权利进行思考的可能性。国家权力是压迫的工具，因此试图在权利领域中建立起它的基础是徒劳无益的。唯一能够采取的具有解放特征的政治行动在于以"自由统治"代替"必然统治"，这即是说，要从"强制"情势过渡到无国家社会。在这种要么全是要么全非的逻辑下，准确地说，并不存在统治权利。权利没有任何有效性，它不过是掩饰剥削的一种影射。至于自由统治，伴随着社会与政治分工的消失，合法性将不再构成重点。

　　然而，20 世纪共产主义的历史表明，消除政治分化比预想的要更为困难；试图将指挥—服从关系摧毁的解放理论不可能获得成功，从而也不得不重视统治权利问题。在这种背景下，虽然认识到历史的终结并非是迫在眉睫，但是马克思的末世哲学的观点却仍然未被

---

① 卡尔·马克思：《德意志意识形态》，第 1065 页。

② 参见亨利·勒菲弗尔（Henri Lefebvre）：《论国家》第四卷《现代国家的矛盾，辩证法与国家/国家的辩证法》，巴黎，总联盟出版社（Union générale d'éditions），1978 年，第 97 页。

放弃,权利仍然被认为是一种过时的意识形态的产物①,继续受到谴责,因为这有利于自法律规范与道德规范中解脱出来的解放论。② 年轻的苏联始终不渝地扩充着属下的国家,因此它的领导者们必须努力地降低不和谐音,必须努力地实现社会的整体一致。于是,在国家继续存在甚至是不断扩张的同时渴望被统治者与统治者因此而绝对地共存③,这种渴望便表现为政治权力对市民生活方方面面的专制干预。虽然这种(权力)无处不在,却并没有被描述成为具有强制性,相反地,它被描述成为既是在现实上、也是在发展中的消除了分工的社会的表达。④ 这也就是说,政治分化被置于极权统治的动力框架之内。⑤

　　因此,从合法性的角度对权力的分析有别于只知道在武力与理想性之间作出选择的政治观念。在后一种情况下,正像马列主义所

---

① 卡尔·马克思:"与其他许多人不同,对于权利,我们强调共产主义与权利——政治的、私人的抑或是以人权的最为广泛的形式而出现的——的悖论"。《德意志意识形态》(《唯物主义观与世界批判》),巴黎,加利马尔出版社,1982 年,马克西米利安·吕贝译自德文,第 1177 页。

② 关于这个问题,请参见史蒂文·卢克斯(Steven Lukes):《马克思主义与道德》,牛津,牛津大学出版社,1987 年,再版,第 57 页。

③ 在这里,我们受益于克洛德·勒福尔(Claude Lefort)所作的分析:《历史的形态:论政治人类学》,巴黎,加利马尔出版社,1981 年,再版,请特别参阅第 316—317 页。

④ 请参见莫里斯·梅洛－庞蒂(Maurice Merleau—Ponty)对莫斯科案件的有关评述:"资产阶级司法将过去作为终审机构,革命的司法将未来作为终审机构。因此,革命正在将这个真理变成现时,革命的司法也仅以此种真理的名义进行审判。关于革命的司法的辩论构成了真理的一部分,真理尽管可以被证明,但却又超越其所有的理由。"(《人道主义与恐怖》,巴黎,加利马尔出版社,1980 年,再版,第 114 页。)

⑤ 参见马克·里希尔(Marc Richir):《革命与社会透明度》,对约翰·戈特利布·费希特(Johann Gottlieb Fichte)文章的介绍:《修改公众对法国大革命判断的思考》,巴黎,帕约出版社,1974 年,第 13—14 页。

表明的那样,从原则上拒绝使统治者与被统治者之间的划分具有合法性的可能,这至少将会导致在实际生活中对这种划分的一种荒谬的处置。然而相反,对统治权利的思考认为,权力并不因为它的定义因而就是不祥的,因此,建立在对个体权利尊重基础上的共同体生活并不以消除政治分化为预先的必要条件。

然而,如果说从合法性的角度来说,对政治的分析要以政治分化为前提,然而合法性却并不能因此简单地归结为这种分化。合法性并不支持所有的权力形式,在其本质上也不是保守的。相反,合法性从统治者—被统治者的区分出发,审视那些可以使它被接受的基本要素,力图了解政治权力是否被置于共同体成员互利关系的框架之内。如果是这样的话,它就将分析这些相关于该种交换关系的术语:这也就重新回到了从权利关系的角度来考虑政治,去思考政治权利构成的条件。这涉及到思考究竟应该通过何种途径来建立一种正义的政治关系,这也就是说政治机构究竟怎样表达与保证社会同一性的构成价值。因此,也正是从这种政治正义的角度,甚至仅仅是从纯正义的角度出发,我们才在上面论述了赞同、规范与法律。因此我们最后的建议是这样的:为了使政治分化具有合法性,统治者必须要具备代表其共同体的地位。

事实上,对政治分化的证明是与代表功能紧密相连的。也仅仅是在这种条件下,社会的协调与领导角色才具有合法性,这种角色也才有机会得以延续。① 从广义的角度考虑②,这种代表性将容纳符合

---

① 参见让－雅克·卢梭:"如果最强者不将自己的力量转化成为权利,转化成为对义务的服从,那么他就将不会永远具有足够的力量使自己始终成为主宰。"巴黎,加利马尔出版社,《卢梭全集》,第三卷,1979 年,再版,第 354 页。

② 有关社会与政治现实的历史范畴所带来的各种形式真理,请参见保罗·韦内(Paul Veyne):《面包与竞技场,政治多元化的历史社会学》,巴黎,塞伊(Seuil)出版社,1976 年,第 542 页。

现存的各种政治体系与体制的组织形式,甚至是处于这些体系与体制之内的各种特殊的政治情势。同样,这种代表性也建立在共同体成员所共同具有的感情的基础之上,即领导者体现共同体的利益,并且这些利益指引着他们的主要活动。

因此代表性并不应该被简单地归结为在现代社会中、特别是在自由民主体制中其被给予的特殊形式,因为在自由民主体制中这种代表性颂扬个体与社会的自治以及他们所表现自省能力。[①] 而错误,比如说,在于相信这种代表性必然包含对若干人的授权,或者它是由唯一的立法会议构成——然而这却很有可能只是一个单独的个体,比如说君主,代表一个团体。[②]

因此,统治者在根据不同的政治类型与背景而变化的形式下,在不同的范围内,在得到个体赞同的基础上代替个体,为了个体的利益作出决定并采取行动。也正是因此,权力的不平等分配,即政治区分的标志,得到了证明,统治地位在成为共同体精神占有者之后获得了存在的理由。

代表性表达了整个团体的政治统一。它是一种既存的现实,涉及到社会的整体同一性。

代表,即是指通过某个个体或是构成的中介使一种存在的但却是模糊的现实明朗化。代表性并不只是一种符号,相反它代表着一种具体的象征——团体由于不能直接表达自己而接受这种象征;作为政治统一与政治意愿,代表性也就因此成为整个共同体的现身。

由于这个原因,我们可以说代表性的特点在于一种公共范畴,这种范畴通过这一事实被表现出来:共同体成员在他们领导人身上得到了

---

① 比如说,可以参见皮埃尔·马南(Pierre Manent):《自由主义情势》,《自由党人》第一卷,前言,巴黎,阿谢特(Hachette)出版社,1986年,第15—16页。

② 参见朱利安·弗洛伊德(Julien Freund):《政治真谛》,巴黎,西雷(Sirey)出版社,1978年,再版,第328页。

自我定位。这种公共范畴甚至使人认为这种代表性是建立在一种认同现象的基础之上,显然,这个概念将使我们去参照不同的情势。①

然而,不论这种认同是如何的模糊不清,它将使我们理解个体究竟是通过何种程序来考虑他们的统治者。如果后者被认为是共同体的代表,这是因为当他们保卫并确保了对共同体基本价值的促进时,被统治者将他们与自己认同为一。

团体成员对统治者的认同是建立在共同价值的基础之上的。由于领导人所扮演的是价值承载者的角色②,这样,该认同机制就使个体与集体获得了他们自身的出现。所以尽管被统治者没有进行直接治理,但他们在政治活动中看到了对他们个体存在的承认,以及集体现实的迹象。我们也可以在政治代表性和公共范畴中再次寻找到认同现象,它将有助于给予政治分化以存在的依据。

这种进程永远也不会完全消除使统治者与被统治者分开的距离。政治代表是整个共同体与其构成规范的表达,因此他就不只是一个私人个体。虽然某些特别因素使他具有特殊个体的特征,但在此之外,他还是一个官方人物。③ 正是因为如此,他与那些不必将自己的私生活公之于众的普通个人不同,那些所有属于他个人的东西将趋向于转成为公众的东西。他的个体生活空间将会随着他的公共生活空间的扩大而缩减。因此,当一个领导者的个人品质被颂扬或是遭到批评时,这并不是从将他作为私人的角度来作出的,而是从评

---

① 参见弗朗索瓦·布里考:《权威理论刍议》,巴黎,普龙出版社,1970年,再版,修订并增补,第161页。

② 我们自由地从亨利·鲁索有关记忆承载者的评论中得到的启发:《维希综合征(1944—198…)》,巴黎,塞伊出版社,1987年,第233页和第235页。

③ 关于政治领域中的人身双重性,请特别参阅恩斯特·坎托罗维奇(Ernst Kantorowicz)所做的经典研究:《国王的两个身体,关于医学与政治学神学的研究》,普林斯顿,普林斯顿大学出版社,1981年,再版。

估其为了共同体的利益而努力的能力的角度作出的。

所以，由于政治代表首先是一个政治象征，而后才作为私人个体，那么如果说认同将政治代表与被统治者之间的距离拉近的话，这种认同并不放弃将这二者分离的（政治）分化。

这种看法无论是在等级社会中还是在平等社会中都是有价值的，尽管会有不同的程度与不同的形式。

政治的这种公共属性虽然使它保持与个体世界的距离，但也使它具有了某些补充层面：为了狭隘的个人目的而行使的权力是不具备合法性的。事实上，一旦政治功能私人化，也就是说政治功能只为私利服务，统治权利就将受到质疑。然而当围绕在国家周围的华丽光环[①]在某种情况下是可以被证明的，当国家表现出了社会也因此是它的成员[②]的强大与辉煌之时，这也就不再是将政治活动成体系地进行私有化的情况。一旦政治领导者抛弃了互利性原则，变成了其被领导者的陌路人的时候，认同就不再运行。这时，显露丰裕的任何信号都将变成过度运用权力与腐败的标记。这种回潮将会最终导致建立政治义务的失败。这也就是公共范畴的末日，并且，自此之后，也是成为了统治者的代表性的末日。在这种条件下，我们将会毫不惊奇地看到，现代革命的理想目标，为了使自己能够有别于已被认为腐化的资产阶级权力，将苦行主义作为自己政治财产的美德之一。[③]

---

① 克利福·格尔茨（Cliford Geertz）指出，辉煌是有关构成"国家"这个词词源的三个主题之一，参见：《尼加拉，十九世纪巴厘岛剧场国家》，普林斯顿，普林斯顿大学出版社，1980年，第121页。

② 同上，第129页。

③ 关于这个问题，比如说，可以参见本亚明·I.施瓦茨（Benjamin I. Schwartz）的相关评论：《品行的统治：文化大革命中对领袖和政党的一些展望》，选自约翰·威尔逊·刘易斯（John Wilson Lewis）所编：《中国的政党领导与革命者》，马萨诸塞，坎布里奇，剑桥大学出版社，1970年，第161页。

合法性与政治责任

我们已经看到,如果从纯粹的私人的角度考虑,政治权力的合法(性)行使将是难以理解的。为了使共同体中的成员能够认为统治者的指挥地位是具有合法性的,就需要这种地位明确地表现出它所具有的公共福祉的活力。个人成功的欲望和对权力的渴望不会给领导者的行动带来任何合法性。相反,领导者必须要重视公共福祉。个人的愿望,只有在它表现为是服务于整个共同体的利益的时候,它在政治上才是可以获得承认的:因此这也就是说只有当这个具有目标的人将自己的行为真正地认同为国家的任务、关心对共同体繁荣的确保时,他成功的愿望才真正地获得了具有合法性的政治价值。以至于具有合法性的政治活动是与责任密不可分的。责任所表达的是一种权力,该权力接受了统治权利所强加的限制措施。

这其中的第一种限制措施在于,统治者不能将自己局限于只为自己而存在,即为了私利而存在。① 政治权力除非是想抛弃自己的任何信誉,否则,它就必须通过为共同体服务而使自己的合法性得以证明。② 正是在这一点上存在着一种普遍的真理,它与所有的机制都密切相关,只要这种机制希望建立起它们的合法性。对于任何一个想方设法显示其所具有的统治权利的政治领导人来说,他必须,或者说

---

① 参见保罗·韦内:《面包与竞技场,政治多元化的历史社会学》,第 662 页。

② 参见亚历克西·德·托克维尔(Alexis de Tocqueville)的有关评论:"在封建社会,我们对贵族尊重的方式,几乎与我们今天尊重政府的方式相同:我们接受他们强加给我们的义务,因为他们将给我们保护。贵族们拥有的特权可以使他人受到拘束,他们还拥有其他的一些令人难以忍受的权利:但是他们却确保了公共秩序,伸张正义,行使法律,帮助弱者,管理公共事务。随着贵族们逐渐停止做这些事情,他们的特权的重量就越发显得沉重,于是到了最后,他们的存在变得无法再让人理解。"《旧时制度与大革命》,《全集》,第二卷第一册,巴黎,加利马尔出版社,1981 年,再版,第 105—106 页。

尝试,或者说是尽全力满足共同体成员的需要。责任是为团体服务的功能,它建立在个体权利的基础之上,通过一种赋有义务的情感而被表达出来,这种义务情感又是与行使公共职责紧密相关的。因此,可以确信:政治关系并不规避合法性问题,因此它以这种或是那种方式接受国家作为保护人的形式。[①]

这种普遍的真理很显然具有各种不同的形式。服务于团体的理念与它的实现方式并不是处处都一致的。政治责任的范围和内容是由历史形势与力量对比来确定的,因此它也将根据政治体系与体制的不同而发生变化。[②] 保罗·韦内通过分析罗马帝国的政治生活,明确地指出,国王就像是一艘航船的舵手,要为旅客服务,而如果他是被这些旅客所推举出来的话,那么他在服务时会显得更加从容自如。[③] 另一个例子:在民主体制内,属于政治机构责任范畴的任务会由于事关自由国家或是事关保护人—国家[④]而有所不同。我们还清楚在其他或是这种或是那种类型的国家支持者之间所存在的激烈的辩论。[⑤] 但无论服务这一概念发生什么样的变化,只要政治权力是从合法性的角度而建立起来的,那么服务这一概念就是不可逾越的。

因此,对于一个领导人来说,政治责任首先是承认他的活动的公

---

① 参见迈克尔·沃尔泽:《正义的范畴,对多元化与平衡的辩护》,纽约,基础丛书出版社,1983 年,第 68 页。

② 同上,第 91 页。

③ 保罗·韦内:《面包与竞技场,政治多元化的历史社会学》,巴黎,塞伊出版社,1976 年,第 662 页。

④ L'Etat—providence,指的是集权制国家中,国家负责方方面面的事务。——译者注

⑤ 请特别参见皮埃尔·罗桑瓦隆(Pierre Rosanvallon)的相关书籍:《国家—保护人的危机》,巴黎,塞伊出版社,1984 年,再版修订,第 63—64 页;以及迈克尔·沃尔泽在美国所做的相关关于医疗费用的社会保险分析:《正义的范畴,对多元化与平衡的辩护》,纽约,基础丛书出版社,第 88—89 页。

共范畴。这种责任性也就说明了政治的统治权力——即统治者所拥有的全部权力并不是无限的。对于这个领导人来说,并不是一切都是可能的。因此,他应该关注自己的合法性;尽管他能够首先作出决定或是采取行动,然而这些决定和行动所体现出的意志不能够仅仅是被他个人的冲动或是利益所引导。无疑地,当统治者与被统治者之间的代表关系并不是完全透明的时候,这种政治指挥关系总是具有或多或少的可自主决定的特性。这种模糊性尤其是因为这个事实的存在,即政治只在有效的时间内发挥作用,即使是在发达的民主内部,形势有时也是非常紧迫的:我们不能向所有的人就所有的问题征询意见。

然而这并不意味着专断具有可自由活动的空间。领导人的决定与行动必须尊重游戏规则,并要重视共同体的需要。只听从于他自己的善意,无视程序,作出与团体生存相违背的计划,这显然是不行的。

此外,国家的任务必须要得到承认,这是构成政治责任的试金石,因此对统治者合法性的评价不只是通过他能够根据当时社会的法律与基本原则作出决定采取行动,同样还在于他是否能够获得有效的结果。国家必须要服务于社会,所以表述这种服务并不足够,还应该以一种可信的方式来实现这种服务。

政治统治具有合法性,这也同时意味着它所具有的局限性。权力的不平等分配,只有当政府所承担的义务得以实现的时候才能够得到证明。承担政治责任的方式给予了统治者以统治权利。政治统治权力接受责任的限制,因此它并不是绝对的,而是有条件的。

引述政治责任,这即是认为统治者在面对社会成员时享有有效的限制性权力;但同时这些权力也标志出这是一种受到限制的统治权力。统治者所必须承受的限制确定了其具有合法性特征的活动框架,对这些限制的遵守既构成了责任的表达也成为了责任的工具。因而如果脱离了这些限制,那么就不仅仅是责任的内涵,即便是政治行动的合法性也都将受到质疑。

因此政治的统治权力是以责任的字眼而设想出来的，因而它是有条件的，所以也就不应该看不到自其中所产生的惩罚层面。事实上，既然政治权力是以责任的字眼而设计出来的，那么惩罚这一理念便与它密不可分了。绝对权力只承认自己的法律，拒绝其他任何法律，认为没有任何机构可以用来审判它；与这种绝对权力不同，为了将政治指挥置于统治权利的范畴之内，同意在已确定的规则和原则框架内为社会服务，这意味着承认对它（政治指挥）的评价是有法律根据的，因此要时刻准备着面对人们对它的活动所给予的评价结果。① 这一点在这里被理解为惩罚理念：即指由于领导者所做的决定所采取的行动的不良后果涉及到了共同体的全体成员，因此他就有可能受到惩罚。这种理念在政治责任的概念中绝对不是一种处于从属地位的要素。相反，惩罚扮演着主要角色。没有它，没有在统治者与情势之间所存在的因果关系，那么责任这一理念就是抽象的，甚至是不存在的。当某个事件造成了损失，那么只要是这个事件没有与其肇事者联系在一起，只要是该肇事者并未为其行为而受到团体舆论的谴责与惩罚，我们就不可能谈论一种真正意义上的责任。只要惩罚从刑罚的角度来重新确认和表述个体对自己的行为负责的这一事实，惩罚就不仅仅是责任的指示器，它也同样是责任存在所赖以建立的基础。相反，当某个领导者的决定和行动不再被归咎于他时，政治责任也就不再存在。

某些政治统治权力是建立在纯粹的暴力的基础上，其逻辑表现为拒绝为共同体服务，并认为自己在面对社会时是可以犯错误的。与此不同，负责任的统治者是接受谴责原则的。这一原则与豁免权概念并不矛盾。事实上，豁免权并非是为所欲为或是免于处罚的同

---

① 参见弗朗索瓦·布里考:《权威理论刍议》,巴黎,普龙出版社,1970 年,再版,修订并增补,第 442 页。

义词。豁免权是责任中重要的组成部分。在某些情况下,根据某些明确的条件,领导者可以享有豁免权的情势,这一事实只能通过他们代表共同体整体利益的地位来证明。也就是说,只有当豁免权是与公共福祉紧密相连的时候,它才真正具有保护的作用。[①] 所以,这种关系必须是可信的,享有豁免权所提供的保护的个体也不应该通过他的行动强奸社会精神,违反社会的目标。在相反的情况下,这种保护将会被取消,司法追究将成为可能。显然,随后而进行的惩罚将会由于所犯错误的特点与严重性而发生变化,但同样也会根据社会的同一性以及在其中所存在的关系的类型而发生变化。显然,越是有更多的权力是按照民主的意义而建立起来的,那么就越会有更多的惩罚措施与相关的执行方式——即是说获得豁免权的条件——受到严格的定义[②],并也趋向于得到更好的遵守。因此,不论是何种政体,只要它在努力寻求建立起它的合法性,那么它就要关注于建立对它自己的权力进行限制的机制,当然,这种机制的形式与程度是有可能不同的。

　　责任概念与惩罚概念,它们的重要性是与对社会与政治组织的保护紧密相关的。如果不想使整个共同体的运行处于危险境地,那么这些观念就不应该受到执拗的忽视。关于这一点有两个理由:第一个理由是与这个事实相联系的:即社会和平的必要性促使人们必须要从责任与惩罚的角度去思考。因此,法学主义者与精神分析学家和社会学家不同,比如说,后者的工作结果总是在于指明不同的决

---

① 比如说,可以参见让·吉凯尔(Jean Gicquel)与安德列·奥里乌(André Hauriou)有关议员豁免权的评论:《宪法与政治机构》,巴黎,蒙克雷斯蒂安(Montchrestien)出版社,1985 年,再版,第 853—856 页。

② 请特别参见丹尼斯·F. 汤普森(Dennis F. Thompson)关于在民主政体中政治豁免权的有关研究:《政治伦理与公共管理》,马萨诸塞,坎布里奇,哈佛大学出版社,1987 年,第 79 页。

断是怎样减少或是消除自由意志，因而减少或是消除责任[1]；法学家与其相比，对于这一点会显得更为犹豫，即一个犯错的个体可能会对其行为不负责任。除非极端的特例[2]，法学家是不会将责任的概念抛弃的，并且他也只是通过与责任的关系来考虑那些促使个体去犯错的外部因素——但至多也只是将其作为可减轻罪行的情节，以及那些处在其中就很有可能犯错的特殊情况。[3] 但这并不意味着他们的本质是完全保守的，抑或是反动的。他们所扮演的角色在于确保秩序，因此从这个角度出发，这个角色就必须明确责任，实施惩罚。

为了保护社会中所存在的合作关系，也为了避免形成对犯罪行为人的暧昧态度，避免由于缺乏惩罚而导致过失与责任概念的解体，从而以这种方式引发其他混乱的产生，法学家就必须要建立起被判有罪的个体的责任，并因此而将其惩治。

惩罚与责任对团体组织的保护具有关键作用，有关这一点的第二种理由更为直接地具有政治意义：当适用于统治者责任的理念将政治活动必须予以重视的界限作为必然后果时，如果当这些界限遭到违反而并没有导致惩罚，它也就不再具有任何意义。同时，如果政治体制所预先设计的豁免情势转化成为经常性地免除惩罚的情形，那么责任也就失去了它的内容。在一个或长或短的时期内，这就不仅仅是领导者，而且同样是整个政治机构失去了它们的信誉。如果

---

[1] 关于将政治责任建立在定义为自主的自由基础上的这一概念，请参见伊曼努尔·康德（Emmanuel Kant）：《纯粹理性批判》，巴黎，大学出版社，1971 年，再版，由弗朗索瓦·皮卡韦（François Picavet）译自德文，请特别参见第 106 页。

[2] 参见赫伯特·L. 哈特（Herbert L. A. Hart）有关儿童与精神病患者犯罪的有关评论：《惩罚与责任，论法律哲学》，牛津，牛津大学出版社，1968 年，第 183—184 页。

[3] 比如说，有或没有预先思考。

政治体制过分地保护了它的领导人,它就只能使自己更加趋向于脆弱。①

　　然而应该指出的是,即使是那些并非是将暴力作为自己权力唯一来源的领导人,他们在承担失败的责任时也并非常常像他们渴求成功时那样果断。以至于可以毫不夸张地这样说,他们之中有很多人都梦想着别人将自己看作唯一的福祉的创造者,而他们却可以对那些变得糟糕的事情不负责任。

　　从这个角度来看,领导者会求助于一些派生程序。他们努力地想要保护他们的信誉,同时将一切他们所不能解决的东西描绘成为超出了他们责任的问题。

　　因此,当代的政客们喜欢将他们自己说成是经济增长的根源,然而在出现负面指数的时候,却毫不犹豫地拒绝在这些负面指数与其行为之间所存在的因果关系。他们会引述一些沉重的限制性条件——金融领域、经济领域或是其他领域的,与国内或是国际体系相关的各种限制性条件,他们试图以此来表明他们对这些事件是无能为力的。

　　这些派生程序对于那些最为邪恶的社会机制来说就更不陌生。他们的欺诈行为使我们相信这样的事实,即:在这些派生程序存在的同时,他们还会指定替罪的牺牲品②——比如说,指责移民应该对失业负责;有时他们还会导演驱逐与迫害的一幕,反犹主义的政治运用

---

①　参见德尼·里歇(Denis Richet),他引述了这样一种政治气候,在其中专制政体似乎在短期内得到了加强,甚至是固化,但是在其体制深处却正在进行着真正的颠覆活动;因此,他得出结论:"专制主义越是得到强化,它也就越为脆弱",《现代法国:机制的精神》,巴黎,弗拉马里翁(Flamarion)出版社,1973 年,第 57 页。

②　关于欺诈行为与替罪的羔羊之间的关系,请参见勒内·吉拉尔(René Girard):《替罪羊》,巴黎,法国图书总馆出版社,袖珍图书,1989 年,再版,第 179 页。

尤其可以证明这一点。

统治者在面对责任与惩罚时所表现出的暧昧与犹豫的态度，他们所求助的派生程序，使我们作出如下两种评论：我们不应该高估统治者在涉及到社会的大政方针与有效运行的方面所做的决定和所采取的行动的重要性，我们也不应该否认他们的决定和行动所遭遇的各种限制条件。然而却还是存在着一个不能缩减的个体范畴，它在团体的组织中所起的作用是不能忽视的。政治家对自己的行为负责，这一事实并不苛求他脱离各种限制性条件，而只是简单地基于他在一个确定的环境中在面对各种可能性时他所作出的选择。[①] 以至于当从合法性的角度评价领导人时，他在原则上无法回避他的责任。如果他努力地寻求避免统治权利逻辑迫使他所必须付出的代价，如果他屈从于对谅解与免除责任的觊觎，那么他就将自己置于不合法性的道路上。

而如果一个统治者竟然按照他所希望的从这种或那种情势中所获取的利益来确定自己承担责任与否，上面所论述的就显得尤为真实，因为他的这种做法属于一种不合逻辑的行为。

可能会有那么一个时刻，无论是在成功时或是在逆境中，机会主义和蛊惑人心所付出的政治代价会大大地高于承担政治责任所付出的代价。执拗地求助于权宜之计，寻求急功近利，以及政客们的花招诡计，这只会让社会的现在与未来处于危险的境地。最后，某一个这样的行为将导致共同体成员对政治机构的不满。

从这个角度来说，很显然，如果没有被统治者的责任感，那么统治者的责任感也就不成立。合法性意味着统治者和被统治者相互负责，一方向另一方负责。[②] 因而在一个统治者任意地为一己私利而滥

---

① 很显然这一点并非是政治活动所特有的，它对于其他各种活动都具有意义。

② 参见弗朗索瓦·布里考：《权威理论刍议》，巴黎，普龙出版社，1970年，再版，修订并增补，第443页。

用权力的社会中,构成共同体的个体的责任就将是非常关键的。他们的责任在于评价统治行为,并在社会同一性与力量对比关系所确定的范围内保护他们认为属于他们自己权利与自由的一切。而从这个角度考虑,被统治者也只有在统治者承担了他们的义务时,他们才会承担对统治者的义务。

因此每一个被统治者都应该认真地关注政治机构与共同体之间的相互关系,避免给予领导者他们所不应该具有的更多的权力,关心他自己的以及社会中其他成员的命运。最终这将有助于保存整个共同体。[①] 被统治者的义务也因此在于持久地使统治者尽他们自己的义务。

我们看到,政治权力的不平等分配由于领导者在面对社会时所承担的服务功能而具有了合法性。这种功能的内容是由既定社会的目的与规则所确定的,它意味着,政治的统治权力并非是没有条件的,它是有限度的。领导人并不能处于免除责任的地位。对政治机构的评价属于对合法性的或然判断,这因此也就引出了政治判断的问题。

合法性与政治判断

总体上,判断概念在科学界中名声并不是很好,尤其是在社会科学领域中。但是由于合法性问题与政治机构的责任密不可分,因此这个概念是无法回避的。它促使我们通过权力与社会之间所存在的互利关系来审视对领导人的活动进行评价的过程,并分析这一过程是如何发展成为对统治者与被统治者之间关系的权利基础所进行的调查;最后,判断这一概念将导致突出个体的地位在共同体内部的重要性。

政治的互利性总是伴随着对领导者的活动所进行的评价;这种

---

① 参见迈克尔·沃尔泽:《义务,论不服从、战争与市民》,第22—23页。

评价的重点在于评估政治指挥对权利的意图。由此便会得出一个基本的判断，它将决定被统治者所承担义务的命运。如果这种判断是积极的，那么义务的执行就有了保证。而相反，如果这种判断是消极的，那么当时机成熟的时刻，它将通过共同体成员所进行的尝试而被表现出来——这些尝试或者是想改变社会协调与领导方式中的某些细节，或者是想把这种方式彻底改变。

对统治行为进行评估与判断的进程由两点组成：第一点涉及到评估机制本身；第二点是与进行评估的个体的地位紧密相关的。

从合法性的角度对领导者的角色进行评估，这也就是在思考这个角色是否具有权利关系的特征，因而它是否站得住脚。对政治机构进行评估与判断，构成了对统治者与被统治者之间关系的权利基础进行的调查。这种调查分为三个层次，相辅相成。①

第一个层次在于思考，那些作为基本价值而存在的、确定了（政治现实的）意义和有效性的根源与前景的基本原则究竟为何，因为政治现实为了使自己具有合法性，就必须符合这种根源与前景。事实上，共同体的组织形式，正如政治机构所建立的那样，为了使自己具有合法性，就必须和初始原则协调一致，就必须符合这些原则所显示出的优势。这种一致在基本价值与政治现实之间是必须的，它具有多种内涵，而首先其所指的是这一事实：基本原则使政治代表性成为可能。这些基本原则的作用在于将自己作为坐标，以指明为了使统治者与被统治者之间的关系能够成立，这种关系到底应该为何；事实上，它们也确定了领导者在作出决定和采取行动时他们所必须遵循的方针，如果他们想具有代表作用的话。

由此可见，为了表达合法性，价值与政治现实之间的一致性就不应该局限于简单地表达这种意图，而应该在共同体组织的层次上对

---

① 我们在此的论述，其中一部分得益于吉勒·德勒兹（Gilles Deleuze）对基础概念所进行的分析：《不同与重复》，巴黎，法国大学出版社，1976年，再版，第349—351页。

这些价值予以具体的辩护和实施。而且由于下述原因这种情况就显得更为真实:初始价值及其所标明的指导框架不仅使具有合法性的政治现实毫不陌生,而且相反,它们恰恰被诠释为这种现实的本质和它的最为理想的表达方式——因为它们也正是这种现实所趋向的目标。这就是为什么法国政治同一性的构成要素——自由平等博爱的原则——既不是起规范作用的,在某种程度上也不是起描述作用的。而如果说自由平等博爱是那些必须保卫和促进的价值,如果说它们是每个个体对其本身及他人所应尽的义务,是民主政治的机构对被统治者所应尽的义务,这是因为它们是一些已经被承认了的权利。因此,作为权利,它们符合法国公民的"存在"。简而言之,这些初始原则使我们可以判断得出政治现实为何,以及它必须为何。

这种评估机制的第二个层次在于比较政治现实与基本原则,以便审视政治现实在其多次表达过程中是否进入并因此被包容进这些原则所确定的范畴。换句话说,这里所研究的是在政治现实与被认为对其进行调整的价值之间所存在的相似性与相近性。所以,评价的第一个方面的内容应是基于政治机构应该是什么、应该做什么;而如果考虑到初始原则的话,我们在这里所关注的就是具体的政治现实。这些领导者到底在做什么?他们到底在何种程度上实现了这些价值,既然这些价值是社会的意义与有效性的终极目标,而他们却又是在这个社会中作出决定与采取行动?这种比较是非常关键的,因为它导致了评价进程的最后一个层次,即判断。

事实上,评价机制的前两个层次在第三个层次——政治判断中汇集到了一起。因为,一方面,应该确定政治领域必须要符合基本原则;另一方面,价值与具体的现实之间的比较可以评估:政治尽管多样化,但它是否在实际上已经被置于价值框架之内。在此之后,判断行为也就终于成为可能。

判断因此构成了评价程序的终点。它所体现的是一种能力,说明某种政治情势是具有合法性的还是不具有合法性的。判断将建立起区别与等级,对基本原则在现实中被实现的程度作出判断。如果在政治现实与初始价值之间存在的相似性是可信的,那么合法性就得到了建立。而如果是相反的情况,就会有负面的判断宣布政治机构不具备合法性。但是,由于这种判断源自对基本原则与现实的比较,为了更好地理解这种判断的方式,就不应该忽视个体地位在这个评价过程中所具有的重要性。

事实上,被统治者对统治者的合法性所作的判断与他们在既定社会内部所占据的地位是密不可分的:共同体的成员正是通过评估与他们的地位相关之义务,通过思考统治者完成对被统治者所承担的责任之方式,来对领导者的角色作出判断。政治机构只要履行了它的职责,满足了每个人或是每个社会阶层的需要,那么落在它上面的眼光就应是赞许的。在相反的情况下,政治机构将受到批评,冲突将可能产生。如果没有达成任何谅解,那么侵占集团将会形成。因此,政治机制是否稳定,是否具有合法性,其结果将有赖于侵占及随之而来所发生的对峙的规模。

所以,对政治职能的判断正是从合法性角度反映出指挥权力这一概念所具有的逻辑特征。在这种情况下,对统治权利的评估将根据政治家在构建团体的价值的高度上所表现出的能力来进行;同时,政治家也必须达到那些奠定社会基础的价值所具有的高度。因此,统治者的合法性取决于他们应尽责任的能力。

第二章　关于政治合法性的论战

从合法性角度对政治生活进行的分析,与某些被认为显然成立的论断是相抵触的。这些论断通常被诠释成为社会科学遗产的一部分,然而它们所涵盖的所有内容却并非总是受到人们的重视,甚至从政治研究的角度看,阐述这些论断的方式也经常是冗长而平庸的。从这一点来看,本书中所阐述的合法性的或然判断,将与两种主要的趋势相对峙。

第一种趋势认为,由于合法性已被预先定义,因而在涉及到政治现实时不应该将它考虑进去。第二种趋势涉及到各种有关方法论的争论,这种争论正是源自于上述对合法性的构想方式。显然,这两种流派并非是各自独立的,在很多地方它们都可以相互印证。

无论如何,它们所引出的问题非常重要,因此有必要对这些问题进行论述,特别是与此同时应该揭示出它们的局限和矛盾之处。

政治现实与合法性

阐释统治者与被统治者之间合法关系的可能性条件,这即是在分析政治现实中的某个方面:即便这个方面不能勾勒出政治现实的所有特点,那么它至少在其中也占据着首要地位。这一事实通过合法性反映出来,然而有很多分析却否认它。这些分析认为,统治权利从根本上与政治生活的有效运行背道而驰。因而陈述那些使合法性失去信誉的论据,并对此进行反驳,这个机会将可以使我们深化对权利、赞同和政治道德的有关辩论。

权利与合法性

合法性在于在一般意义上重视对权利、在个别意义上重视对统治权利的研究。然而，正是这个或然判断首先遭到了否认。为了揭示这一点，我们有必要阐述以下这些分析；它们确信在权利与对政治正义的寻求之间没有任何关联。

对权利的质疑——这种论断认为，统治者与被统治者之间的关系通过法律途径得以界定，因此这种关系并非是以公共福祉为指针，因而也就无法对其发展作出根本性的贡献。所以，这种论断指出，只要条件允许，领导者的决定会尽可能多地优先考虑他们的个人利益。这种观点还认为，由法律所确定的这种政治关系，对它的实践揭示出，政治活动的目的性并不在于公共福祉，而是那些领导者的利益。政治权利与公共福祉既是领导者用以证明其统治地位的借口，同时也是他们所必须与之达成妥协的一种限制。但是显然，这二者并不能确定他们参与政治活动的真实意义，以至于如果统治者竟然会为社会服务，并在其中起到了领导与协调的作用，那么这也只是附带地进行的。在某些情况下，他们必须顺从于游戏规则，并如此采取行动，这或者是为了满足他们的权力欲望，或者是为了巩固他们的既得权力。

这即是说，从这个观点来看，政治权利在其本质上是工具性的，统治者利用它以实现其集团目标。这种论断还以同样的方式论及到了这种政治情势，在其中以法律形式来确定统治者与被统治者之间的关系并不占有首要地位；同时它也论及到了这种政治体制，其高度制度化却可以使对公众利益的关注更为可信。① 在后一种情况下，政

---

① 关于机制化程度与体现公共福祉的政体权力之间的关系，请参见塞缪尔·P.亨廷顿：《变化社会中的政治秩序》，纽黑文，耶鲁大学出版社，1986年，第24页。

治领域的构成有别于社会,因此它不仅远不能降低批评的声音,而且将会招致对领导者更为强烈的疑感。其原因在于,在政治功能趋于理性化的同时还伴随着其相对于社会其他部分的趋向自主化的进程。① 因此,这种进程特别地具有下述显著特点:政治专业人员集团以及他们所特有的技术文化的形成。② 这些因素相辅相成,趋向于降低被统治者对统治者的监控。

认为政治专业人员阶级的形成促使政治活动偏离于公共福祉,以有利于其集团利益的实现,这种观点首先表现在对下述情形的肯定上:一旦政治能够保证个体的财源生存需要,从这一刻起,政治便很快转化成为一种无止尽的关注,其目的性也便被绝对地局限在了追求权力的斗争上。职业生涯前景以及对实现更为优厚的收入的渴求有赖于政治职位的权限,从而这也就妨碍了为集体利益而奋斗的目标。因此,这二者也就成为了最基本的动力。③

从这个角度来说,法律规范的功能似乎并不在于公正地确定统治者与被统治者之间的关系,而在于确定政治精英成员之间斗争的框架与规则,以便于这种功能在运转时可以在最低程度上受到社会的干预。所以从这个角度来说,法律规范并非是在促进领导者与被领导者之间的调解,而是被认为服务于政治事务的专业人员。法律规范因此也就构成了政客政治发展的一部分。

除了这第一个观点,还有第二种观点,认为政治的职业化引起了被统治者的不信任感。事实上,尽管进入政治阶级的斗争是如此的残酷,但是如果一旦获得这种归属,那么它就立刻会促成团队精神的

---

① 塞缪尔·P. 亨廷顿:《变化社会中的政治秩序》,第 20 页。同样,也请参见尼克拉斯·卢曼:《社会的区分》,第 142—143 页。

② 塞缪尔·P. 亨廷顿:《变化社会中的政治秩序》,第 96 页和第 140—141 页。同样,也请参见马克斯·韦伯:《经济与社会:解释社会学概况》,第 958 页。

③ 请特别参见马克斯·韦伯对政党战略的描述,《经济与社会:解释社会学概况》,第 1397—1398 页。

产生,这种精神将必然导致政治家与共同体成员之间的距离。因此而产生的那种奇怪的情感,那些无礼的形式①,以及那种自满的情绪,这一切似乎都与从事权威性的公共职位密切相关,构成了职业化的政客阶级的特点——它们只会引起被统治者一方的批评。

一些分析家认为政客们的技术文化使政治活动偏离了整体利益,并根据他们的集团利益通过三种方式来引导政治活动。第一种与对"能力"这一概念的运用有关:法律规范与程序,政客们之间所必须采取的行为方式,对社会不同层面的管理密切相关的技术知识,对这一切的描述,似乎是在将对社会的协调与领导变成一项不断复杂的任务。这意味着想要临时充当政治人物将是不可能的。为了成功地扮演政治角色,具备各种特别的资格与接受适当的培训将是必不可少的。"能力"因此构成了一种法定的标志。②

管理集体的专业人员求助于上述推理以证明其作为团体而存在的理由。在如此作为的同时,他们也有意识地将他们在政治决策过程中的特权逐渐转化成为针对被统治者的绝对权力垄断。然而,他们如此将权力占为己有,这是难以接受的,更何况统治者所大肆渲染的"能力"很难说是显而易见的,更不用说他们对于自己的能力是否应被评估总是显得犹豫不决。并且,这种占有得以实现的法律框架也并非显得可以从根本解决给社会提出的问题,这种框架倒显得主要是为了确保对已建立秩序的保护——政治人物正是参与并得益于这种秩序。

法律确定了具有合法性的政治行为领域也可以揭示统治者与被统治者之间所存在的鸿沟。事实上,建立起法律规章并不意味着可以从原则上谈论统治权利。法典的编纂只是将具有合法性的政治活动认同为符合法律领域要求的活动,并促使将这些政治辩论中的术

---

① 参见迈克尔·沃尔泽的有关评论:《正义的范畴,对多元化与平衡的辩护》,第155页。

② 同上,第156页。

语简单地归结为一个囊括了各种预设主题的总体,从而,后者构成了那些受权政治家的活动参照系,或者,如果更为确切地说,构成了那些清楚自己处在一个既定的体制中、并因此将自己的行为局限于法律所确定的范围内的人的活动参照系。

法律框架将各种可接受的政治手段与可能全部包容在内,并据此而制造出一种循规蹈矩的政治生活。因而,只有那些在法律的领域中可以处理的问题一般才会被予以考虑。而解决这些问题的办法也是以一种演绎的方式产生出来的:既然它们源自于既定的法律纲要,那么显然它们还要求助于这些纲要。所以,以法律形式确定统治者与被统治者之间的关系,它所承载的只是一种政治惯例:这种惯例将任何溢出统制法律框架之外的问题排除在外,因此尽管现行的体制一再标榜它的统治权利,然而却引起了对其权利的怀疑。

将具有合法性的政治认同为唯一的现存法律领域将会导致将领导者的活动简单地归结为实证主义范畴,我们可以将之如此表达:法律,只有法律。这种简单的归结使得政治人物采取保守主义的态度,并维护既定秩序①,因而这也就使得任何没有进入到法律所预先认可领域的社会要求与政治行为受到诋毁。这种诋毁甚至还会发展成为宣判这些要求和行为是无效的甚至是有罪的。从总体上讲,这种诋毁将根据政治体系与制度的不同,根据反对派所使用手段的不同,以及冲突中各方的力量对比而表现为各种不同的形式。在这种背景下,政客们似乎承担一项任务,其目的主要在于保持现状,因为在这个方向上,各种特殊优势都是与他们的地位紧密相连的。

最后,将权利揭露成为政治阶级所利用的一种需求从而为其私利服务的这种观点得到了强化,因为法律的僵化性似乎只有在政治

---

① 马克斯·韦伯着重指出,法律实证主义有利于保守主义态度,这特别是因为对活动的评估首先是根据是否符合法律这一标准、而并非是根据具有内容的正义标准而进行的。参见《经济与社会:解释社会学概况》,第 876 页。

阶级的怂恿之下才会被打开缺口。如果说针对政治现象所制定的各种法律规章承载的只是其拥护者的基本观念,那么对此的揭露将会导致认为,对法律所进行的各种修改在其根本上都只不过是一些操纵性的欺骗手段。①

在法国,几年之前的选举法改革所引发的论战助长了这类的批评。从这个角度来说,政治权利远不能回应某些坚如磐石的、将非正义屏弃在外的原则。政治权利似乎构成了一种总体程序,其可塑性在于为统治者的目标服务。以至于对符合法律性与违反法律性的区分被这种理念所代替:为政治精英服务的法律既是区分守法与违法的构成要素,同时它也对这二者实施着控制,因为它们是根据环境与需要而建立起来的。② 如同商业公司的权利一样,有关后者的某些条文明确地规定出规避其他法律的手段,政治权利也并非是通过建立起与违反法律的一切相对立的特殊层面而定义的。政治权利就是如何操纵各种技巧,因为正是这些技巧根据政治阶级的利益移动着合法律性的边界。

很显然,这种批评在对现代政治机构的评价中得到了加强。关于这一点有两个原因。

第一个原因与政治活动的理性化与自主化进程密切相关,就像前面所论述的那样。第二个原因则与这种理性与自主性现象在民主氛围中的实现有关:如果考虑到民主价值与其强加给领导者的限制性措施,那么对他们的揭露就将会更为严厉。

---

① 请特别参见罗伯特·曼加贝拉·昂格尔的有关评论,《批判法律研究运动》,马萨诸塞,坎布里奇,哈佛大学出版社,1986 年,第 112—113 页。

② 其中的一部分,我们得益于米歇尔·福柯(Michel Foucault)的有关分析,《性史》,卷一,《了解的意愿》,巴黎,加利马尔出版社,1976 年,第 117—118 页,《规训与惩罚》;《监狱的产生》,巴黎,加利马尔出版社,第 277—278 页,及吉勒·德勒兹作的相关评论,《福柯》,巴黎,午夜出版社,第 37 页。

那些对政客们是否能够承担代表性工作表示怀疑的人，将他们的攻击集中在这两个方向上。首先是反对代表角色独占的趋势，这是职业化的结果。这一趋势摧毁了民主体系的两个首要的原则：财产与只能流通的原则和统治者与被统治者之间连续性或是中介透明性原则。

其次，他们反对源自这种垄断地位的权力。关于这一点，应该指出，如果说英美政治体制的发展是建立在对社会的干预权施加严格限制的框架之内，那么那些在欧洲大陆上数量众多的将社会置于从属地位的国家组织，则必然会造成某种类型的政治家长式统治的产生，这也就只能招致对其的彻底批判。

认为政治活动的目的并非是表述与执行属于正义范畴内的东西，而是关注于政客们的利益，这种论断反映的是一种对政治的幻灭、疑惑、甚至是犬儒主义的观念。它更情愿为自己这样描述现实：后者表现为职业政客们所热衷的追逐权力的斗争。这种论断揭示了政客们为了其集团利益而偏离了追寻正义的目的性，因而认为法律只不过是一种技巧，他们只是为了其自身利益而利用了法律。从这个角度来说，政治阶级正是在集体的压力之下，被迫地、不得不同意将其视线远离其个体利益。因此，重视集体福祉，对于政治阶级来说，并非是其自然而然的首要选择。

换句话说，这种论断在描述代表性危机的同时，也否认了这个事实：立法是对合法性的一种表达，同时也是合法性的工具这一事实。从这种观点到另一种观点——特殊意义上的政治权利和普遍意义上的权利都被认为在其本质上是压迫的工具，这中间只有一步，很快便可以跨越过去。确切地说，马克思正是从这个角度进行分析的。

马克思和恩格斯认为，国家是划分为对立阶级的社会的产物，因此成为了剥削的工具。这一点特别是对资产阶级政治制度有效。事实上，资产阶级在扮演了革命角色之后，便不再是一个进步的因素。由于它无法控制它所引起的工业的迅猛发展，因此尽管它创建了资产阶级国家,然而后者不过是有产者阶级对无产者阶级的统治。当马克思批判赋予自由国家合法性的理论时,他所辩护的正是这种论断。他反对黑格尔在《法哲学原理》中所辩护的理由,他认为,自由国家既不是行为上的理性化,甚至也不是一个超越了需求体系的矛盾进而实现了整体利益、并将个体转化成为市民的最高机关。① 它不过是经济上占支配地位集团的子孙后代;这个集团通过这二者来证明它的压迫地位:法律的权威和严格意义上的强制机器的行使,确切地说,是军队和警察。

同样,他也正是从这个角度来批判这种求助于自然权利并从其中推论出合法(性)国家创始契约的学说。他认为,这种思想体系通过对被假定为永恒的人类本性不同层面的论述,所要表达的只是资产阶级在经济全面发展时期的要求,他们为了建立法律政治—制度而斗争,因为后者使他们能够组织起生产,从而有利于他们的积极性,并确保获得更大的发展。②

法律是用于镇压的规章,因为它是资产阶级的工具。资产阶级国家与封建世界相比无疑是个进步,但它却只是个开始。③ 它所体现的只是我们应该真正得到的权利的形式层面。④

因此,只有当共产主义到来之后,人类的自由才能够真正得以实现。历史的这一最后阶段将伴随着国家和法律关系的消亡。因此,就很有必要揭露权利与剥削在本质上的勾结,同样更要屏弃法治国家的理念。

---

① 参见卡尔·马克思:《黑格尔法哲学批判》,《马克思全集》第三卷,巴黎,加利马尔出版社,1982 年,由马克西米利安·吕贝尔译自德文,第938—939 页。

② 参见卡尔·马克思:《论犹太人问题》,巴黎,加利马尔出版社,《马克思全集》,第三卷,1982 年,由马克西米利安·吕贝尔译自德文,第366—368 页。

③ 卡尔·马克思:《黑格尔哲学批判》,前引书,第 945 页。

④ 同上,第 943 页。

　　然而,不容置疑的是,并非是所有的马克思主义天才都将自己局限在这一"稳固"的理论路线上。因而,那些民主社会主义者对自由机制所作的评判要更为有利。[①] 但是将法律框架认同为压迫却仍然构成一种论断,给当代世界打上了深深的烙印。虽然这种论断拒绝重视政治方面的权利问题,将自己局限在仅从意识形态和合法性形成程序的角度来审视法律,但事实上它却得到非常广泛的传播。皮埃尔·布迪厄的著作就是其最为杰出的明证之一。而事实上,尽管他一再强调将他的著作与严格意义上的马克思主义研究相区分的东西,然而他的著作却仍然采用了后者的基本论据。

　　正如吕克·费里(Luc Ferry)和阿兰·雷诺(Alain Renaut)所提请注意的[②],布迪厄在其文章中指出了三点,他希望在这三点上他与某种马克思主义所保持的距离得到确切认可。针对阿尔都塞(Althusser)的推理分析以及他想要掌握马克思著作真理的雄心,布迪厄以科学的名义首先批判了被设想成为一种哲学马克思主义:阿尔都塞的研究在他的笔下因而被描绘成为一种传统的哲学野心的翻版[③],其特点在于试图统领经验论认识和创造这种认识的科学。[④] 布迪厄认为阿尔都塞所谓的科学表现出一种几乎形而上学式的先验论,它

① 参见莱塞特·科拉科夫斯基针对爱德华·伯恩施坦(Eduard Bernstein)的有关评论:《马克思主义的主要潮流:其源头、发展与解体》,第二卷《黄金时代》,第107—108页。同时也请参见亚当·普热沃尔斯基(Adam Przeworski):《资本主义与社会民主》,剑桥,剑桥大学出版社,人类科学研究所,1988年,再版,请特别参见第3页。

② 吕克·费里和阿兰·雷诺:《68年思考:论当代反人道主义》,巴黎,加利马尔出版社,1985年,第202—211页。

③ 皮埃尔·布迪厄:《解读马克思,或对'关于〈阅读资本论〉的一些批判'的一些批判意见》,选自《社会科学中的研究行为》,巴黎,午夜出版社,人类科学研究所与社会科学高等研究学院赞助出版,1975年11月,第5—6号,第79页。

④ 同上,第79页。

只是从本质中推论出结果，从理论模型中推论出历史论据；所以，布迪厄认为著名的阿尔都塞鸿沟只是促成了一种缺乏科学实践的科学的诞生。[①] 因此，这种科学也只是使哲学得到了固化。

其次，布迪厄指责马克思结构主义的解读特别地缺乏辨证思想，将历史进程归结为经济结构的机械结果。从这个角度来说，主观实践只是一种反映与流溢；然而事实上，布迪厄解释说，在客观结构与历史活动之间存在着辨证的互动，也就是说在经济结构与实践活动之间存在着互动。[②]

最后，他着重指出，与某种粗浅的唯物主义所维护的立场不同，相对于阶级斗争而言确实存在着一种思想的自治。[③]

所以，马克思主义被他认作一种简单主义，因而他也就在这个韦伯和马克思所极力赞扬的普遍唯物主义的框架内[④]，与马克思主义拉开了距离。最后，布迪厄努力地寻求对社会进行一种细致的分析，这种分析能够解释法律，同时也能保留个体责任与自由的概念。[⑤] 他将自己的推理步骤描绘成为一种建立在对意识形态进行分析基础上的视角的转移[⑥]，即是指不仅仅要指明意识形态的功能，同时也要审视它们作为象征体系的结构[⑦]和它们在制度中的客观化过程。[⑧] 然而，

---

① 皮埃尔·布迪厄：《解读马克思，或对'关于〈阅读资本论〉的一些批判'的一些批判意见》，第 79 页。

② 皮埃尔·布迪厄：《实践的意义》，巴黎，午夜出版社，1980 年，第 70 页。

③ 参见皮埃尔·布迪厄与《新观察者》杂志所进行的谈话，1984 年 11 月 2 日。

④ 皮埃尔·布迪厄：《实践的意义》，前引书，第 34 页。

⑤ 皮埃尔·布迪厄：《教训的教训》，巴黎，午夜出版社，1982 年，第 56 页。

⑥ 皮埃尔·布迪厄：《权利的力量：法律领域的社会学因素》，选自《社会科学中的研究行为》，巴黎，午夜出版社，人类科学研究所与社会科学高等研究学院赞助出版，1986 年 9 月，第 64 号，第 3 页。

⑦ 皮埃尔·布迪厄：《权力的车量：法律领域的社会学因素》，第 3 页。

⑧ 皮埃尔·布迪厄：《实践的意义》，第 230 页。

他的这一态度却没有丝毫改变这一事实：他在理解权利与法律时受到马克思主义的强烈影响。所以，他在方法论方面所尝试的视角转移并没有从根本上改变他对权利与法律所持的批判态度。①

　　然而也正是通过这种特别的阐述我们才能够理解合法性这一概念对他的重要性，尤其是他对这一概念的使用。布迪厄认为，合法性是使社会秩序获得正当同一性的权力，即是指努力使社会秩序被认为是自然而然的权力，显然资产阶级的价值是这一秩序的主轴或参照点。② 以这些价值作为评判标准，这正是剥削所要表达的事实。奴役，这就是禁止或是使他人不能在统治阶级的原则之外行动自如。

　　因此，如果说权利与合法性的概念在布迪厄的身上占有中心地位，那是因为他的著作是一种尝试，希图彻底摧毁资产阶级的社会秩序对自如行动的觊觎。他审视权利是如何以习俗（habitus）为媒介从而促进了社会属性的确立，希望以此来揭露资产阶级所需求的合法性。事实上，布迪厄认为，实践在客观上是可分类的，习俗既是这些实践的生成原则，同时也是这些实践的分类体系（principium divisionis）；因此，正是在习俗的这两个特点的相互关系中，其代表的社会——布迪厄将之称为生活特色空间——才得以确立。③

　　这样，分析统治阶级对合法性的需求就过渡到了审视权利是如何像法典一样转化成为共同信念（doxa）这一框架；布迪厄认为，法律规章是使社会取得正当同一性的最佳工具。随着时间的推移，法律规章将从一种被认同为义务的教条（orthodoxe）或是信仰（croyance），过渡成为一种公论（opinion），其特点在于：对于（法律所）认知为自

---

① 皮埃尔·布迪厄：《实践的意义》，第 239 页。
② 同上，第 239 页。
③ 皮埃尔·布迪厄：《区分：关于审判的社会批判》，巴黎，午夜出版社，1979 年，第 190 页。

然而然、规范的一切,都立即表示赞同。[1] 而这种情形将显得尤为真实,因为将教条转变为共同信念的这一机制最终将可以使对法律的认知发生转变:法律强制层面的消除,意味着它本身得到了加强;法律规章与法律所体现的规则性,尽管非常严酷苛刻,然而现在不仅被接受,而且更显得是很有必要的。所以,这就意味着权利通过被剥削者本身建立起了合法性。

显然,与马克思的分析相比,布迪厄所提供的权利分析途径以一种更为详尽的方式来分析法律体系作为一个象征范畴的运行。然而他的分析却采用了马克思推理步骤中最基本的东西。法律不过是各种压迫方式中的一种,这是布迪厄不断指出的东西;即便当他在研究权利对社会中各种新的需求所进行的整合时,也是如此。[2]

权利虽然是一种对强制力的委婉表达,但它所拥有的有效性却是令人生畏的,这种有效性也完全属于奴役范畴。因此,如果说法律空间恰当地回应了某种理性化现象[3],那么公理与正义也并非是通过它才会出现在政治当中:它不过是一张画布,上面所印的只是虚假的意识。

因而,在布迪厄看来,在权利与统治者与被统治者之间所存在的经过证实的真实关系之间寻求联系,或者说,在有关政治现象的法律章程与合法性之间寻求联系,这是徒劳无益的。合法性不过是给予这种渴望的一种名称:即渴望在整个集体的层面上建立起剥削体制。

我们将会看到,当权利被认为无法有效地证明在领导者与被领导者之间所进行的权力分配时,那么从合法性的角度来研究政治生活的可能性就被排除了。当从法律的角度确定统治者与被统治者之

---

① 皮埃尔·布迪厄:《权利的力量:法律领域的社会学因素》,选自《社会科学中的研究行为》,巴黎,午夜出版社,人类科学研究所与社会科学高等研究学院赞助出版,1986 年 9 月,第 64 号,第 17 页。

② 同上,第 19 页。

③ 同上,第 17 页。

间的关系时,如果这种确定被认为是服务于政治阶级,或是服务于社会内部经济上占统治地位的集团时,那么统治权利就不可能是可信的。以这种观点来说,对于(政治)制度的研究就只能完全从意识形态、从合法性的形成、从恶意,甚至是从暴力的角度来进行。

如何更为全面地理解权利——对这种系统地批判权利的观点的回答将是简明扼要的。原因很简单:将权利归结为精英分子从中受益的、维护其利益的机构所需的要素之一,这种描述只是单纯注意到了权利的属性与功能的一个层面。很显然,那些观点在于支持和行使权利的人经常是最先的受益者,并且他们也会毫不犹豫地将权利作为一种恰如其分的工具,如果这显得是有益的。同样也应该承认,法律制度也有效地帮助我们维持了社会和政治秩序。从这个角度来说,它所扮演的镇压角色是有利于统治阶级利益的。但是如果只是专注于它的否定层面,这也是不可信的。这四个论据将有助于对权利有一个更为全面的理解。

首先,有谁会相信,在缺乏权利与义务的社会中生活将会成为可能?除非置身于一个理想的世界中,在那里处于统治地位的是人与人之间自然的谅解,或者拒绝与他人发生任何关系,否则,通过法律程序管理人们之间的互动关系就是必须的,以便人们在一个集体内部的共存关系得以实现。在相反的情况下,日常的一点点交换就会引起不断的和解与纠纷,没有什么可以阻止它们演化成为一场普遍的冲突。

其次,如果没有任何限制措施来阻止统治者对权力的渴望,那么权利对于被统治者来说就是一种用来保护自己、防止可能引诱统治者滥用权力的方式。事实上,法律框架所建立的是相互的行为,如果精英们的活动没有受到法律框架的定义与界定,那么从这一刻起,指挥权力的行使就只是单方的实践行为,在它的面前,共同体的普通成员是无能为力的。被统治者并不具备与统治者相抗衡的力量,如果连他们享有的某些权利都不被承认的话，那么，他们也就不再可以自行揭露专制行为了。尽管权利这块盾牌有时显得非常脆弱，但一旦它被认可，就成为了一种非常珍贵的因素，被领导者是不会错过求助于它的。① 因此，我们不应该忽视它的重要性。

此外，将法律机构认同为它唯一的消极特性，这也就是使自己失去了一个分析变化的方式。事实上，如果被统治者运用权利是为了保护他们的利益，那么权利同样也可以使他们能够描述与解释共同体的转变。因此，权利不仅是一个登记场所，认可社会演进，尤其是认可各种有利于个体——构成集体的基本要素的改善措施，它还有一种积极与正面的职能，与这些转变紧密相关，与其他各种因素同时共存。这种职能通过两种方式表现出来：从广义的角度来说，揭露不公正的境遇，如果不以权利为基础，那么就不可能进行，因为在权利的名义下，就可以表达要求改变社会与政治现实并使之更为美好的愿望。从狭义的角度来说，种种特殊的要求都是建立在现存的法律继承的基础之上的，因为社会成员所面对的正是这种继承。被统治者从已被承认的权利沉积出发，运用它们作为杠杆，指出这些权利没有或是没有得到理应的尊重，甚至它们是并不足够的。这即是说存在着一种积极的运动与法律范畴并肩而行，在法律的框架内，权利或许征召到更多的权利。

最后，如果在为共同利益服务的名义下，权利的唯一目的在于重塑统治关系，那么我们就看不出来怎么能够完全从贬义的角度来描述权利呢？事实上，法律机构能够体现——并且也并不是在最小的程度上体现——它被指责为所不能代表的东西，否则，也就不会有人这样指责它了。将权利所具有的镇压范畴展开，这同时也是在说明权利不只是这些，它还有可能潜在地包涵某些可值得尊敬的因素，即

---

① 比如说，可以参见哈罗德·J. 伯曼（Harold J. Berman）：《法律与革命：西方法律传统的形成》，马萨诸塞，坎布里奇，哈佛大学出版社，1983年，第43页和第556页。

便并不是目前它即具备这些。这就是说,这种概念虽然否认了权利发挥积极作用的可能性,将权利认同为一种经过掩饰的镇压形式,然而它却在同时也求助了这种可能性以阐述其观点。由于纠缠于有争议之点,这一概念便否认了它赖以建立的条件。

赞同,政治主体与合法性

第二种被用来贬低合法性或然判断的论证与赞同这一问题有关。

合法性要以被统治者的同意为前提。因而,如果在一个共同体的内部存在着以权利为基础的政治情势,那么共同体成员本身就具有一种职能,即便这种职能并非能够直接行使权利,但它却能够赋予共同体成员以行动者与主体的地位。他们参加政治活动,提供可以对事物的发展进程产生切实影响的支持,并且他们至少可以部分地表达他们的意愿。然而,我们看到,这种看法遭到了批判。

一方面,一些作者认为,被统治者的赞同在政治的历史进程中并没有起到作用;另一方面,他们的赞同虽体现了支持,但这种支持的效用却受到了质疑。因而,既然这些批判否认了合法性这一现实,所以很有必要在将之阐述之后指出其局限性。

被统治者的赞同作用——既然合法性在于同时证明权力与服从,因此很明显,被统治者的赞同在建立权利关系的过程中占有最为基础的地位。但是,对于一些政治理论家来说,被统治者的赞同,以及作为赞同的补充手段的反对,这二者并非是政治生活的决定性因素。他们认为,政治事务范畴遵循这种机制:排除被统治者的态度可能产生的影响。这种看法是通过两种途径建立起来的。第一种在于从社会—历史结构的角度来研究政治现实。它否认共同体成员面对领导者时所采取的赞同或是反对的态度可以对各种事件进行解释,因此它在这里也就只注意了唯意志论与心理主义的论据。而第二种途径在于认为政治功能掌握在一个精英阶层的手中,因此,无论在何种制度下,他们都会将自己的意见强加给其他成员。

a)历史结构与赞同

——对历史的结构分析。对权力关系结构的分析在西达·斯考伯尔的书中得到了系统的阐述;这本书叙述了法国、俄国与中国的革命。[1] 它的目的在于解释政治变化,特别是要解释革命现象。作者举出四大板块,可以在其中将各种不同的革命理论重新组合。在这些板块中,马克思的革命理论居于首要地位。马克思认为,革命并非是彼此孤立的暴力插曲。作为阶级斗争的产物,它源自于在社会内部存在的结构矛盾。

除了这第一组理论之外,还有另外三组,它们是在距今更近的年代产生,主要源自于美国的社会科学。斯考伯尔首先提到了这种研究,试图以促使个体加入政治暴力的个人动机为出发点来阐述革命现象。此后,她阐述了这种观念:接受系统化途径,强调价值范畴和赞同范畴,确认革命是意识形态运动对影响到社会体系的深度失衡现象的一种回应。最后,她也提到了政治冲突理论,这种理论解释了以斗争形式出现在竞逐权力的政府和不同有组织的集团之间的集体暴力。

斯考伯尔在阐述了将这些理论互相区分的因素以及它们各自或大或小的优势;在此之后,她指出这些观念都有可批判之处。事实上,它们都有共同的三个特点,标志出它们的局限性,也预示着它们在最后都无法满意地阐释引起政治动荡的真实原因。第一点与这个事实有关:所有的这些分析都过多地局限在审视冲突与现代化机制的国家层面,而从来没有系统地将它们与世界范围内的国际结构与

---

[1] 西达·斯考伯尔:《国家与社会革命:法国、俄国和中国的比较分析》,马萨诸塞,坎布里奇,哈佛大学出版社,1988 年,再版。

演化相参照。第二点采取了对国家与社会的分析性认同形式,或是将政治与国家行为简约为政治经济力量的体现。而第三种特点在于缺乏基础——因而这也就是最为严重的,这种缺乏表现为这些观念针对政治转变所呈现的唯意志论形象。很显然,正是这最后一个特点在这里引起了我们的注意。

事实上,斯考伯尔认为,所有的这些理论都预设着有意识的努力可以将一部分人——通常来说是处于最为不利地位的群众和他们的领导人——集合起来,这种努力的出现是革命发生的必要条件。所以,从这个角度来说,心理因素就超过了结构学说的解释。这一点即便是对于马克思主义理论也是如此,尽管他的研究途径强调了政治现象的结构性起因。然而,斯考伯尔所反对的却恰恰是这种理念。

对她而言,认为革命是个人意愿产物的论断是应该遭到批判的,因为这意味着,社会与政治秩序是建立在大多数人即被统治者阶级当他们的需求被满足时所表达出的赞同的基础之上。换句话说,这种分析也就意味着引起革命的充分条件是失去了赞同的支持。

在斯考伯尔看来,唯意志论这种观点在其本质上否认了革命运动的条件和历史现实。斯考伯尔因而强调对革命进行研究,这一研究应保留政治冲突理论的积极层面,在屏弃掉马克思主义个案考察的理论欠缺之后,更多地以其结构性研究途径为基础;通过对国际环境的重视、通过国家与经济之间关系的非机械论的认识来使这种研究精细缜密。为了能够在个别意义上解释政治变化,在一般意义上解释历史,就必须采取一种客观的观点,抛弃人类是这些变化的原因的观念。简而言之,被领导者的态度——他们的赞同或是反对,对于政治领域的运行并不具有决定性作用。认为人类是现实的(行为)主体并在不断前进的历史中起着作用,这是一种幻想,是与真正的决定性因素格格不入的。

——针对结构性研究途径,(我们)对赞同的辩护与阐述。我们并不否认社会—历史结构的存在和它在政治生活中的作用,然而它却并不构成唯一的因果关系,因此也就不能从根本上制约政治生活,将被统治者宣判为历史中的哑角,甚而成为历史的信手玩物。认为结构性因素是决定性原因的这种观念在西达·斯考伯尔的书中得到了最为系统化的阐述,然而它事实上却是建立在对这种论断的讽刺性诠释的基础之上的——这种论断认为,被统治者在政治中起到了积极作用。

西达·斯考伯尔在诠释被统治者在政治事务中的角色时,似乎曾经说过,被统治者是所发生的一切的唯一决定性缘由。在这之后,她又指出通过被统治者的行为来解释事件并不符合现实。但是她的推论却表现出一种"预期理由"。由于西达·斯考伯尔希望不惜任何代价建立从社会—历史结构的角度分析政治关系的排他地位,因此她就把一种无法辩白的版本给予了这种理念,即被统治者对政治事务的进程具有影响。然而,确认被统治者的赞同具有作用,这并不是因此而认为它是唯一的决定性因素。赞同行为有能力对政治现实施加影响,为这种理念辩护,这更是为了指出从结构因素角度确定统治者与被统治者关系理论的缺陷,并且,被统治者就像其他广义上的个体一样,确实在与社会—历史结构相协调的现实中起着作用。

所以,如果解释统治者与被统治者之间的关系是建立在结构因素基础之上的,那么这种解释将包含着四大难点使它本身难以奏效。所有这些难点都与决定论紧密相关。

从广义的角度来说,第一个难题与这个事实有关:政治生活要比结构研究使人想象的更为复杂。事实上,结构模式与现实之间的对照并没有得到预期的结果:在这个理论与政治现实的有效运行之间并不存在令人信服的协调一致。我们所研究的具体情势已经溢出了与社会—历史结构相联系的理论框架。如果这种结构没有得到外界条件的补充,那么它就实现不了给予它的职能,即主要原因的职能。因而,当西达·斯考伯尔着重指出任何革命现象都可以从其本质上通过结构因素解释的同时,她还必须承认它们的影响将随着情况的不同而变化。并且,确切地说,也正是这一点使她指出,她的论据不能够被推而广之,而且这些论据也无法使人们确切了解新的革命究竟在何时、以何种方式到来,以何种面目出现,因而它们也就不能给予我们真正的预见能力。然而这却也未能阻止她确信:为了阐释政治关系,就必须要重视情势因素;但这种必要性却并不影响到从结构角度研究的有效性。而这却正是应该置疑的地方。

事实上,当社会—历史结构的有效性表现出与其他非结构性因素密不可分之时,我们就不能坚持认为唯有前一种因素是决定性因素。如果说一切都需要被决定,那么从结构上讲,就是并不是一切都是可决定的。应该承认,结构因素并不是唯一的因果因素,能够深入地引导统治者与被统治者之间的关系。因此,应该避免思辨理论(纯理论而不重视实际的思维)的幻觉。尽管西达·斯考伯尔试图重视历史的复杂多变性,但是她的理论却没有能够摆脱这种幻觉,后者事实上导致了本质与现象之间的二元论。于是,她便从一个所谓的最基本原则出发,解释事件之间的承接顺序,试图将其他各种解释性因素归结为这一基本原则的结果或是它的偶然表达形式。

然而,如果给予社会—历史结构以双重地位,即它既是变化的关键又是最后权威机构,或者说,这种双重地位属于具有原动力的功能的因果范畴[1],那么这也就是忘记了社会—历史结构本身是可以通过历史来阐释的。[2] 所以,既然在社会—历史结构赖以生存的构成网络

---

[1]　关于历史原动力的批判,请特别参见雷蒙·阿隆:《历史哲学导言:论历史客观性的局限》,巴黎,加利马尔出版社,1981 年,再版并补充以新篇章,第 271—275 页;以及雷蒙·布东(Raymond Bondon):《无序的位置:社会变革理论批判》,巴黎,法国大学出版社,1984 年,第 136—138 页。

[2]　参见保罗·韦内:《可赋予概念的历史》,选自雅克·勒高夫(Jacques Le Goff)与皮埃尔·诺拉(Pierre Nora)编:《炮制历史:新问题》,巴黎,加利马尔出版社,1978 年,第 65—66 页。

中还掺杂着一些非结构性的要素,用以附和某些更为持久的特点,那么社会—历史结构就不能够被认同为是受到最少羁绊的、因而是最具有广泛意义的因果关系。[1]　因此,想从一个严格的角度来区分社会—历史结构层面和情势因素层面,这是非常危险的。特别是,如果从现实主义的角度来阐明这种分别,因而认为结构因素是事务的本性,而情势因素只是在边缘定义的影响下,构成了一些从属的偶然特性,这就更是无益的了。[2]　因此,反过来应该肯定,这种理论结构只是一种假设与形式都明白易懂的简单图解;而现实情况却并不局限于此。所以,结构范畴与情势因素相比,它在因果关系范畴中并不享有本原优势。

　　这就促使我们去审视结构分析的第二个难点。这一点可以这样表达:坚持认为只有社会—历史结构的影响才是具有决定意义的,被统治者的赞同并不占有关键地位,这就相当于忽视了后者的活动是从一系列的可能性出发而展开的,并以一种特殊的方式引导政治事件的发展进程。结构理论曾经在社会科学中卓然超群,是超越了理论界限的成功范例;然而一旦我们摆脱了这种盲目的崇拜,上面的那种错误就显而易见了。[3]　这种理念认为社会—历史结构正是通过与其他同样重要因素的协调而决定政治关系的,我们从这种理念中可以得到两种教训。

　　第一个教训在于承认被统治者有能力进行选择,因此他们就有能力表示赞同。事实上,当我们承认统治者与被统治者之间关系的

---

[1]　参见雷蒙·阿隆的评论:《社会学思想发展阶段,孟德斯鸠、孔德、马克思、托克维尔、涂尔干、帕累托、韦伯》,巴黎,加利马尔出版社,1985 年,再版,第 194 页。在另一种背景下,请参见克洛德·勒福尔:《历史形式,论政治人类学》,第 73—75 页。

[2]　雷蒙·布东:《无序的位置:社会变革理论批判》,巴黎,法国大学出版社,1984 年,第 230—231 页。

[3]　同上,第 123—124 页。

发展在其本质上并不是由结构因果方式所生成的时候,尽管存在着某种解释性因素,其强制力超过了任何其他因素,但是政治生活的决定程序都已不再是这种因素的表达。它变成了一种更为开放的机制的同义词,在这一机制中,每个人都各有其位,都能够发挥。

因而,既然缺乏某种至关重要的原因——属于社会—历史结构范畴并带来某些必然的结果,那么那些构成被统治者生活其中的政治背景的因素,其多样性就将确定一个相对不固定的世界。这些形形色色的因素制约政治关系,建立起各项限制性措施的领域;而这个领域又同时是被统治者的用武之地。① 政治现实的组织方式是多种原因作用的结果,因此在根本上也就没有哪种原因是最为重要的,所以被统治者也就并不是被朝某个单一的方向导引。并不是所有的一切都是可能的,但许多种途径都是可预期的。正是这一点使得被统治者能够选择,因此就能够给予或是拒绝给予他们的赞同意见。

换句话说,这些因素虽然能够确定现实,特别是能够确定现实内部被统治者的身份以及他们解释所处环境的方式,但是它们在本质上却并不构成一种僵化的因果关系。这些因素促生了一个变化的、偶然的场所:各种可能都会发生,但却并不是必然的;在这些可能性之上建立起被统治者所具有的选择之权。因而,选择对他们来说在于如何评估这些可能性,在于如何作出决定,从而使得从前那些潜在性的东西具体化。因此,这些确定性因素就创造了多种选择,在此基础上由被统治者表示他们赞同或是反对。

显然,这并不能排除被统治者的活动余地有时会很有限。可能的内容与范围与(具体)环境紧密相关,因此,根据不同的社会类型,被统治者所拥有的选择有时会受到极端的限制,他们的角色有时也在事实上就已被预先确定。但是,一方面,除非想要掉进物化的陷阱

---

① 我们在这里部分地受到了安东尼·吉登斯(Anthony Giddens)所作分析的启示:《社会的构成,结构理论概述》,伯克利,加利福尼亚大学出版社,1986 年,再版,第 172—174 页。

中,它使我们确认统治者与被统治者之间关系的运行方式遵守某种规则,并且这种规则的不变性就仿佛人们假定自然法则所具有的不变性一般①,否则,就应该承认,被统治者并非是因此就毫无取舍的。② 即便是最为封闭的社会都从来没有能够对被统治者进行足够的控制,以至于能够确保后者完全具有它所期待的行为方式。另一方面,引进一种外部环境,同时又认为它不能给予那些直接面对它的人以任何选择,这并不必然符合这些人的认知。因为被统治者只有在相对其所处的社会环境时,才能够超越这个环境为其指定的界限;或者,也就只有在他们融入有关该社会平衡状态的某种整体批判进程时,才能够以一种更为激进的方式超越这一界限。

从这个角度来说,就应该再补充一点,如果被统治者认为给予他们的选择是不适宜的,那么自其中所引发的危机本身就预先假定了必须要以可能与选择的观念为前提。换句话说,就一定要清晰地了解可能的内涵,以便当某种政治现实被认为没有为该种可能保留任何位子时,对其进行揭露。此外,如果坚持认为被统治者可以与一个不确定的世界发生关联,同时这一点又是他们行使自由的条件,这将是非常荒谬的。

因此,就应该承认统治者与被统治者之间的关系演化并不是先天写就的③,这种演化在它的每个历史发展阶段中都构成了一个确定的框架;尽管这个框架是有限制的,但是它却规划出各种可能,被统

---

① 安东尼·吉登斯:《社会的构成,结构理论概述》,第 180 页。

② 同上,第 181 页;同样请参见乔恩·埃尔斯特(Jon Elster):《尤利西斯和塞壬(Ulysses and the Sirens):合理性与无理性的研究》,剑桥,剑桥大学出版社,人类科学出版社,1979 年,第 113—114 页。

③ 安东尼·吉登斯:《社会的构成,结构理论概述》,第 84 页。为了更全面地了解这一点,请参见罗伯特·曼加贝拉·昂格尔:《社会理论:它的地位与任务》,《政治批判导言,结构社会理论研究》,剑桥,剑桥大学出版社,1987 年,第 135—137 页。

治者的选择行为以之作为基础,他们的赞同行为也因而同样如此。

政治现实并不只是受到社会—历史结构的影响,我们从这一理念中得到的第二个教训在于肯定,被统治者所作的决定具有影响力,可以改变该决定所源自的背景条件。这种影响事实上来源于多种因果关系所构成的网络,被统治者所进行的选择正是以其为出发点而得以确立。这种影响首先使得该网络在不同的比例上、不同的方向上发生改变,而后在与其他决定性因素相协调的情况下影响到未来的决定与行动。这种影响带来了补充因素,从而影响到政治领域构成诸要素的连接方式,所以被统治者未来的选择与行为就将重视这些补充因素。这种影响还因改变(社会)环境,影响到被统治者对其支配的选择所作出的评估——这些选择被他们认作是希望见到的、并可以实现的目标。这也就是说,被统治者所作出的决定与所采取的行动是与其对世界的看法紧密相连的,在既定的背景之下,所发生的事件以及对它的诠释将有助于该视角的形成。

因此,一个被统治者无法将其行动的理念与渴望传递给他的同伴,除非他的行动在他们的眼中是有意义的[1]:他的行动必须要符合某种选择,即是说,符合某种目标——该目标必须要与他们所处环境的价值相吻合;并且,历史的教诲使之期待该行动有可能也有理由获得成功。否则,这种行动也就只能使他们满足于观望主义。

构成被统治者开展行动基础的各种可能性越是丰富,就越是有可能得以实现,那么作出决定与采取行动的诸多环节就越有可能蕴涵着更为深刻的变化。正是如此,被统治者的行动能够参与引进诸多制衡社会—历史结构对社会政治秩序起决定作用的因素。甚至,他们的行动本身就可以构成分析从传统社会向现代组织方式过渡的

---

① 参见保罗·韦内:《概念化的历史》,他在谈到这个问题时,特别地提到了领导者的作用,选自雅克·勒高夫与皮埃尔·诺拉编:《炮制历史:新问题》,巴黎,加利马尔出版社,1978 年,第 78 页。

表述之一、原因之一。①

　　同样,结构性研究还面临着第三个难题。这在于它否认或是低估了这一事实:被统治者的存在具有一种特殊的复杂性,选择与行动的理由正与此紧密相连;这种存在与这些因素促使其作出决定、采取行动,社会——历史结构是无法独立于后者在政治领域中发挥作用的。

　　在环境条件的限制之下,被统治者——在普遍意义上,所有的个体都是如此——的生活具有其独特的层面,这可以表现为三种方式,相辅相成。首先,某个被统治者在其存在的初期及其过程当中所面临的诸多决定性因素与他人所面临的该种因素,即便是在最为同质的环境中,都从来不是一般无二的:每个人都有其各自的生活,其他任何生活都不会与之相一致。

　　其次,被统治者的活动有助于突出他们各自存在的特性。被统治者投身于他们所努力要实现的计划当中,维护他们与之相联系的价值与利益,建立起自己的生活:尽管一种生活会表现出与另一种生活或多或少的相似性,但是随着人们从事的活动不断复杂化,二者之间相区别的特性将不断增长。被统治者在其环境所依存的准则的基础上作出选择采取行动,虽然这些准则所表达的既是他们所知道的,又是他们所不知的,但是被统治者的战略在于建立与环境尽可能和谐的关系。被统治者生来即对其周遭世界(monde)漠不关心,他们在一定的社会背景(contexte)中发展变化,利用该背景提供给他们的手段寻求与该背景的一致之处,或者说,也是寻求与他们本身的一致之处。适应现实的过程就是一个适应社会环境(milieu)运动。在此种情境下,这种过程经常会与被统治者个人身份的形成机制相混淆。

---

① 　埃米尔·涂尔干指出,由于节段类型的消失,虽然社会对个体的控制有所放松,但仍难以容忍不同的趋向,参见《论社会分工》,巴黎,法国大学出版社,1986年,再版,第276页和第316页。同样也请参见安东尼·吉登斯:《社会的构成,结构理论概述》,伯克利,加利福尼亚大学出版社,1986年,再版,第200—203页。

最后,应该指出的是,如果没有确切的原因,被统治者不会被任意推向某个方向。虽然这些原由并不绝对地依赖于他们,但这些原由也并不因此就可以转化成为某些因由,与他们的日常生活中的利益以及他们保存该种利益的方式毫不相干。与结构主义研究、特别是马克思主义理论所论述的内容相反,被统治者对他们存在的观念,以及后者所蕴涵的(生活)态度,尽管从理想的角度来看是错误的或是有局限的,但是它们的价值却不应该在理想主义观点的名义下遭到偏执的贬低,被描述成为一种妄想。应该承认,这些孕育被统治者的决定与行动的动因代表着选择与行动的恰当理由。简而言之,就是应该给予被统治者(选择)自己生活的权利。

被统治者的生存所表现出的这种特殊的复杂性在不同程度上触及到了统治者与被统治者之间关系的发展。符合逻辑地来看,社会—历史结构如果独立于这种复杂性,那么它也就无法在政治领域中发挥作用。从这个角度来看,就必须理解这一事实所意味的含义:结构性因素并不享有自主的能动性。这也就是回过头来再次明确指出,结构性因素无法规避被统治者的活动,没有那些促使被统治者作出决定并因而采取行动的因素同时发挥作用,它也就无法影响到政治事务的发展进程。① 然而,社会—历史结构需要被统治者以获致有效性,这并不显然意味着在我们已经否定了这种论断后,应该重新将之引入,即将被统治者认同为附属于结构范畴的中立的、完全工具性的因素。尽管被统治者的生活相对来说由其社会环境、特别是由社会—历史结构来决定,但它却并不可以因此被简约为社会—历史结构。在结构性因素与每个人的存在之间存在着一种互相调节的进程。事实上,如果说,社会背景指导着被统治者的存在,并且在该背景的内部那些更为持久的层面发挥着作用,那么反过来,这些层面之

---

① 安东尼·吉登斯:《社会的构成,结构理论概述》,伯克利,加利福尼亚大学出版社,1986 年,再版,第 181 页。

所以发挥作用,部分上正是由于被统治者的活动大多具有的特性。①
从这个角度来说,这种活动从原则上来说并非是保守的,在适当的时
刻,还会参与政治现实的转变。这也就再次证明,只是将一个次要的
位子给予社会成员所具有的赞同作用,是不明智的。

结构性研究所遭遇的第四个也是最后一个难题与责任问题有
关。承担责任是与赞同同时共存的。事实上,对决定与行为负责意
味着要行使自由,这正是赞同的特性。从这一点来看,从结构角度研
究政治生活将在以下三个问题上受挫。

首先,认为社会历史结构性地影响着政治关系,这种理论所寻求
的解释难道不是在否认它试图要澄清的对象吗?尽管从结构角度对
政治生活的分析试图降低、甚至是排除个体责任的概念,然而统治者
与被统治者之间关系的日常发展却在不断强调着个体责任的作用。
这种发展在不同的程度上通过不同方式建立起这种理念:被统治者
与统治者对他们各自的选择与行为承担责任。因此,只是通过社会
历史结构来认识政治现实,这种认识方式与政治现实的组织方式之
间是有出入的。

其次,对政治发展的结构研究没有排除对责任这一概念所抱有
的专制因而是危险的观念。如果说社会—历史结构是社会演化的唯
一因果关系,那么我们就是将自己置于这样的一种科学背景之中:尽
管其主旨是完美的,但它却使得那些引导研究的启发性工具僵化,并
因此将它们转化为教条式的肯定模式,其目的在于从整体上分析现
实。② 20 世纪的历史已经表明这种尝试是如何能够反映到现实中

---

① 安东尼·吉登斯:《社会的构成,结构理论概述》,第 212—213 页和第
220 页。

② 参见吕克·费里和阿兰·雷诺:《体制与批判,论当代哲学中的理性批
判》,布鲁塞尔,乌萨(Ousia)出版社,第 162—163 页;及吕克·费里:
《政治哲学》,第二卷,《历史哲学体系》,巴黎,法国大学出版社,1984
年,第 109—110 页。

的。由于历史终结的实现被认为是一种福祉、一种必要，对于各种事件的评估是根据历史的终结而进行的，所以，当责任理念服从于这一评估结果时，大门就会为大规模的敲诈行为大大敞开——这种敲诈正是在那个被认为是所希望的并且是不可避免的和目的性的名义下而犯下的，而其肇事者却由于将其自身认同为这一目的性而不必承担后果。

专制社会并非完全放弃被统治者各自承担责任的原则，特别是在那些被统治者自主选择与行动的能力与权利得到承认的活动领域中；专制社会的特点在于给予被统治者自治空间的不足。于是，这种责任就逐渐失去了个体的特性，对其的控制不断加强，并将之建立在历史意义的角度之上，这种控制也因此使得被统治者在面对强大的统治者时极端地缺乏反抗的手段。

最后，认为社会—历史结构是唯一真正对政治生活进程具有决定性影响的因素，这种理念将有可能鼓励一种拒绝承担责任的进程，一种宿命论的态度。既然结构因果关系所具有的重要性既可以解释过去的也可以解释未来的不行为，那么行为规则也就因而可以归结为一种不抱任何幻想的观望主义的伦理。这种宿命论的危险揭示出这样一种情势的轮转：虽然从社会历史结构对政治进行研究——主要是信奉马克思主义的分析研究——其最初意图回应了锻造一种帮助被统治者获得解放的工具的渴望[1]，但这种途径却最终成为了一种因素，在它所处的层次上，强化了对现有状况的接受。[2]

b) 精英理论及对赞同的辩护

在对政治现象进行结构研究的同时，还存在着另外一种类型的

---

[1]　参见罗伯特·曼加贝拉·昂格尔：《社会理论：它的地位与任务》(*Social Theory: Its Situation and its Task*)，《政治批判导言，结构社会理论研究》，剑桥，剑桥大学出版社，1987 年，请特别参见第 138 页。

[2]　同上，第 138—139 页。

论证方式,认为被统治者并不介入政治生活的发展过程。这种论证与精英理论相关,与我们前面对政治职业人员所进行的评论紧密相连。这种观念认为被领导者在政治决定与行动中没有起到任何作用,因为统治的流程已经简约成为少数人对多数人的统治。这种论断毫不含糊:一个小的集团掌握着权力,并独自行使权力,这是一个事实,很难设想出会有某个社会政治结构可以使这个小集团在其中以另一种方式行为。因而,正是从这个角度,加埃塔诺·莫斯卡(Gaetano Mosca)首先提出了建立在社会学研究基础上的精英理论;他认为精英现象的持续存在是一个最为重要的论据。因此,存在着一个少数人阶层,在损害大多数人利益的情况下统治着,这种现象已经被认作了一个如此普遍的特点,以至罗伯特·米歇尔斯(Robert Michels)在莫斯卡多年之后,在其中发现了一条制度运行规则,将之称做寡头政治铁律。① 不过如此的观念并不意味着社会将在精英阶层和群众的永无休止的对立中凝滞不动,尽管一个将永远辉煌,而另一个命中注定必须屈从。相反,构成领导层的个体将会不断地进行更新。这正是维尔夫雷多·帕累托(Vilfredo Pareto)所指出的,对他来说,人类社会的历史是贵族的公墓:一个精英分子替代另一个精英分子,这是永远运动的。② 但是,这一过程却不能丝毫改变权力的性质:永远都是一个成员有限的团体进行着统治。被统治者不过是在更换着他们的主人。

几个人对所有人的统治,由于它并未将自己局限在某些显然是建立在对决定与行动要求垄断基础上的政治类型之内,因而被假定

---

① 罗伯特·米歇尔斯:《政党:论民主的寡头趋向》,巴黎,弗拉马里翁出版社,1971 年,再版,由 S. 捷克洛维奇(S. Jankélévitch)译自德文,第279 页。

② 雷蒙·阿隆:《社会学思想发展阶段,孟德斯鸠、孔德、马克思、托克维尔、涂尔干、帕累托、韦伯》,第 466 页,转引自维尔夫雷多·帕累托:《论广义社会学》,第 2053 段,及《政治经济学教科书》,第 7 章,第 115 段。

是构成了政治活动精髓的因素之一。只有领导阶级的构成以及该阶级成员获得并行使权力的方式发生着变化。这种变化与不同政治体系和政治制度的特有方式紧密相连，因而为了能够观察精英现象所具有的不可回避的特点，只需要审视几个人的统治是如何来回应每个特殊情势的。这种政治关系理论既适用于民主制度，也适用于其他制度。

我们并不怀疑统治者能够操纵被统治者的赞同，但是也应该指出，将所有的政治活动绝对地认同为此种行为方式，这也是不可能的。这种混杂对于统治者和被统治者的各自角色来说都是有失公允的。

为了使人信服，只需要指出，如果精英分子无视社会成员的观点，那么他所选择的这种统治方式，将会在或短或长的期限内，表现出相当的不确定性。事实上，统治者只有将他们的根深植于他在其中承担活动的领导与协调职能的社会中时，他们才会享有安全与稳定的情势。如果他们通过自己的选择与行动而有助于政治与社会秩序的培育，那么他人对其服从的方式就表达出一种权威，这种权威既可能得到巩固也可能遭到破坏。因此，统治者为了能够得到最为有利的条件以方便其权力的行使，就似乎需要被统治者的赞同。而且更希望见到的是，这种赞同并不仅仅是默示的，而且更要回应一种真正的同意态度。这意味着精英分子及其所引导的政治体制回应了被统治者的期待。否则，一定时期之后，就将是危机。

显然，他们所获得的支持会随着制度的不同而变化，并且获得被统治者支持的必要性在某些社会与政治类型中也并不具有很强的强制性，比如说，当领导人所掌握的权力非常之大时。然而，领导者为了确保他在集团顶峰位置的持久与合法性，他们仍然能够珍惜被统治者的支持。因此，存在着一种被统治者监督统治者的机制，这种机制将一项显要的职能给予被统治者的赞同。我们当然并不能低估这一事实，精英分子会经常占有最好的一部分，但是将政治归结为一种活动,在其本质上只是服务于精英分子的利益,这却也只是一种有失偏颇的研究罢了。

赞同的优点——认为被统治者的赞同在现实中并没有表现出所给予它的那些优点,这种论据构成了另外一种方式,使人怀疑它是否能够促进合法性理论的建立。否定赞同行为的优点在于将其认同为某种制度所获得的支持,以及与该制度相伴随的稳定;还在于指出支持与稳定这两种因素并不因此而创造出一种合法性的情势。为了贬低被统治者在其所生存的社会政治领域中支持的作用,这种批判利用了各种不同论据,在这其中,我们可以首先找到对一致这一概念的使用。

a)对赞同优点的疑惑

——赞同、一致与混乱。这里所运用的分析途径从这个理念出发,认为一个共同体从来都不会达成完全的一致,因而指出,个体之间不同的身份地位促成了针对权力的不同态度,对统治权利的评估也有赖于每个人所占据的位置,从这个角度来看,如果一个人属于这个体系中的特权阶层时,那么这个政体的组织方式对他来说就极有可能是具有合法性的。相反,社会中那些被抛弃的人则显然不会这样认为。

此外,那些昨天还在揭露政府不合法性的人明天或许就会成为它虔诚的支持者,这并非是不可能的,只需要这个政府改变它的政策,并积极地回应他们的需求罢了,只要实现了这一点,那么共同体中其他成员的命运是无关紧要的。

这也就是说,按照这种推论,赞同并非是一种不偏不倚的判断,它所体现的不过是个体需求的满足程度,这种程度将会随着个人的处境与生涯的演变而发生变化。这种论断将赞同归结为一种绝对自私的观念,即是说一种趋向于混乱的观念,因此它甚至对合法性产生的可能性都产生了怀疑。合法性在事实上究竟如何才能够促进统治者与被统治者之间以及被统治者之间整体互利关系的形成,既然赞同行为作为这些关系的存在条件之一,所反映的只不过是互相冲突的个体利益的胜利?

除了这第一种论证,还有其他的各种批评,它们否认被统治者可以在赞同与反对这两个行为中自由地评估与选择。

——赞同,审慎与文化奴役。这些反对意见可以分成两组:一组与屈从相关,另一组与文化奴役相关。

第一组在于为这种理念辩护,认为个体对政府的支持仅仅是出于他们审慎的态度。

以这种观点看来,被统治者保持他们的沉默,甚至是公开表露他们的支持,以此来赞同被统治者的决定和行动,这并不意味着他们确实拥护被统治者。相反,倒可以这样认为,这归根到底不过是为了维护他们的直接利益。这种观念认为,国家权力以及它使被统治者产生的恐惧促使被统治者采取一定的态度,而这种态度与被定义为"在自由状态下所给予的同意"的赞同毫无关系。对于被统治者来说,按照法律来行为,服从统治者的命令,就等于是保障他们的安全条件。因此,被统治者给予某一制度的支持是在直接或是间接惩罚的威胁下被骗取的,这种支持既不是积极的,也不是真实的。这不过是出于审慎而作的选择。①

因此,只要是在一个适当的时候,尤其是当对被统治者的压制放松的时候,就可以清楚地显出他们的支持只是一种屈从。

我们知道,国家的权力越是包容社会的生活,这种批评建立的基础就越可能成立。从这个角度来说,尽管这种批评矛头首先所指

---

① 参见约瑟夫·拉茨:《法律的权威,论法律与道德》,牛津,牛津大学出版社,1986 年,再版,第 30 页。

的是非民主的政治模型，尤其是集权体制，但民主国家却并非就可幸免。民主国家，尽管给被统治者留下了重要的回旋余地，然而却并不排除对恫吓程序的运用。因此，尽管可以产生对法律的遵守，但是这就像在更为集权的国家中所发生的一样，并不是因为对法律深厚的信仰，而是为了避免镇压的措施。此外，民主体制中国家的分量，即官僚主义发达的触角、多种多样的干预领域，将使个体依赖于公共权力。这种依附很像一种被保护人体制，强迫其必须要效忠。

第二种反对意见与文化奴役有关。这种理论认为共同体成员生存在世界之中，他们评价该世界的能力是有限的，因而它论述了两种批判意见。一种是建立在意识形态基础之上，另一种揭露出一种诠释现实的方式，他们将之称做"自给自足的诠释"。

将赞同划归到从意识形态角度思考社会的范畴，这对我们来说并不陌生。这种论断属于马克思主义的分析方式，它将赞同行为归结为资产阶级统治及政治传统的表达：代议制民主。它由两种基本要素构成。第一种在于认为赞同所表达的并不是自由选择或是个体意愿的自主性，因为这与他们所生存其中的被奴役状态是密不可分的。由意识形态所推而广之的愚民政策使得赞同成为虚假意识的赘生物，因而我们无法将之认同为一种可信的政治概念。

此外，认为被统治者都或多或少地并不知道何者是共同体所希望的，马克思主义者也并不是唯一这样认为的。这种论证曾经被多次、以各种不同形式、尤其是保守主义者所运用。因此，在整个19世纪中，那些反对民主进程的人便一直为这种观念辩护：大多数人，特别是工人，并没有足够的文化与道德能力来表达一种有效的政治见解。① 无论这种论证是来自马克思主义还是来自于保守主义，也尽管

---

① 比如说，可以参见威廉·H. 斯韦尔（William H. Swell Jr.）：《法国工人与革命，从旧体制到1848年的劳动语言》，剑桥，剑桥大学出版社，1985年，再版，第226—228页。

在这两种分析研究之间存在着根本的差异,但结果都是一样的:个体无论是在低劣的本能控制之下或是在资产阶级所操纵的世界观的控制之下,他们都是受到了奴役。所以,尽管他们被要求对某种情势表示赞同,但是这种虚假的意识却使他们无法对此作出正确的判断。

否认赞同的第二种因素是从意识形态的角度进行分析的,这种分析与代议制民主的政治实践有关。这种理论认为个体在选举的框架内所给予的支持只是一种常规的、形式的参与行为,这不过是符合资产阶级民主国家所推动的意识形态。在这种条件下,赞同行为根本就不意味着一种忠诚。资本主义国家之所以求助于选举制度,这不过是希望个体采取并遵守他们所颁布的政治规则,而不去思考它们是否具有牢固的基础。由于赞同的意义总是根据有产者阶级的统治而得到预先的确定,因此上述行为的意义只是在于获得被统治者消极的支持,或者说,要求他们赞同该体制强加给这种争夺的限制性条件。因此,被统治者的选择只是使他们的卑微地位永久化,选举制度也不过是要求他们保证他们的这种选择行为。资产阶级尽管创造出了一种抽象的大多数人的法律,但这却并未损及他们的特权。所以,选举机制与赞同行为完全是市民资本主义建立其合法性的一种方式,是市民资本主义所炮制的一种途径,以使其本身被接受。

还有另外一种批判,认为赞同已经沦落为文化奴役,这与对政治生活的"自给自足"的解释有关。这种批判在于思考这个问题,既然对政体所作出的赞同必须要遵守某些集体规范,而后者又没有提供可以选择的余地,那么赞同所体现的优点又可以包含哪些内容呢?从某个角度来看,这种反对性意见接近于将赞同行为认同为意识形态——既然意识形态同样与一种对现实所作的有限的、单方面的评价有关,然而这二者却是有区别的。由于资产阶级民主准许了一定的观点与行为的多元化,因而与此相反,这种批判所描述的是一种系统的文化强制,将一切分歧排除在外,因为分歧必然被认为是一种引起混乱的因素。从这个角度来看，这种对集团组织方式自给自足的解释与集体有机论这一观念有着本质的联系，因为集体被认为是生存在封闭的整体中，颂扬个体将自己融化进该整体中；在其内部分歧是不被容忍的。

在这种情势之中，法律必须要得到严格的遵守，原始社会以及传统意义上的社会都具有该种特点。[①] 显然，除了某些特殊情况之外，这种情势还涉及到这种制度：它自愿地将自己与其他民族共同体割裂开来，从而发展出一种解释现实的有机化与教条化的解释制度——极权体制。问题在于了解，从这个角度来看，如何来考量给予领导者的支持：它到底是吸收了个体意识与行动自主性的唯一产物，还是奴役了这种自主性的唯一产物呢？

——赞同与民主政府。如果我们进一步延伸这些疑问，那么就会产生对赞同的最后一种批判：假设赞同行为是有理由的，是在被统治者摆脱了奴役之后所做出的承诺，那么这种赞同行为难道不是只属于民主政府吗，因为后者与其他政治形式相反，是非常明显地建立在个人的选择之上，并给予了他们行动与思想的自由？[②] 以至于，如果说赞同是合法性理论的条件之一，那么我们难道不是会提出只有在民主的框架之内赞同才是一种可操作的范畴吗？在这种情况下，人们难道不会去谴责从统治权利的角度来研究其他政治体制的可能性吗？

---

① 比如说，可以参见皮埃尔·伯恩鲍姆（Pierre Birnbaum）对皮埃尔·克拉斯特（Pierre Clastres）作品所作的评论：《关于政治统治的来源：论艾蒂安·德·拉博埃西（Étienne de La Boétie）与皮埃尔·克拉斯特》，刊载于《法国政治科学期刊》，巴黎，国家政治科学基金出版社，1977 年 2 月，第 27 卷，第 1 号，第 15—17 页。

② 参见克洛德·勒福尔对民主特点所做的评论：《论政治：十九—二十世纪》，巴黎，塞伊出版社，1986 年，第 52—53 页。

b) 对赞同优点的辩护

否认赞同优点的论证同那些与社会历史结构或是精英理论相关的异议论点一样，都是非常脆弱的。

——赞同在其本质上并不是杂乱无章的。这种异议在于否认被统治者赞同行为的真诚性，其借口是这种赞同所表达的是他们的利己主义。这就引起我们两种思考：一方面，尽管政治精英与政治机构负责向社会成员谋取物质的与象征性的福祉，但很难想象被统治者的赞同只是从该种角度出发对政治精英与机构的一种评估进程。虽然被统治者将自己的支持作为交换，以便获得某种收益，但是仅仅因为他们的赞同行为与此种意愿密不可分，就认为该行为是利己主义的，这并不令人信服。那么，如果不是这样，被统治者的赞同得以建立的立足点又在哪里呢？赞同，意味着放弃其少量的自主权而将它交给领导者。然而，只有当伴随着这种放弃而获得的等价物是有益于被统治者时，并且也只有当领导者对该等价物负责时，这种放弃才是有意义的。因此统治者之所以能够获得被统治者的支持，这正是因为后者期待从他们那里获得服务，期待他们能够承担这些服务。所以，被统治者在他们的赞同行为中重视他们的个人满意程度，这是很正常的。错误就在于，由于看到了在每个人计算其利益的过程中一些使人对赞同行为的优点产生疑惑的信号，就认为赞同行为无法构成统治权利所需求的因素之一。

另一方面，虽然被统治者的赞同与他们对其所获得福祉的评价密不可分，但这一事实并不意味着这种评价使得被统治者之间彼此孤立，并且从根本上说也并不意味着这种评价可以在完全不考虑他人命运的情况下而实现。因此这就涉及到必须要重视个体的这种思维趋向，(他们)认为当他们各自的生活条件处于有利的景况之时，那么社会现实在整体上就是令人满意的。因此，就应该承认，虽然评价政治领导人和政治机构有效性的机制促生了赞同行为,但是这种机制却并非是唯一建立在分析被统治者个体情势基础之上的。

事实上,赞同行为的行使建立在对集团其他成员关注的基础之上。赞同是共同体实验即互利关系的指数,在该互利关系的框架内,被统治者接受将确保集体内部进行交换的权力让与统治者,并将之定义为权利与义务。这种态度并不完全是出于慷慨:保存每个人的利益要求不能从根本上无视他人的命运。所以,对他人生活条件的重视与被统治者之间所存在的依附关系是成比例的;此外,为了能够安稳地享有自己的财产,财产使用权势必导致财产得到所有人的尊重。不仅仅对私人的财产是这样的,而且很显然,公共财产更是如此。事实上,公共财产之所以存在,正是因为公共财产在社会所聚集起来的个体之间既是共同拥有的,也是可以分配的。因此,如果每个个体的安全没有得到适当的保护,那么集体安全也就不可能获得。如果没有每个个体的福祉也就没有公共福祉。换句话说,共同生活的可能性经由赞同而产生。赞同所表达的公共范畴永远都不应失去效力。否则,归属于共同体的情感就将消失,甚至是赞同的观念本身也将失去意义。

这也就是说,赞同越是倾向于一种严格意义上的利己主义评估,那么它就越是背离了集体的组织方式,以及源自其中的谅解精神。最后,这种倾向将有助于社会与政治关系发生断裂。

总而言之,赞同行为并没有必要非得具有普遍意义,才可以使人认为其是有效的,更何况共同一致主义是危险的乌托邦主义才具有的一种特性。因此,只需要赞同行为加入到集体的层次之中,同时又不使这种集体层次绝对化。

——个体具有评议与赞同的能力,这只需要提及到以下五种思考。

首先,审慎同利己主义相比,并不更多地贬低赞同行为。我们并不否认政治暴力的存在,但是被统治者的服从并不能够因此从根本上被归结为屈从。个体虽然采取审慎的态度,但这也并不必然意味着他们只是由于恐惧因此才表示赞同。

其次,有人认为被统治者由于并不具有智力方面的能力因而无法解释政治生活的各个层面,针对这种论断,我们的回答是:今天这种论述父道保守主义——不论其版本为何——的最为黑暗时代的论断,已不可能再获得人们的相信。

再次,还有一种论断认为赞同受到了意识形态的影响,我们并不否认这其中包含着部分的真理,然而却应该避免执拗地将赞同同化为一种反映政治现实的虚假的见解。事实上,如此的同化行为等于是将一种批判性的研究变成一种独断的判断:其得以建立的基础是对被统治者所具有的经验与信仰所作的彻底的贬谪。① 这种独断的判断本就令人质疑,更何况既然别人反映的总是意识形态②,那么这种专断就必然引起争论。虽然我们生活其中的世界是由意识形态分析作为载体,因而要与其保持一定距离这个命题不应被放弃,但是也应该避免武断地将这种意识形态分析描述成一种泾渭分明的图解,以至于将被统治者的意见归结为他们遭到奴役的一种表达。如果我们绝对地从这个角度出发考虑问题,那么这也就是最终禁止被统治者有一个真实的生活,他们只能生活在空想之中。所以,很有可能正是为了避免这个难题,一些作者才希望能够摆脱对意识形态概念所作的这种基本上是贬义的理解。③ 于是他们便只是论及到意识形态

---

① 参见保罗·韦内:《希腊人相信他们的神话吗? 论构成性想象》,巴黎,塞伊出版社,1983 年,第 98—99 页。

② 参见保罗·里克尔(Paul Ricoeur):《关于意识形态与乌托邦》,由乔治·泰勒(George H. Taylor)编纂,纽约,哥伦比亚大学出版社,1986 年,第 2 页。

③ 参见保罗·里克尔:《关于意识形态与乌托邦》,由乔治·泰勒编纂,纽约,哥伦比亚大学出版社,1986 年,第 3—5 页。

的批判功能,并将其作为与个体或团体的客观情势紧密相连的总体代表体系的层面之一。① 由于该体系将行动与思维方式包容进一个意义的世界之中,因而便具有了一种整合作用。②

此外,通过将赞同行为限定为一种反映政治世界运行的意识形态视角来对之进行批判,这难道不是在坚持一种自相矛盾的论断吗?因为这种论断意味着阐述这个论点的人要接受、至少要默示地接受这种理念——意识形态所涵盖的领域并不能包容一切。他特别要承认意识形态并不使用于他本人、他的论述以及他的行为。③

最后,自给自足的社会——不论是原始的、传统还是当代的——中的被统治者并不具有任何的回旋空间来评判其周遭环境,这个事实在其本质上仍无法影响赞同行为的优点。在原始社会和传统的集体组织中,给予其组成部分的个体的选择非常有限;但纵使考虑到这一点,又为什么认为这些个体所采取的态度不是一种真诚的支持、不具有赞同的优点呢? 选择的范围与内容总是与一个既定团体的同一性相关的,因此又怎么能够借口由于他们的判断能力回应了他们所归属团体的特有组织条件而肯定被统治者表达的意见是毫无价值的呢? 赞同行为是一种评估现实的程序,该程序的实施意味着在它与所评估的领域之间存在着一种同质性的关系。所以应该承认,从本质上说,尽管这些社会中存在着藩篱,但这并不能排除这种可能:在该社会中所发生的赞同行为可以被描述成为一种支持,在其基础上可以建立起一种基于权利的政治关系。因而,为相反的论断辩护,将社会规范的强制力认同为一种极权暴力,就像皮埃尔·伯恩鲍姆所

---

① 乔治·迪比(George Duby):《社会历史与社会意识形态》,选自雅克·勒高夫和皮埃尔·诺拉所编《炮制历史》,第149—154页和第168页。

② 保罗·里克尔:《关于意识形态与乌托邦》,第8页和第254—255页。

③ 同上,第8—9页,参见保罗·里克尔对曼海姆(Mannheim)的悖论所作的评论。

建议的那样①,这将必然遭致批判。

因为,这种论断首先犯下了方法论的错误,它假设了一种客观观点,而从根本上说却并不为原始或是传统社会的成员所知,并且,这种论断也忽视了这些集体安排了审议和讨论的空间。②

那些建立在从有机化与极权化的视角观察社会实践基础上的当代社会政治组织形式,往往会求助于一种系统化的宣传,利用国家文化的竞争来实施一种孤立政策。在这种社会中的赞同问题,我们有两点评论。一方面,应该公正地说,在这些极权体制开始建立之时,甚至在很长一个时期内,该体制能够享有人民的真正的支持。③以至于我们根本就不必考虑是否将其在其存在的一定时期内所享有的支持认同为真正的支持,因为从根本上说很难否认这一点。但另一方面,在极权体制中,既不是赞同的质量也不是行使赞同的方式受到质疑。事实上,尽管他们的领导人非常重视他们从被统治者那里所获得的支持④,但是这种体制所倚赖的逻辑却并不是建立在权利基础上的逻辑。被统治者在其中并没有被真正准许对政治机构以及该机构的负责人表达或是拒绝他们的支持。进入该种回旋余地的途径是被禁止的。然而相反,他们却被要求表达他们的同意,因而这种同意更

---

① 皮埃尔·伯恩鲍姆:《关于政治统治的来源:论艾蒂安·德·拉博埃西与皮埃尔·克拉斯特》,刊载于《法国政治科学期刊》,巴黎,国家政治科学基金出版社,1977年2月,第27卷,第1号,第16页。

② 比如说,可以参见克洛德·列维－斯特劳斯(Claude Lévi－Strauss):《悲哀的回归线》,巴黎,总联盟出版社,1966年,再版,第277页;及雷蒙·布东:《无序的位置,社会变革理论批判》,第64页。

③ 为了更清晰地论证这个因素,请参见伊朗·克肖(Iran Kershaw):《希特勒神话,第三帝国的形象与现实》,牛津,牛津大学出版社,1989年,再版,第5页,第254—256页,第258页。

④ 伊朗·克肖(Iran Kershaw):《希特勒神话,第三帝国的形象与现实》,第257页。

像是一种带有神话色彩的团结一致。① 那些反对领导人的人被认作敌人，必须要被清除。从这个角度来看，这是一种充满着聚变与恐怖的尚武的活力，灌输与镇压构成了它的两个层面。这种尚武的活力将赞同与对权利的尊重排除在外。

　　——赞同与政治制度。认为赞同是一种仅限于民主国家的现象，这种论证也同样遭到了异议。并不是因为赞同行为在民主制度中扮演了一个中心角色，并且也因此而得到制度化，因而它的活动范围便被严格地局限在民主国家之中。赞同的行使以被统治者在社会中所掌握的资源为出发点。重要的是，为了阐明赞同的存在和其功能，就必须存在着一种互利的关系，建立在统治者和被统治者相互承认权利与义务的基础之上。根据不同的社会和政治类型，甚至根据不同的民主政府类型，赞同行为会呈现多种不同形式；但除此之外，赞同总是处在社会的基础地位，通过个体之间服务的交换来表达集体的经验。简而言之，赞同并不是绝对地连接在民主国家之上。它是在历史的范畴中得以实现的。② 此外，为了信服这一点，还必须要摆脱对个体概念的错误理解，与之相伴随的便通常是赞同是一种仅局限于民主国家的这一理念。费迪南·腾尼斯（Ferdinand Tönnies）对"共同体（communauté）"与"社会（société）"的概念作了区分，因而这种错误在很大程度上是一种被此种分析所夸大的结果。③ 因此，应

---

① 参见克洛德·勒福尔：《论政治：十九——二十世纪》，第 275—276 页。

② 参见卡罗勒·帕特曼（Carole Pateman）：《政治义务问题：自由理论批判》，伯克利，加利福尼亚大学出版社，1985 年，再版，增订，第 98—102 页。

③ 费迪南·腾尼斯：《社团与社会》（Gemeinschalt und Gesellschaft），新布兰斯威克，贸易丛书（Transaction Book）出版社，1988 年，再版，约翰·桑普拉斯（John Samples）重新作序，由夏尔·P. 卢米斯（Charles P. Loomis）译自德文，请特别参见第 33—35 页。

该明确,如果说行为人与严厉的社会政治控制之间的相互依附程度随着集体组织形式的不同而发生变化,这并不意味着个人虽然存在于社会中但却被排除在社团之外,就像费迪南·腾尼斯所夸大的那样。① 尽管在现代社会中个体之间的不同更为显著,但是从前集体的成员也都相应地在他们各自的层次上彼此有着巨大的区别。② 这就是我们对于那些否认被统治者的赞同是统治权利构成的基本因素的批评所作出的回答。所以,当我们已经指出无法从整体上来否认赞同这一概念时,那么最后,政治的主体问题却是无论如何也不能回避了。

政治合法性与道德

从合法性角度对政治关系的审查也同样遭到了从道德角度出发所进行的批判。从这个方面来说,有三种理由试图诋毁从统治权利角度对行为与制度的研究。这种舍弃是在现实主义的名义下进行的。

现实主义对合法性的否定——在这种论证中,对统治权利的诋毁首先是建立在将合法性认同为对政治事件进行分析的道德研究的基础之上,其次是建立在从道德的角度确定评估政治生活的标准所带来困难的基础之上。最后,由于合法性被认为是对统治者与被统治者之间关系的道德分析,因而,这种诋毁还部分地与合法性所引发的方法论问题紧密相连。

在第一章中我们已经指出了这一点:领导者的决定与行动必须要与法律一致,虽然这构成了我们能够谈论合法性情势的必要条件,但是这却是不够的。同样重要的是,那些规范政治人物的规则必须要回应社会成员所赞同或同意的基本原则。这就是说,统治权利与

---

① 请参见雷蒙·布东对此作的相关评论:《无序的位置,社会变革理论批判》,巴黎,法国大学出版社,1984年,第64—66页。

② 克洛德·列维-斯特劳斯:《悲哀的回归线》,第283—284页。

规范这一范畴密不可分:这首先需要决策者必须要重视那些给予社会同一性与意义前景的价值与约束。

确切地说,对于现实主义所倚赖的观念来说,它所否定的正是在对政治事务的治理与基本原则之间所存在的这种联系。从这种观点看来,这种观念进行了一种双重同化:首先由于它忽视了合法性所包含的规范性特征和社会同一性之间的关系,因而也就同样将统治权利所具有的规定性层面解释成为一种对政治现实的教化性评估。此外,它也为将道德命令与统治者的活动进行彻底分离的这一论断进行辩护。因此,道德被认同为一种训导,它所指示的并不是政治现实为何,而是政治现实应该为何,以及在为何与应该为何之间没有任何连续性,所以,对于统治者权力的具体形式,道德便被认为没有给我们以任何与之相关的启示。由此可见,如果合法性在于从道德的角度来评价统治者相对于被统治者的角色,并且如果道德与实际的政治领域没有任何联系,那么统治权利的或然判断就遭遇了难点:考虑到在合法性对政治的推论与政治的真实情况之间的鸿沟,那么在规范对政治事务的运行所施加的影响与领导者的有效实践之间就不可能存在着共同之处。所以,既然政治有它自己独特的利益,与道德所具有的利益不同,那么合法性也就只不过是一种企图,试图从外部施加一种与权力现实并不相符的行为向导。因此,统治权利不容于现实政治生活,也不能够用来分析与理解它。

道德与政治的这种分离回应了古典政治哲学的崩溃,就等于从本体论的角度来分裂统治者的活动和道德措施。在古代人尤其是亚里士多德看来,城邦先于任何个体而存在,因此,人天生就是不完整的,因而也就只有在将其自身归属于共同体之后才能够完全实现自身,这样公共福祉的实现便成为了政治的主旨与目的。① 他指明了城

---

① 参见亚里士多德:《政治学》,巴黎,弗兰(Vrin)出版社,1977 年,再版,J. 特里克(J. Tricot)译自希腊文,第一册,2,1253 a 20—30,第 30 页。

邦的内部组织类型,后者确保了整体与其部分之间和谐的相互依赖关系。①

相反,现代人的现实主义却认为政治的意义在于权力游戏。因此,政治便表现为领导者相对于道德的自治。现实主义认为给予政治以特性的并不是按照公共福祉而引导统治者作出决定和采取行动的目的论,即是说,目的在于在集体结构的层次上建立起互利关系,相反却是这一事实:政治构筑了一个框架,各个个体在其中都试图战胜其他人。因此,政治并非是对团体秩序和解的寻求,而是沦落为竞争关系的一种好战的事业。不论是在一个共同体的内部,在对外层面上,以及国家之间②,政治都是一种对立。

从这个角度看来,很显然,由于合法性被认同为道德,因而也就既不具有统治权利所蕴涵的原动力,也不扮演集体整合工具的角色,也就必然表现为一种源自外界的附件,它所阐明的也就只是对政治事务所应采取行为的理想主义观念。既然政治是难以符合野蛮的现实的,那么合法性也就被视为了调节政治的一种企图。

从这个角度来看,合法性这一理念,在最好的情况下,它与统治者与被统治者之间的关系没有任何联系;而在最糟糕的情况下,则在党派斗争的框架内被用作一种战略,以使其夺得的权力获得合法性。所以,由于统治权利是建立在对道德态度与统治者的活动进行明确区分的基础之上,这也就遭致了对它的批判。这种批判,与那些反对从法律角度确定政治的异议,相辅相成。

---

① 亚里士多德:《政治学》,第三册,6,1278 b 20—25,第 194 页。

② 比如说,可以参见罗伯特 · O. 乔汉(Robert O. Keohane):《霸权之后,世界政治经济中的合作与分歧》,普林斯顿,普林斯顿大学出版社,1984年,第 7 页;同样也可以参阅弗里德里希 · 迈内克(Friedrich Meinecke):《现代历史中的国家理由理念》,日内瓦,德罗兹(Droz)出版社,1973 年,由莫里斯 · 舍瓦利耶(Maurice Chevalier)译自德文,请特别参阅第 22—23 页。

此外,既然权利与道德是同一个过程的两个层面,其目的在于建立联系个体的权利与义务的网络,而所有人对该种过程的承认既构成了团体的工具又构成了团体的表达;所以,至少只要我们接受这一点,那么当我们看到上述的思想潮流对权利与道德展开同时的攻击时,这也就丝毫不令人惊异了。然而如果人们并不希望让他人来调解他们之间的利益,或者这些利益根本就是不可并存的,那么人们就会由于这些利益而彼此分离,因而即使通过权利与义务建立起妥协措施,那么也是难以得到执行的。既然这二者都被认为是欺骗的、空幻的,那么它们作为组织互惠交换的现实也就沦落为一种虚无了。政治既然缺乏公共关系,那么它也就只能是一种无情的斗争。所以,作为一个现实主义者就要厚颜无耻,就要始终预想到最坏的情况以避免它,因此就要始终与他人面对而行为。①

如果我们必须要预先假设我们无法给予那些与我们竞争的任何个体以信任,那么我们就必须要依赖我们自己来避免厄运。与其期望那些与我们竞争的人因简单的权利与道德的效果而承认归属于我们的那一部分,倒不如我们应该必须预期他们的侵犯行为,以至于发展一些技能,以便能够降低这些行为所体现的不确定性与不安全感。

换句话说,为了不承受危险,就必须要成为第一个出手的人;并且,既然从根本上说,在我们与他人的关系中我们将不会有任何收获,那么道德与权利也就是与政治现实无关的。

在个体之间因而也就不存在互利关系,也就没有道德与法律意义上具有合法性的产权证书。所以,这就意味着始终都要作为最强者,这就是一切。政治关系,以及普遍意义上的生活,只能通过战争的方式来进行。由此可见,从道德与权利的角度对统治者与被统治

① 参见尼古拉·马基雅维里:"因为,如果人类不是被强迫必须要行善,那么他们最终会发现其自身总是恶毒的。"选自《君主论》,巴黎,加利马尔出版社,《全集》,1964年,再版,由埃德蒙·巴兰库(Edmond Barincou)译自意大利文,第362页。

者之间关系所进行的研究,它不仅与现实不符,最终也只是构成了弱者的武器。求助于公共利益,这也就是承认失败的境地。现实主义政治合乎逻辑的结论就是从合法性角度来评估领导者与被领导者之间的关系,这只能是最终的手段,即失败者的政治视角。

所以,第一种类型的论证其目的在于通过将统治权利认同为道德来诋毁以统治权利为出发点对政治生活的研究;除了这第一种类型之外,还有第二种,可以这样表述:假设我们接受在政治与道德之间存在联系,接受道德在政治事务的发展过程中所发挥的作用,那么从合法性的角度对统治者与被统治者之间关系的审视将极端的困难。事实上,如果统治权利被认同为道德,并在政治中发挥了作用,那么我们就必须能够决定评估统治者作出决定与采取行动的标准。但是,这就出现了一个巨大的难题:标准的选择究竟应该根据什么来进行,或者究竟应该到何处才能找到这些标准? 从这个角度来说,上述反对意见提及了两种都是难以实施的途径。

这两种途径都是以唯历史主义,而并非是以目的论为指针,这是现代社会所特有的。①

它们以自然与历史的二律背反原则为背景。第一种途径以普遍性原则为依据来寻找有效的评判标准。从这个角度来说,这涉及到根据自然权利——或者如果我们更愿意这样说,以人性的理念为出发点,来衡量领导者的决定与行动。于是这种标准便被描述成一切在道德意义上可接受的政策的基础,成为了自然权利的一种表达,因此使我们能够评价、赞成和揭露统治者的行为。然而这种途径并没有获得一致的赞同。这种途径基本上是在历史的角度上遭到了否定②;反对的理由在于,这种普遍性原则与现实的历史范畴背道而驰。

---

① 参见利奥·斯特劳斯(Leo Strauss):《自然权利与历史》,巴黎,普龙出版社,1969 年,再版,由莫尼克·纳坦(Monique Nathan)与埃里克·德·当皮埃尔(Éric de Dampierre)译自英文,第20—21 页。

② 同上,第23 页。

这种批评包含两个层面。第一个层面着重指出,当自然权利被认为是人的理性能够理解的并被认为得到所有人承认时,历史则告诉我们自然权利没有任何价值。事实上,对于权利与正义的概念存在着纷繁的多样性。因此,调解代表自然权利的价值所要求的普遍性与政治生活的历史特性之间的矛盾是不可能的。换句话说,在这些所谓的普遍性标准与历史之间并没有相符一致的关系。既然缺乏有关正义的永恒原则,那么自然权利的存在就是不可能的。由于相同的原因,企图从永恒价值的角度来对政治进行道德评估也同样是不可能的。关于这个批评的第二个层面则是直接从上述的论证中推演而出,我们可以通过如下方式来阐述:这种标准难以令人相信,更何况它最终所体现的似乎是一种特殊的文化,其目的在于将自己的视角强加给其他社会。因此,这种标准所表达的是将历史与政治现实微缩后的观点,并将对该现实的解释进程局限在某些源自特殊时期与利益的原则之中。这也就是说,如果我们将合法性理解成道德分析,并且我们也想要辩护从该合法性的角度研究政治的理念,那么就应该屏弃对这种普遍性标准的诉求:因为后者只是一种幻想。

另一途径,似乎同普遍性原则的途径一样,实在令人难以采取,不过倒恰恰构成了后者的对立观点。这一途径放弃了寻找绝对的评价因素,决定从唯一的历史出发来解释现实,但是,显然我们从一侧所得到的东西——即令判断标准适应具体情势,但在另一侧又失去了它。个体由于选择了内在评价因素,因此当他在运用这些因素时,他就既是审判者也是被审判者。所以,当他面对与其自身所不同的文化时,他就不可能作出真正的具有批判意义的解释。此外,从历史出发评价政治情势,也就意味着为一种易受修订的观点辩护;既然如此,如果一种(评判)工具是依附于某种特殊的背景而存在的,而该背景之所以特殊,正是因为它明天就改变,那么就很难认为这种工具是可靠的。所以,借助于内在因素,以试图回避在世界与超越现实的原则之间所存在的不相符问题,这正是将政治的道德研究途径置于历史相对主义的局限之中。以至于即便我们接受认为合法性是对政治的道德审视，并且这种审视在根本也是与其真实运转符合一致——无论是以这种方式或是以另一种方式，但是我们仍然是难以找到令人满意的参照因素。

所以，解决确定从统治权利的角度评估政治生活的标准这一问题，只是一种企图；对它的异议导致我们引出（对统治权利的）最后一种批判。

现代人的尝试在于寻找评价现实的可靠标准，然而却引发了众多难点，针对对解决该难点的关注，社会科学发展了一种新的论断，认为应该避免进行有关价值的判断。这是因为无论是取之于历史之外的因素还是在其内部选择的因素似乎都无法提供无可置疑的评价原则，因此，科学实证主义所具有的超脱这一特点正可构成一种理想模式，显得是唯一的解决途径。

从这种观点看来，研究社会政治现实，其目的不在于评价它判断它。重要的只是从一种客观的角度理解它，并且要尽可能地建立起规范该现实的法则。然而这却引起了社会科学的记事簿和被认同为道德的合法性的或然判断之间的紧张关系，这种紧张关系似乎难以解决。假设统治权利的主题恰恰是对政治生活进行的道德研究，那么其目的仍然在于进行评判，也就是说在于审视现实与评判原则符合一致的程度。然而现代科学研究社会和政治现象的途径却与这种评估背道而驰，因为这种途径不过是希望自己成为一个登记室，记录下现实的运转情形，而避免阐明立场。

合法性：关于对政治的道德研究——为了回答与合法性的道德范畴相关的批判，首先我们将强调指出，从根本上将道德领域与政治领域分离，并以此为出发点进而推演出，有关合法性的论断将无法以一种令人满意的方式来分析社会现象的特殊性，这就等于搞错了社会现象的自然属性。现实主义的研究将政治活动归结为争夺权力的斗争,否认了一种基本因素:政治并非是唯一从力量对比关系的角度来定义的。① 无疑地,不承认统治者与被统治者之间及政治精英们自身之间的关系经常会具有冲突的范畴,不承认个人的野心扮演着最为重要的角色,这只能是一种天真的表现。同样正确的是,领导者不论政治制度为何,他们总是带着殷切与虚伪沉溺于蛊惑、腐败及对其臣民的蔑视之中,因而他们的行为使人认为犬儒主义是他们对政治唯一真切的感受。然而只是将自己禁锢于这些分析之中,认为这一切已经足以解释统治者与被统治者之间关系的运转,这就严重低估了规范范畴在政治领域中所扮演的角色。为了评价统治权利而引进的道德观念是统治者与被统治者之间关系的现实本身的层面之一。为了能够使人确信这一点,我们就只需要指出为何可以说道德处在统治者与被统治者关系机制的内部,以及它又是如何构成其一部分的。这种阐述将通过如下的四点分析来进行。

首先,如果说规范范畴确实与政治关系的实际进展没有任何关联,那么我们就将难以分析"必须如此(devoir—être)"的指令性作用。② 事实上,如果采纳了将描述层面与指令层面分离的这一理念,这就将使对道德地位的阐述难以进行,即是说很难解释构成道德的准则与规则的来源、内容与可执行性。相信这种观点,认为道德与普遍意义上的现实之间以及与特殊意义上的政治现象的有效运转之间没有任何联系,这也就是在否认我们有能力理解——无论是在个体层面还是在共同体层面——那些解释"必须如此"的价值究竟来自何处。换句话说,如果道德不能从既有的现实出发推演出价值哲学的活动领域,那么它就将使自身成为一种游移不定的说辞。因而,我们也就难以看出,在这种条件下,道德怎么会引起个体具体而习惯性的

---

① 参见雷蒙·阿隆:《民主与极权主义》,巴黎,加利马尔出版社,1976 年,再版,第 51—52 页。

② 参见罗伯特·曼加贝拉·昂格尔:《社会理论:它的地位与任务》,第 42 页。

共鸣。

　　然而,伦理的要求——特别是那些号召在社会内部之间采取互利态度的准则与箴言,从原则上来说对他们并不陌生。虽然共同体成员从来都不会完全遵守集体所规定的行为规则,甚至即便是最为乐观的假设中,他们的行为也不能完全反映这些行为规范,但是,他们却不能对此而无动于衷。因此,当他们违反了现行的规范时他们所能够体验到的罪恶情感,便证明了他们与这些规范是紧密相连的。然而,如果在政治现实与道德之间不存在联系,那么即便当个体采取礼让与合作而不是无情斗争的形式时,分析价值对个体之间关系的影响也将同样是一项难以成功的事业。① 此外,需要注意的是,当那些被认为支配个体之间权利与义务交换的准则没有得到遵守时,并且当那些异常举动的肇事者并不认为该种行为是一种错误时,这也就是说,在某种形式上,他们并不认同或不再认同这些准则所同时体现与维护的社会组织方式。在他们放弃价值哲学范畴的同时,还伴随着一种信誉的丧失:在他们的眼中,这种信誉的丧失构成了那些确保集体组织形式的机构的特点。

　　其次,我们可以提出,道德对政治事务的进展来说并不陌生,更何况它正是政治事务的表现形式。行为准则并非无中生有,它与某个既定的历史背景密不可分,在这个背景中,经济、社会与文化层面——尽管我们只引证这些——是与权力现象相互结合的,以便能够创造出一种特殊社会类型。因此,构成当代法国政治合法性标准的根本原则——作为根本原则,它们引导着统治者的实践——与它在旧体制下的那些根本原则就不是相同的。这些原则与今天法国的状况以及它所占据的位置是密不可分的。同样,那些支配我们的领导者采取措施的规范与那些在美国、更显而易见的是与在中国的那些占

---

① 参见罗伯特·曼加贝拉·昂格尔:《社会理论:它的地位与任务》,第42页。

压倒地位的规范是不可重叠的。所以，道德的指令性既从属于集体的认同，同时它又努力地导引该种认同；在道德的指令性与集体的认同之间的这种相互联系表明将这两个层次决然分开是不可能的。

并且，由于个体之间的关系以互利的形式发展，而伦理准则所体现的正是这种关系的表达，所以，从这个角度来说，伦理准则是政治的来源之一。事实上，由于政府的作用在于从权利与义务的角度来协调共同体成员之间的行动并组织他们之间的关系，所以，只有当伦理准则与政府所扮演的角色紧密相连时，它才能够以这种方式将自己溶入进并部分地构成集体的原动力。从这个角度来说，道德关注对他人的重视，与之共存的则是共同体的经验逻辑，统治者将从他们的层面上对该逻辑的发展作出贡献。

再次，对道德的考虑影响到政治生活和它的历史，并促生了一些行动体系。因此，当领导者为了将自己置于指挥地位而不再执拗地寻求赤裸裸的暴力政策时，从这一刻起，他们的统治纲领就必须参照伦理。从这个角度来说，领导者确信他们总是需要福祉。即便是对权力的马基雅维里式及工具式的运用也都不得不如此进行。当然在某些操纵行为中对善的呼吁也能被运用，但除此之外，这种呼吁是价值在政治领域中体现其力量的信号。事实上，如果价值哲学范畴在统治者与被统治者的关系中既没有任何影响也没有任何直接关联处，那么那些援引它的必要性是什么呢？此外，价值对政治事件的影响也并非只是表面的，它能够决定性地改变统治者与被统治者之间关系的发展趋向。所以，在法国大革命时期，一切有关道德的问题都变成了生死攸关的政治赌注。它们根据革命意识创造法律及其逻辑，并在与其他有利的社会学条件协调一致的情况下，引发出各种依据目的而定义的判断与实践。①

---

① 参见弗朗索瓦·菲雷(François Furet)的分析:《思考法国大革命》,巴黎,伽利马尔出版社,1985 年,再版,请特别参见第 49—50 页和第 66—67 页。

最后,政治活动构成了一个领域,在这个领域中,个体的活动并不能够被简单地归结为该种活动所具有的物质构成成分,而是与纳入规范层面的"意义"密不可分。事实上,通常来说在人类的任何活动中,以及在面对其他个体之时,行为人需要将自己的理念与行为置于意义的框架之内。这就是为何社会与政治关系正是在意义的网络框架中发生;该种网络在不同的代表制体系中得到表达与确定,并供给(行为)准则。通过这些准则,共同体成员相互理解,相互给予共同身份,甚至是指明他们与(政治)制度的关系。从这个角度来说,他们并非是独立于价值范畴之外的。甚至也应该说,他们支持这个价值领域。事实上,行为人的决定与行动的意义是根据好或坏、希望与否的评判而决定的。也正是从这个意义上,这种论断才得到了承认:由于意义的世界蕴涵着某种伦理关注的存在,所以政治作为反映人类现实的一个领域,在这个意义世界中占有一席之地。

比如说,为了使一个有组织的社会能够持久维持,并确保其最少数量的凝聚力,个体就必须要相信这个社会是有稳固的基础的;并且从这个角度看来,他们也必须认为社会事实要高于严格意义上的个人战略。然而,为了使从属于某个集体的归属感具有意义,其成员还必须认为他们之间的交换是用一种大体上令人满意的方式解决的,同时也必须存在着一种平衡,以表达并准许权利与义务所具有的活力。所以,人与人之间的关系就必须被认为是一种互利关系;在其内部,道德范畴与政治范畴并非是分开的,而是以一种相对协调的方式结合在一起的。

在政治领域中,就像在通常意义上的社会现象中一般,是很难将事实层面与道德层面绝对分开的。所以,从一个角度而言,不存在从属于领导者与被领导者之间关系发展的方面,而从另一个角度来看,也不存在与领导者与被领导者不维系任何联系的伦理。现实正是在不同程度及形式上将这二者混合在一起。因此,它们一起构成了行为人演化的环境。政治活动,特别是对共同体成员的活动进行协调与领导的功能,如果不参照规范范畴,将是难以进行的,所以,认为即便是在根本上将政治活动局限在争夺权力的斗争中也同样可以对其进行正确的描述,这是错误的。

所以,即便是统治者与被统治者之间关系的发展并非总能达到那些界定"应该为何"的原则的高度,也不应该因此而认为价值领域并非是该种关系的构成要素之一。总而言之,上述的各种异议在于通过抨击权利、赞同以及在道德与政治之间的联系,否定从合法性的角度研究统治者与被统治者关系的有效性。所以,在回答了上述的各种反对性意见之后,我们现在也就有可能面对方法论类型的批判,并再次指出这些批判的局限性与矛盾性。

政治科学与合法性

对从合法性角度研究政治的方法论上的异议

社会科学尤其是政治科学的基本特征以及包容在从统治权利角度分析政治关系之中的诸多要素,在今天是由各个不同方面所给予的。这些方面之间在方法论层面上存在着对立。特别地,我们将指出三点冲突之处。第一点与确定所解释的客体有关;第二点涉及到现象与价值的分离;第三点则与核实源自政治研究框架内的论述并使之生效这个问题紧密相连。

合法性理论与政治客体——合法性的或然判断所揭示的方法论难题是与推动社会科学发展的实证主义信条紧密相连的。该种信条要求分析现实,所有的现实,并且也只是分析现实;因此它便预先假定了一种有关科学方法的经验论指针,这一科学方法旨在达到对社会与政治现象的可靠的认识。这种经验论指针的结果就是使个案研究或是专门领域的研究获得优势,即对局部客体进行有限的研究。这是与我们从合法性角度对政治所进行的研究的第一个冲突之处。

确定专门研究的领域,这种愿望回应了现代科学的发展趋势。因为既然论述要真实地反映现实,那么就要建立起相应的条件,所以,这种愿望的目的即在于满足该种条件的建立。

因此,在当代,无论是在大的知识门类中,还是在某一既定学科中,研究的专门化得到了迅速发展。这种进程使得对各种现象的理解越来越细腻、复杂,与之相对应的是科学研究工作的不断职业化。于是我们便看到了政治生活的研究途径日趋丰富。然而每种研究途径都要求得到特有的有效性,都各自建立起相应的技术与知识;并且这些技术与知识之间的鸿沟有时是如此巨大,以至于从属于不同专业的研究人员在他们相互关注的问题之间很难找到共同的因素——然而却正是这些共同因素才可以使他们为政治客体的总体统一性论断进行辩护。

所以,这种分工总是给科学研究带来越来越大的影响,而从合法性的角度对统治者与被统治者之间关系的分析因而也就处在了危险境地。事实上,像我们在这里对统治权利进行的思考,正是将自己放到了整体层面上。所以,合法性的或然判断也就牵涉到了其他各种分析类型,它将与专业化的研究取向背道而驰,即便后者正构成了今天政治分析的特点之一。

合法性,现象与价值——统治权利与评估和判断政治现实的进程之间维系着一种根本的关系。论证合法性,这就是在评估领导者所作出的决定和采取的行动。在这种条件下,很显然,有关现象与价值分离的辩论正处于统治权利问题的中心。

古代人的政治概念既是描述性的又是指示性的。将现象与价值的分离,也就是说将描述与评估分离,如果说不是完全那么也是在很大程度上与他们的思维空间格格不入。从这个角度来看,理解个体真正是怎样的可以使我们在同一时刻论述他们应该是怎样的。在这种主张的内部存在着一种本质论,统治自然与社会的准则正是从其精髓中而产生的。在这种传统理论之下，几乎或根本就不能将那些能够分析不同的自然或社会现象之间关系的规则与那些道德或政治准则区分开。

而现代人所竭力辩护的则是另外的一些论断。现象与价值的对立，科学与道德判断的对立，因而描述意义的规则与指示性质的规则之间的对立，这些构成了他们理解现实的巨大工程的基础之一。由于社会科学采取了自然科学的认识模型①，因此这种区分正是直接来源于此；并且从这种区分中还推论出，价值概念对于理想的解释模式来说，正代表着一种危险。从这个角度来看，认识，指的是在了解现象的同时并不去关注价值命令我们所必须遵守的箴言。

而更好一点的情况是，认识，指的是将价值当作现象来处理。那些最为重要的现代社会与政治理论思想家，比如说孟德斯鸠②、马克思③、涂尔干④，他们的理论中绝大部分的模棱两可之处在于，他们一方面将他们的分析建立在现象与价值截然分离的基础之上，而在另一方面，他们又并非完全拒绝保持二者之间的联系：比如说，他们并没有清楚地区分历史运动与政治利益。⑤ 但无论如何，正是在这种对立的基础之上，他们明确地建立起他们的分析方法，并据此而实现其科学目的。

现象与价值的这种分离，其结果对于社会科学逻辑产生了很大

---

① 利奥·斯特劳斯：《自然权利与历史》，巴黎，普龙出版社，1969 年，再版，由莫尼克·纳坦与埃里克·德·当皮埃尔译自英文，第 21 页。

② 参见路易·阿尔都塞（Louis Althusser）：《孟德斯鸠，政治与历史》，巴黎，法国大学出版社，1974 年，再版，第 19—20 页。

③ 参见于尔根·哈贝马斯：《马克思之后》，第 28 页；以及史蒂芬·卢克斯：《马克思主义与道德》，前引书，第 3 页。

④ 参见雷蒙·阿隆：《社会学思想发展阶段，孟德斯鸠、孔德、马克思、托克维尔、涂尔干、帕累托、韦伯》，第 389 页。

⑤ 参见罗伯特·曼加贝拉·昂格尔：《现代社会中的法律：社会理论的批判》，自由出版社，1984 年，第 4 页。

影响;这种分离同时也处在韦伯作品的核心地位。在他的作品中,对"为何"与"应该为何"相区分的要求被以一种最为明确的方式提出来。韦伯确信,现象是无论如何都不能被约减为价值的,这就必然要求伦理在社会科学研究中要保持中立。因此,社会科学能够给予现象问题和因果关系问题以答案,但对价值问题却是无能为力的。

韦伯非常重视价值所扮演的角色。他认为,社会科学研究的客体是通过其与价值的关系得以确定的;如果没有这种与价值的关系,那么就既不存在利益中心,也无法合理地选择主题,也就更没有一种原则,可以区分那些直接相关的事实和那些只是间接相关的事实。①然而,他却认为在与价值的关系和价值判断的概念之间存在着根本的差别。② 比如说,当社会学家确定某一措施将会影响到政治自由时,他既不采取赞同也不采取反对的立场。他必须满足于解释客体。这也就意味着社会理论并不能解决价值所提出的关键问题。所以,当一种价值判断在其内部并不存在矛盾时,社会理论也就没有能力对这种价值判断进行批判。

韦伯之所以赞同社会科学在伦理角度上应保持中立,其原因在于他了解,对于目的性为何并没有一个确实可靠的认识。因为,假设这种认知是可靠的,那么社会科学也就只需要研究那些与该目的性相适应的方式;以至于最终将导致社会科学可以对政治领域进行有效的价值判断。但是如果考虑到在同一层次上存在着多种多样的价值体系,那么由于这些价值体系的需求所引发的冲突并不能够通过人类理性而得以解决,所以,解决办法也就只能留给个体所作出的自由与非理性的决定了。

---

① 参见马克斯·韦伯:《社会科学与社会政治中的"客观性"》,选自《社会科学的方法论》,纽约,自由出版社,1949 年,由爱德华·A. 希尔(Edward A. Shils)与亨利·A. 芬奇(Henry A. Finch)译自德文,第 76 页和第 82 页。

② 同上,第 98 页。

　　由于缺乏对善与恶的确切认识，因而也就无法正确区分那些相互对立的观点，所以也就无法对这些观点进行评判，既无法证实其真实性也无法确认其虚假性。面对这种绝境，中立性与客观性也就只能是科学所能采取的唯一途径了。

　　因此，将现象与价值进行分离，这一信条作为自然科学与社会科学共同遗产的基本要素而被接受。于是，自其中就会产生出一种符合逻辑的、甚至是符合心理认识的内涵：从那些所谓的硬科学的角度来说，社会科学越是感到自己的"科学能力"是不稳固的、低人一等的，它就越是试图通过将价值判断概念认同为一种偏颇的、相对主义的研究手段，从而将之排除出其研究领域。

　　合法性与核实——在本书所阐述的统治权利的或然判断与今天在社会和政治科学领域中占有绝对优势的方法论指针之间所存在的第三点摩擦，与核实研究人员所作的陈述这一问题有关。

　　在客观性的名义下，那些认为合法性研究具有总体范畴的人遭到了否定；虽然后者试图恢复价值判断的信誉，但是他这项权利却不被承认。因为，客观性的必然要求在于为分析尽可能真实的现实服务。所以，只有当分析的结果被检验之后，因而也就是在经过了与篡改陈述的可能性相关联的核实程序之后，这个目标才能够实现。这也就是说，前面所引述的两种方法论方面的反对意见在这里，在一种新的批判中发挥了其效用，因为这种批判能够指出：在本书中所阐述的方法论的或然判断是不可以被证实的。因为，既然只有那些受到严格限制的现象才能够准许进行一种经验论类型的检验，所以，由于本书中所审视的客体对象并不是局部的，它也就无法使我们进行类似的检验，因而该客体也就是难以衡量的。除此之外还应该补充，价值评判的真伪也是无法进行论证的，因为我们总是可以将某些价值判断与另一些对立起来。所以，既然从合法性的角度对政治的研究被认为是无法被证实的，也就不能够说这种研究是一种有效的视角，透视了与政治生活相关的发展进程。

　　所以,论证我们在这里所建议的分析是有效的,尽管它与目前社会政治科学中的绝大部分方法论特征并非协调一致,这正是本章最后一部分所要论述的目标。

　　对合法性研究的辩护以及实证主义的疑难

　　让我们来逐次考量我们在上面所提及的方法论方面的三种反对意见。

　　相对主义与现象和价值的分离——实证主义的支持者要求对现象和价值进行分离,这种要求有两个缺点:首先这种分离会导致规范领域中的放弃态度;其次,这种分离也自相矛盾。

　　同韦伯一样断言,我们将无法通过理性的途径来论证某一价值哲学体系优越于另一价值哲学体系,这也就意味着在论述我们并没有掌握一种有效的论证来阐明究竟在哪一点上某一种情势优越于另一种情势。与价值相比而言,中立与客观性的概念趋向于采取淡漠的形式。

　　这种概念也就意味着在价值中,所有的一切都具有同样的价值。[1] 因此也正是这样,这些研究人员便倚赖实证主义而避免对那些支持合法性要求的动因作出理所当然的评价。他们的研究以如此的方式进行,以至于我们从来就没有碰到过任何一个真正体现统治权利的政治组织,对于那些我们所遇到的制度来说,它们可能的合法性只不过是一个感知问题。[2] 以科学的必然要求的名义对价值领域进行如此的庸俗化,其后果并非是非常的悲剧化——如果与该种后果相关的各种规范领域之间只存在着细微的差别。然而有些世界观在

----

① 参见利奥·斯特劳斯:《自然权利与历史》,巴黎,普龙出版社,1969年,再版,由莫尼克·纳坦与埃里克·德·当皮埃尔译自英文,第57页。

② 请参见于尔根·哈贝马斯:《马克思之后》,第284页。

根本上就存在着对立,那么当这些世界观迎头交锋时,就将是另一种后果。从这一点来说,将现象与价值进行分离有两种负面效果。

首先,这种中立主义的推论蕴涵着我们对于何者为善何者为恶的分辨是完全无能为力的。但既然这样,又将怎样在现实的基础上对政治情势进行揭露呢? 如果对于"应该为何"并没有真正的认识,而只是存在着多种多样的处于同等地位的规范体系,如果我们对于这些相关体系所作出的选择又是没有理性的,那么专制就将主宰一切。如果无法求助于一种推论,从而能够以有充分根据的言辞来解释①,某些权力运行的方式是无法接受的、是必须要与其进行斗争的,那么我们也就无法给予自己以权利,比如说,反对法西斯主义与纳粹主义。以至于,中立的科学理想模式意味着在价值体系之间是没有等级的;这种现象表现在无法在理性的基础上区分何种价值是应该推广的、何种价值又是应该被阻止传播的,尽管这一切并不是有意识的。②

出于对科学性的关注而要求对规范层面和现实进行区分,这将导致对政治思想的一种阉割。③ 其面临的危险在于一种精神领域的慕尼黑阴谋。④ 这种分离本就是有争议的,更何况其信徒在内心深处相信价值哲学体系所具有的优越性,尽管他们拒绝为其进行辩护。

---

① 请参见于尔根·哈贝马斯:《马克思之后》,第 284 页。
② 参见雷蒙·阿隆:《为马克斯·韦伯所作的导言:学者与政治》,巴黎,总联盟出版社,1972 年,再版,第 39 页。
③ 参见克洛德·勒福尔:《论政治:十九世纪—二十世纪》,第 20—21 页。
④ 参见坎瑟·罗茨所转述的阿尔弗雷德·韦伯(Alfred Weber)的论断:《为玛丽安娜·韦伯(Marianne Weber)所作的导言:马克斯·韦伯传记》,新布兰斯威克,贸易丛书出版社,1988 年,由哈里·索恩(Harry Zohn)译自德文,第 Iiii 页。

　　这种行为引发了两点评述。其一,带着相对主义的内心想法来谈论那些最为令人反感的实践,这并不意味着他们并不对该实践进行真正的谴责。其次,在大多数情况下,那些采取这种立场的人明确地避免被指责为对官方道德及其权威概念的理念抱有同情①,然而他们却特别希望保护那些他们所赞同的价值,使其避免被指责为在面对其他文化时具有好斗性,并且也是以如此的方式来鼓励对不同传统的尊重。

　　将现象与价值进行分离的第二个负面影响在于,相对主义并非是同文化帝国主义进行斗争的最佳方法。这甚至会产生相反的效果。这里有两种论据将会阐明这一点。

　　首先,将一个社会的历史重新置于某一总体背景之下,并在过去与现在的各种文明潮流中对它进行描述,从而使其相对化,这只能促使其成员对于他们自己的生活产生距离感。这种距离可以使他们脱离传统力量的束缚,而传统在其生存条件的历史客观性被强调之前一直在支配着他们的行为。从这个意义上来说,相对主义指的是在人类生活的世界与从历史多元论的角度对该世界进行的研究之间所存在着的间断的同义语。它促使了习俗的消亡,因为人们总在一定的社会环境中演进,而当他们本能地将自己认同于这个环境时,将不会对其习俗发生质疑。②

　　其次,为了使相对主义的研究途径在其根本上有助于承认与保卫文化的多样性,其价值哲学的等值性就有必要具备客观性。指明其他社团的选择从质量上来说是与其自身相平等的,这就必须要同时意味着这种选择在客观上也是好的。然而确切地说,相对主义所自我禁止的正是这类论述,因为规范体系中究竟何者为首选这一问

---

①　参见雅克·布弗雷斯(Jacques Bouveresse):《合理性与犬儒主义》,巴黎,午夜出版社,1985年,再版,第64页。

②　请参见于尔根·哈贝马斯的评论:《社会科学的逻辑与其他评论》,巴黎,法国大学出版社,1987年,由雷内·罗克利特兹译自德文,第27页。

题,被认为是纯粹偶然的。因而也就很难想象会有什么东西可以依据合法性来反对某个或是某些只是凭借自己的心境或是个人的利益而下定决心破坏一个既定社会的人。如果说这个社会所表达的价值是专断的,那么又能够以什么名义来对社会的毁灭表示反对呢?①

相对主义拒绝接受用客观性术语来定义价值哲学的参照,因而它将发现自己陷入了陷阱之中:在它强调指出所有的(价值)选择都具有同样的价值时,它却又希望看到从道德上对那些不尊重其他选择的行为进行谴责。然而这却与它的推论前提本身自相矛盾。对一种专断的观点的谴责最终也同样是非常专断的。

除了这两种负面影响,相对主义还必须面对另一个问题:它的前后不一致性还造成了一种自我反驳现象。

由于相对主义将价值哲学的客观性排除出去,因而也就落入了一个怪圈之中,这就阻止它本身无法与它所竭力辩护的论断紧密一致。这可以通过一个双重疑难来予以解释,这个双重疑难实际上是一个难题的两个方面。一方面,如果说陈述一个命题的主题一般来讲至少要相信它所肯定的东西的有效性,以便能够赢得信任,那么相对主义对真理的涵义与内容的诠释——只要提及这个例子就足够了——却显然需要对这个概念作非相对主义的理解。赞同其自身的论证这一点其必然结果就是存在着重大的缺陷:确认相对主义的真理也就意味着非相对主义。因而在这里相对主义也就成为了自我反驳进程的俘虏。另一方面,如果对于某一规范体系的偏爱并没有牢固的基础,其所反映的又只是一些并非理性的方针,那么真理的价值本身也就变得偏执专断,因而这样,相对主义也就显得更为脆弱。雷蒙·阿隆,当他在研究韦伯的思想困境时,着重指出了这个难题。他

① 请参见希拉里·普特南(Hilary Putnam)的评论:《真理与历史》,剑桥,剑桥大学出版社,1984年,再版,第161—162页。

确认,坚持决定行为的偶然性,这将有害于科学论述普遍性理念。①

　　同时也并非是仅仅通过相对主义所体现出的负面效果及其内在的不一致层面,才有可能觉察出它所具有的难题;从社会科学实践角度的本身来说,将现象与价值进行分离也是不具有说服力的。

　　科学实践与现象和价值的分离——那些采取了绝对的实证主义与经验主义途径的研究人员枉然意志决绝地声称他们赞成这种体现了客观性与中立性的方法论理想,他们在研究现象时是不带偏见的,因为在事实上,他们并不是这样的。尽管他们申明在他们的研究中清除了任何价值判断,但是他们却无法脱离价值判断的影响。② 所以,声称没有进行价值判断,不过是将意图的声明与真实混淆起来,并对日常的实践视而不见。

　　首先应该反对这种理念,即在关于社会的科学领域中如果不将价值判断排除在外就别无他途。如果作家们在某个层次上不将价值判断包容在他们对现象的描述与解释中,那么他们甚至将会损及他们工作的质量。因此,如果一个政治学家不能够指出在民主体制和专制政府之间区别的话,那么他就将不可避免地、也有理由被认为甚而无法在最低程度上给予政治情势令人满意的理解。或者还有那样一些人,他们专注于研究领导人的人格与活动,因而他们竟然将温斯顿·丘吉尔和阿道夫·希特勒,约瑟夫·斯大林和夏尔·戴高乐相

---

① 雷蒙·阿隆:“如果说所有那些并非科学真理的东西都是专断的,那么科学真理的本身就将是一种倾向的对象;但是对于那些神秘的事物与根本的价值还存在着相反的倾向,而这两种倾向却都同样是无理性的。”《为马克斯·韦伯所作的导言:学者与政治》,巴黎,总联盟出版社,1972 年,再版,第 40 页。

② 请特别参见理查德·J.伯恩施坦(Richard J. Bernstein)的评论:《重建社会和政治理论》,费城,宾夕法尼亚大学出版社,1978 年,第 44—45 页。

提并论。或许还是那些人,他们看不出那些只关注于权力的政客和那些忧心于国家的伟大的国务活动家之间的区别,以至于他们最终在避免偏见的借口下将所有的一切都混淆起来。

显然,从科学的角度来看,他们的工作做得实在是太糟糕了。

如果我们承认这些有区别的比较是建立在价值判断的基础上的,那么我们就应该承认,既然价值判断是内在于社会与政治科学的研究专家们所关注的活动与思想的宇宙之中,那么他们就不应将价值判断排除在外。[①]

其次,在构建分析对象的过程中,如果科学所研究的只是现象,并且假设将科学与价值判断分离,那么这在很大的层面上都将是一种虚幻。如果只需要援引一个例证的话,那么就最好应该援引埃米尔·涂尔干的著作。在他的研究活动中,他始终关注着将社会现象当作事物进行研究,站在外部审视它们,从而能够以最为客观、最为超脱的方式对之进行描述。[②] 在这种科学动力作用的同时,与他所处的那个时代相关的具体问题很早便构成了他所关注的领域。[③] 此外,在他整整一生中,他也始终没有放弃对这些问题发表意见。从这个角度来看,如果将他的精神产品加以区分的话,这有可能是很吸引人

① 我们在这里直接受启示于雷蒙·阿隆的《为马克斯·韦伯所作的导言:学者与政治》(前引书),第 32 页。请同时参见他对艺术史的评论:"一个艺术史学家,如果不能够区分雷昂那多·达芬奇的画作与那些仿制者的画作的话,那么他也就让历史研究对象的特殊意义溜掉了,即作品的质量。"见上引书,第 32 页。同样请参见利奥·斯特劳斯:《自然权利与历史》,巴黎,普龙出版社,1969 年,再版,由莫尼克·纳坦与埃里克·德·当皮埃尔译自英文,第 66—68 页。

② 埃米尔·涂尔干:《社会学方法论规则》,巴黎,法国大学出版社,1973 年,再版,请特别参见 27—28 页。

③ 关于涂尔干对于他所处的时代问题的关注,请参见让 - 克劳德·菲尤(Jean - Claude Filloux):《埃米尔·涂尔干导言》之《社会科学与行动》,巴黎,法国大学出版社,1987 年,再版,特别参见第 9 页。

的：我们可以认为，在那些描述，比如说，幸福与幸福生活的条件的文献——这些文献可能与某种社会哲学紧密相连——与那些浸润着法律与方法论的语言、属于严格意义上的社会科学的文献之间存在着一种质的区别。第一部分文献可以被看作一些有关认知的社会学史素材。这些素材是参照着涂尔干的信仰或者更进一步讲是通过与历史背景的相比较而得到研究的。第二部分文献却相反，可以被认为是一些坚不可摧的认识，并且在当前都始终有效，指导着鲜活的研究。

　　然而，这种现象与价值判断的二分法却并不符合涂尔干科学研究步骤的现实。在他的作品中，那些最为严格的、在表面上最为独立于价值哲学范畴的方法论准则，也只是在当它们涉及到作者对社会正义的关注，甚而是在更为根本地涉及到他的人类学时，才寻找到它们的意义。虽然他确认将谨慎地把理论问题和实践问题分离开来①，然而他却不可能将这两个层面绝对地分开。这种情势，由于他将社会学的有效观念理解为科学②，以及由此导致的模糊性，而得到了促进；同时，该情势也显然并非是涂尔干所特有的。所有那些倚赖如此的区分而对社会现象进行的分析，都在其整体上受到了影响③。

———————————

① 　埃米尔·涂尔干：《论社会分工》，巴黎，法国大学出版社，1987 年，再版，第 39 页。

② 　埃米尔·涂尔干：《论社会分工》，巴黎，法国大学出版社，1986 年，再版，第 38—39 页："然而，尽管我们打算首先研究现实，但是从其中却并不必然得出我们放弃改善现实的结论：我们认为，如果我们的研究必须只具有思辨的意义，那么它也就根本不值得我们付出一丁点的努力。"同时，请参见让－克劳德·菲尤：《埃米尔·涂尔干导言》之《社会科学与行动》，巴黎，法国大学出版社，1987 年，再版，第 6—7 页。

③ 　请参见理查德·J.伯恩施坦：《重建社会和政治理论》，前引书，第 109—110 页；查尔斯·泰勒（Charles Taylor）之文章：《政治科学中的中立》，见其书《哲学与人类科学》之《哲学论文 2》，剑桥，剑桥大学出版社，1985 年，第 89—90 页；及阿拉斯代尔·麦金太尔（Alasdair MacIntyre）之文章：《比较政治科学是否有可能呢？》，载《反时代的自我形象论，论意识形态与哲学》，巴黎圣母院（Notre Dame）大学出版社，1984 年，再版，第 275—279 页。

合法性与陈述的有效性——我们已经看到,从方法论角度对合法性或然判断进行批判的第三个论断,与对科学结果进行控制的必然要求有关。我们可以利用三个论据来驳斥它。从狭义的经验主义与实证主义的角度来理解统治者与被统治者之间的关系,同时又拒绝考虑价值因素,这种模式是将自己囚困起来,只是考虑了所要解释领域的部分特性。这是它的第一个错误。

此外,承认规范范畴在政治中所扮演的重要角色并不禁止能够证实对社会运行所作的相关陈述。相反,它有助于使得对社会与政治现实的描述具体化,具有可信性。与在将现象与价值进行二分的框架内所进行的研究相反——这种研究尽管关注于保持客观公正性,但是其结果却还是发生了偏移,因为该研究的深刻内涵是由个体以他们自己的思维与生活的方式来赋予的——从合法性或然判断的角度对政治进行分析,它并不拒绝验证结果的技术方式,同时又通过将之紧密联结在统治者与被统治者之间的关系所具有的活力与真实的逻辑关系上,而对其进行了补充和扩大。

最后,无论是从确定有待分析的客体的角度来说,还是从进行多学科合作的角度来说,研究政治事件的整体分析途径并不妨碍进行令人满意的分析,并使之得到验证。事实上,将某一情势定位在某一空间与时间,进而解释其各个层面,建立在该基础上的选择并不是给予观察家们的唯一研究途径。只将经验论研究推崇备至,败坏其他任何力图创立起有关政治运转的更为广义的构想的理论,是无法抵御已知事实的神话,无法抵御幻想一条通往现象核心的最佳捷径。此外,这种更为广义的观念,尽管它所指的是一种抽象的程度,但这并不意味着由于它被切断了与现实的联系因而就应该满足于创造出那些无法验证的论断。尽管它并不像各个专门领域的研究所做的那样将自己的侧重点局限在现实的特殊性与稠密度上面,但是它也并不应该因此就被认同为一种异想天开的推论,因而与历史现实没有任何相关之处。

　　因此,既然有多种理论角度和方法论角度的相反论点可能置疑于本书所构想的政治合法性研究途径,那么就应对立予以阐明,指出其局限性与其自相矛盾之处。在此之后,下文应该阐明这些辩论与争论是如何构成社会与科学历史的组成部分的。

第三章　现代性、社会科学的
合理性与合法性

现代社会以及在社会科学的框架内对它所作的分析,这二者的历史导致我们运用一些含混的字眼来谈论合法性这一问题。它同时也剥夺了合法性这一词汇的真实含义,使它丧失了建立起评价统治者与被统治者之间真实关系条件的可能性。这既预示着社会科学的哲学思想,也预示着现代性发展以及从历史的角度进行自我反思的方式。

为了说明这一点,首先就应该审视当对社会现象进行分析时,唯科学主义对其施加的影响。然后,既然思想在启蒙时代曾经走过弯路,那么这将是一个机会来解释科学的理想与价值究竟是怎样在对历史、和对集体生活组织方式的研究中获得和解的。最后,我们将会看到,与现代性的合理性紧密相连的设想在反过来反对其自身的同时,也促成了对社会现实的科学分析与规范范畴的分离,这严重阻碍了从判断能力角度出发的合法性研究途径。

唯科学主义与对社会和政治现象的分析

自然科学对现实的分析深深地影响到了现代对社会进行的研究。这种分析成为了社会的一种参照系,甚至成为了一种范式。在肇始于 17 世纪的科学革命之后,对社会现象进行研究的科学途径,由于借鉴了自然科学方法论的重大指针,因而在大部分的研究中得到确立。

科学革命与自然现实

以科学的途径对现实进行分析,是在抛弃了对自然的目的论理解之后的一种更为广阔的框架内发生的。正是这种目的论的理解决定了古人,特别是亚里士多德遗留给中世纪的观念。因而,由于从内部、即从存在的内在发展原则出发而对现实进行分析遭到了弃绝,所以对自然现象的审视在用数学方法对关系网络进行研究的框架内得到了迅猛发展。[①] 17 世纪科学运动所促生的种种变化以宇宙的毁灭和空间的几何化为象征。第一个层面表现在曾经被理解为确定而有序的整体世界——在这样的一个世界中空间结构体现着一种价值等级——被摧毁了,以及这个世界被另一个不确定的宇宙所代替。这样一个不确定的宇宙不再包含任何以自然的名义所作的划分;它只统一于在它的各个部分中统治它的规律的同一性。第二个要素标志着亚里士多德的空间观念被属于欧几里得的几何学观念所替代。这种替代使人们从此之后认为,空间范畴在结构上可被认同为世界的真实空间。[②]

对原因的探求属于事物本质的范畴,现代物理学一旦抛弃了这种探求,其特点便表现为一种意愿,即发现对某一机制的发展予以解释的法则。既然自然现象服从于这些法则的规律性所证明的秩序,那么自这场革命中所诞生的科学便持续不断地追求着将自然界数学

---

① 参见卡尔-奥托·阿佩尔(Karl – Otto Apel):《理解与说明,先验主义—实用主义观点》,马萨诸塞剑桥,马萨诸塞技术研究所,1984 年,由乔治娅·沃恩克(Georgia Warnke)译自德文,第 29 页。

② 我们从亚历山大·科伊勒(Alexandre Koyré)的有关思考中得到启示:《从封闭的世界到无限的宇宙》,巴黎,加利马尔出版社,1990 年,由拉萨·塔尔(Raissa Tarr)译自德文,第 11 页。

化,并且它也更为执拗地提高着经验与实验的身价。① 这意味着阐明因果关系并使之模式化;并且,只要这种因果关系未被观察所证实,那么它就始终是一种假定。

所以,科学分析的目的即在于指出将事件的承继发展认同为一系列受同一逻辑制约并紧密相连的插曲的必然联系。在这种条件下,只有通过经验所进行的验证程序才能够战胜存在于现实与研究它的学科之间的差异——自然科学预先假定这种差异是一种绝对的前提。该程序也就因而使得这两极之间的调和有了可能。②

在这种转变的初期,这些法则被当作上帝的创造而被引用,然而新物理学所获得的动力不可避免地要将神圣建筑师的观念导向一个懒惰的无所事事的上帝的观念。新物理学将以证明上帝的无用而告终。皮埃尔·西蒙·拉普拉斯(Pierre Simon Laplace)的决定论理论以及这则轶事——当拿破仑询问他有关上帝在他的体系中的角色之时,他似乎回答道他并不需要上帝——便是明证。③ 亚里士多德的目的论观念将“如此”与“必须如此”紧密结合起来;然而在知识领域里的这场骤变却取代了这种目的论,这意味着科学思想对价值、完美、和谐、意义及目的理念的怀疑。这场骤变也最终导致了上帝遭到全面的贬低,导致了价值范畴与现象范畴的分离。④

---

① 参见阿拉斯代尔·麦金太尔:《追寻美德:对道德理论的研究》,巴黎圣母院大学出版社,1984 年,再版,第 80—81 页。

② 参见卡尔-奥托·阿佩尔:《理解与说明,先验主义—实用主义观点》,第 30 页。

③ 参见亚历山大·科伊勒:《从封闭的世界到无限的宇宙》,巴黎,加利马尔出版社,1990 年,由拉萨·塔尔译自德文,第 333—337 页。同时也请参见勒内·堂(René Thom):《为皮埃尔·西蒙·拉普拉斯所作的序言有关或然性的哲学评论》;及《回忆录节选》,巴黎,克里斯蒂安·布尔古瓦(Christian Bourgois)出版社,1986 年,第 26—27 页。

④ 亚历山大·科伊勒:《从封闭的世界到无限的宇宙》,第 12 页。

从自然科学到社会科学

随着现代科学战胜观察世界的旧视角，理论知识与实践知识之间的组织及关系都发生了深刻的改变。解释现实的新型方式被认为是理解这些现象的最好的方式。因此，对它的使用就不再仅仅局限于自然现实之中，而是涉及到了诸多领域。所以，那些以分析人类行为为目的的观察家们将它当作了参照点。[①] 于是，社会科学便按照对自然科学的研究来分析社会与政治问题，并作出努力以期达到同样的严密性。

在对已知社会数据进行解释的过程中运用唯科学主义，这构成了知识环境中的重大因素之一。现代政治思想正是在这样的环境中发展起来的。[②] 如果只能援引两个例证来看一看那些被称之为道德物理学或是政治理学的理论究竟是如何被应用的[③]，那么我们只需要援引托马斯·霍布斯（Thomas Hobbes）和孟德斯鸠的情形。他们每个人都以自己的方式，明确地表示他们的意图在于使自己立足于最新科学成就基础之上的同时，断绝与研究社会问题的古典途径之间的关系。

霍布斯从 17 世纪中叶开始建立起一套理论，将个体的态度作为研究人类、社会及国家的科学的材料。在政治学中运用数学的研究途径在他的眼中意味着政治学知识第一次被提升到理性知识分支的地位。既然存在着理解人性规则的正确途径，那么他认为，从理性的

---

① 参见阿拉斯代尔·麦金太尔：《追寻美德，对道德理论的研究》，第 83 页。

② 参见于尔根·哈贝马斯：《社会科学的逻辑与其他评论》，巴黎，法国大学出版社，1987 年，由雷内·罗克利特兹译自德文，第 7—8 页；《作为意识形态的科学和技术》，巴黎，德诺埃尔—恭迪埃（Denoël/Gonthier）出版社，1978 年，再版，由让－勒内·拉德米拉译自德文，第 136—137 页。

③ 参见路易·阿尔都塞：《孟德斯鸠，政治与历史》，第 12 页。

角度出发,就有可能最终建立起令人满意的组织集体生活的条件。①

托马斯·霍布斯试图保留从前通过人类的终结(la fin de l'homme)而定义的自然法则观念,然而他将该观念与人类至善(la perfection humaine)的理念相区分。

为了使它具有实用价值,他从个体的真实行为中推演出这种观念,并使之深植于行为人的需求之中。为了了解这种需求,就必须要遵循数学科学的推演原则,因为正是后者构成了最为理性的科学分析,既然它完全切断了与情感的纠葛。事实上,通过具有情感溯源的意见对个体之间关系的真正原因作出的解释是模糊不清的。② 然而,数学所代表的方法论却能够阐明那种最为强大的、推动人类采取行动的动因,该种动因同时也释清了那种建立在对死亡的恐惧,即是说建立在对自卫的渴望基础上的机制。因而,在衡量了将霍布斯与传统相联结的约束力③以及他在运用现代科学分析方法之时所表现出的局限与矛盾之后④,我们就应该认识到他为了将政治思想建立在科学进步的基础之上所付出的努力。

孟德斯鸠也有同样的打算:既然科学革命在对自然的研究中发挥了作用,那么就可以在科学革命的基础上建立起有关社会的科学理论。在他的眼中,为了使统治者与被统治者之间的关系以及该关系的历史能够成为科学的研究对象,那么对政治现象的解释就必须

---

① 参见托马斯·霍布斯:《论人性》,巴黎,弗兰出版社,由奥尔巴克(Hol-bach)男爵译自英文,1971 年,第 1—2 页。同样,也请参见利奥·斯特劳斯的有关研究:《霍布斯的政治哲学,基础与起源》,芝加哥,芝加哥大学出版社,1984 年,再版,由埃尔萨·辛克莱尔(Elsa M. Sinclair)译自德文,第 136—138 页。

② 托马斯·霍布斯:《利维坦(Leviathan)》,米德尔塞克斯郡(Middlesex),企鹅出版社,1986 年,再版,比如说,可以参见第 165—168 页。

③ 参见利奥·斯特劳斯:《自然权利与历史》,第 182—185 页。

④ 利奥·斯特劳斯:《霍布斯的政治哲学,基础与起源》,请特别参见第 153—154 页和第 166—168 页。

终止向一个超验性(超越人的认识)的领域寻求其自身逻辑。因而,也就必须以帕斯卡的方式摆脱掉卫道论的企图,以及某种渴望将其法则强加于他的目的论和道德论的觊觎。这也就意味着从此之后将从政治的角度出发进行判断,也就是说,从一个具有自主性的领域出发进行判断;对该领域进行科学分析的目的在于发现其必然性与理性,寻找出特有原则。

　　为了成功地完成这个任务,孟德斯鸠将法则的概念更新,使它有别于其旧义,即属于宗教与道德范畴的、具有指挥及目的作用的理念。① 他的关于法则的概念直接源自牛顿所引发的革命。法则,在其最为广泛的意义上来说,被定义为源自于事物本质的必然关系②;它因而并不仅只局限于自然界。法则将其活动领域扩大到了所有存在③,因此它也就与政治与历史问题紧密相关;这意味着可以从人类制度自身之中找寻出究竟应该如何在统一之中看待它的多样性,如何在恒久之中看待它的变化,就像在自然界中所发生的那样。④ 换句话说,法则并不属于某个理想范畴。它与现象之间维持着一种内在的关系。通过在探索之中的研究与对比,法则便将从现象之中脱颖而出,因此,当它刚刚被发现之时还只是具有假说的特征。然而,一旦搜集起来那些为数众多且千变万化的各种材料并因而证明了该项法则,那么它就将获得原则所具有的地位。⑤

　　除了直接的实验以外,孟德斯鸠的推理方法还采取了一种经验

---

① 参见路易·阿尔都塞的有关评论:《孟德斯鸠,政治与历史》,巴黎,法国大学出版社,1974 年,再版,第 29—30 页。

② 参见孟德斯鸠:《论法的精神》,第 232 页。

③ 同上,第 232 页:"所有的存在都有其各自的法则;神灵有其法则;物质世界有其法则;人类的高等智慧有其法则;牲畜有其法则;人类有其法则。"

④ 同上,第 233 页。

⑤ 同上,第 229 页。

科学主义的态度,以便对他研究领域中的运行准则进行分析。他重视现象,重视尽可能广泛地搜集现象,并重视对它们进行观察以期自其中提取出法则定律。他给予这一切的重要性使人们将他当作现代政治科学的真正缔造者。事实上,如果说他同托马斯·霍布斯以及其他的一些人就这个设想——即将对社会的研究建立在与新兴科学的要求协调一致的基础之上——达成共识的话,确切地说,他所研究的客体却有所不同。他公开反对他的那些年代并非久远的先行者的抽象化研究方式,他指责他们所实现的理论试图从社会的主旨出发。而他却希望建立起研究具体的人类社会的科学,从而可以审视全世界所有人的习俗与准则。①

无论那些使他们相对立的因素为何,托马斯·霍布斯与孟德斯鸠都按照他们各自的方式,预示并阐明了自然科学对理解人类现象带来的影响。这种冲击波将伴随着以现代方式解释社会与政治问题的发展。尽管对唯科学主义的赞成并不是即刻的与普遍性的,但是唯科学主义却作为现代性的根本构成要素之一而被接受。② 于是以自然科学为参照,通过一种客观的、外在的描述对人类行为的有效分析,这种理念逐渐取得了进展。这种分析即在于:研究需要远离主观

---

① 参见路易·阿尔都塞:《孟德斯鸠,政治与历史》,巴黎,法国大学出版社,1974 年,再版,第 14—15 页:"对于像霍布斯、斯宾诺莎(Spinoza)和格老秀斯这样的理论家而言,他们只是建议了一种科学的理念而他们自己却从来都不遵循它……我们可以说:他们的科学与孟德斯鸠的科学是相分离的,它们之间的距离就像将笛卡儿的思辨物理与牛顿的实验物理相分开的距离一样。前者在研究各种可能的物理事实之前,直接触及到真理的简单的本质或本性;而后者则从事实出发,观察它们的变化,以便自其中归结出法则。"

② 参见马克斯·霍克海默(Max Horkheimer)的文章:《传统与批判理论》,选自《论文集》之《批判理论》,纽约,统一(Continuum)出版社,1986 年,再版,由马修·J. 奥康奈尔(Matthew J, O'Connell)与人合译自德文,第188—191 页。

范畴的偏见以及出于目的论的考虑。它还在于搜集并处理信息,阐明关联性,提出假设,建立模型并推广,并使之得到经验主义途径的验证。其目的在于寻找出内在法则,以便揭示出展示勃勃生机的现象的运行规律,并因此而呈现出预见能力。

然而,这显然并不意味着唯科学主义所施加的影响是以统一的方式表现出来的,它所引起的发展也是同样的。从17世纪到今天,对社会现象的研究途径有了很大的发展。物理学对社会科学的历史产生的影响导致了众多的争论,并且根据学科不同呈现出不同的特点。对这种多样性需要指出两点:

首先,尽管社会科学在某种日益将认知认同为科学实证主义知识的唯科学主义的名义之下逐渐地、特别是从19世纪下半叶开始发展成为各个独立的学科①,但是在他们各自的发展过程中却呈现出不平等性。无可否认,由于自然法则论研究在分析经验论的规律性时,通过提出假设并使之得到验证为出发点来创立法则,已经大大超出了对自然属性进行理论描述的范畴,并扩展到了心理学、经济学、社会学和政治学的范畴。但是这些学科所取得的具体成果却是大为不同的。认为对人类现象的理解在结构上是与自然科学相同的,该观念在心理学领域——无论是社会心理学或是其他心理学——是最为接近的。② 这种观念的发展是朝向科学统一性的主题的,尽管这还只是处于初始阶段。③ 但相反地,经济学研究,当它并不属于经济计量

---

① 托马斯·麦卡锡:《于尔根·哈贝马斯的批判理论》,马萨诸塞剑桥,麻省理工学院出版社,1985年,再版,第41页。

② 请特别参见塞尔日·莫斯科维奇(Serge Moscovici):《行动少数派的心理学》,巴黎,法国大学出版社,1982年,再版,由安娜·里维埃(Anne Rivière)译自英文,第17页。

③ 参见卡尔-奥托·阿佩尔:《理解与说明,先验主义—实用主义观点》,第19—20页,以及本书的译者乔治娅·沃恩克为其所作的序言,第7—9页。

学领域时,它就必须服从于规范分析科学的模式,这意味着必须要以假设的行动准则为前提。[①] 然而,大部分的社会学研究仍然从它们的角度出发,坚持功能性框架,坚持某种行动理论的结构框架——该行动理论是不可能根据活动表达意图或动机的途径予以重新构建的。[②] 最后,在政治学研究领域中,很大一部分学者的著作都带有一种历史的特性,并且也并不打算在总体范畴上建立起他们的论断。

其次,既然科学实践努力地要将自然研究模式套用到对其进行抵制的客体之上,那么这就必然会引出各种问题与疑惑。作为对此的回应,唯科学主义对于其应达到的目的、目标都远没有达成一致。在研究工作的各种可能的方向之间,在社会科学的各个学科内部,以及不同流派之间的争论是经常性的,且是尖锐的。因而,一些人认为根本目标在于竭尽全力使得搜集资料的技术变得更加精巧,在于使自己满足于有限范围内的经验主义的推广。而相反地,另一些人认为只有高度理论化的研究才能够释清现象。而最终,却没有任何人主张某种研究途径,从而可以构成前述两种研究倾向的折中取向。[③] 同时,人们也对在社会领域中相互竞争的各种科学概念作出不同的分类,这就清楚地表明了伴随着唯科学主义对社会现象的研究所产生的影响而发生的各种争论。雷蒙·布东便是其中之一种分类的作者。在他看来,科学有三个概念:经验论程序,自然法则论程序,以及形式程序——或者说假设—推演程序。[④]

尽管在这些不同的论点之间存在着分歧,但是所有人对于这样

---

① 参见阿马蒂亚·森(Amartya Sen):《论伦理学与经济学》,牛津,巴西尔·布莱克韦尔(Basil Blackwell)出版社,1987年,第10—15页。

② 卡尔-奥托·阿佩尔:《理解与说明,先验主义—实用主义观点》,第224—227页。

③ 参见理查德·J. 伯恩施坦的评论:《重建社会和政治理论》,费城,宾夕法尼亚大学出版社,1978年,第43页。

④ 雷蒙·布东:《无序的位置,社会变革理论批判》,第234—237页。

一种研究社会现象的途径却达成了共识:即如果某种解释途径的用语全部都是通过对自然界的分析而确定的,那么就应该以这种途径为榜样。① 所以,在各种特有的形式下,根据不同的专业,不同的思想流派,以及超科学的背景——对社会生活现象的审视在该种背景中得以实现并发生演化,源自自然世界研究的理解方式在社会科学所运用的各种解释途径上都打上了其烙印。但同时,在各种主要的思想潮流形成的过程中,它也使它们之间产生了巨大的鸿沟。从这个角度来看,社会科学的发展程度及其可信性需要根据所选择的描述自然现象的方法论来衡量。因此,我们将会看到,社会科学与这些选择相比较而言具有僵化的缺点,其所研究的对象难以界定。这些欠缺在最好的情况下可以被看作是年轻人所犯下的错误,随着其逐渐成熟而被解决;而在最糟糕的情况下,则会被看作是社会科学伪科学地位的一种信号。

所以,我们看到,社会科学由于采取了解释自然现象的方式,因此就有可能被抛弃到具有合法性的科学认知的边缘境地。它必须承受这种风险,即被认为是知识的薄弱环节,并使那些硬科学产生一种难以掩饰的优越感。

尽管分析人类现象的唯科学主义研究构成了某种知识及历史发展进程的一部分——该进程主要是从 19 世纪起开始使用一些非常有争议的字眼针对合法性提出疑问,但是政治分析的"科学化运动"在最初并没有将科学的理性与价值范畴相分离。② 在研究现实的这两个层次之间存在着一种我们称之为共处的现象。事实上,如果说自然科学对科学性的关注迫使研究人员必须要接受这种理念——即审视社会现象必须要采取不偏不倚的立场,这一点是确定无疑的,然

---

① 理查德·J. 伯恩施坦:《重建社会和政治理论》,前引书,第 42—43 页以及第 51 页。

② 参见托马斯·麦卡锡:《于尔根·哈贝马斯的批判理论》,马萨诸塞剑桥,麻省理工学院出版社,1985 年,再版,第 1 页。

而从最初在科学描述层面与价值哲学层面之间就存在的鸿沟却没有被清楚地加以区分。从开始起,这些新的研究领域就不能完全无视上帝或是道德,当然,根据不同的作者和不同的学科,会有不同的形式与不同的程度。它们必须重视这二者之中的一个因素,甚至是两个。

从这个角度来说,尽管像托马斯·霍布斯和孟德斯鸠这样的思想家开始令社会理论遵循自然科学的逻辑,但是他们的方法却仍然没有摆脱一种现实的模糊性。即使霍布斯与宗教意识的决裂是难以争议的①——既然他认为没有任何关于自然宗教的合理认识②,也既然关于神灵的实证信仰必须根据它所给予给国家的服务来进行评价与批判③,但是他对政治的研究却也并非是纯粹科学意义的:该研究仍然处于道德的附庸地位。此外,利奥·斯特劳斯还指出了这一事实,即道德左右着霍布斯针对科学的兴趣。④

而对孟德斯鸠而言,尽管他所举出的绝大部分例子都趋向于排除神学论和道德论试图将其法则强加于他物的目标,但是他的著作却仍存在着一种根本的迟疑。它与科学规则在法则—命令身后的消失有关⑤:因为法则—命令不仅是宗教和道德价值的表达⑥,同时也与世界上最为明晰的政治组织形式。孟德斯鸠正希望在这样一个动

---

① 尽管他否认这一点,并以这种否认来反对那些针对他的无神论的指责,但是这一点却是毋庸质疑的。

② 参见利奥·斯特劳斯:《霍布斯的政治哲学,基础与起源》,第76—78页。

③ 同上,第74—75页。

④ 同上,第129—130页、第169—170页,以及同一作者的著作:《自然权利与历史》,第194—195页。

⑤ 参见路易·阿尔都塞:《孟德斯鸠,政治与历史》,第38页。

⑥ 孟德斯鸠:《论法的精神》,第233—234页。

荡的世界中将该种组织形式重新稳固在其基础之上。[①]

　　换句话说，尽管以现代分析方式对社会生活所进行的初步研究的目的在于实现客观性的理想，但是它与旧观念之间的关系却并没有被完全割断：因为描述层面与指令性层面之间的区分并未被绝对地确定。尽管唯科学主义对社会政治现象的初步研究参与了合理化与距离化的批判进程——这一进程构成了社会科学发展和现代性历史的特征，但是它却没有制造出一种决定性的裂痕，将科学的理性与道德的判断分离开来。

启蒙时代所设想的科学、理性与政治

　　科学逻辑与将人类及政治的历史建立在理性与权利基础上的可能性，这二者之间的断裂在启蒙时代的框架内并没有实现。相反，在为科学而战斗的同时，为道德与社会生活的进步所进行的斗争也并未停止。在启蒙时代的研究主题中，许多重要的资料分析了科学的视角与规范理性（la raison pratique）[②]的视角之间所发生的交融现象。从这个角度来说，孔多塞（Condorcet）的研究具有象征的意义。

启蒙运动中的科学与规范理性

　　启蒙运动对世界的视角并非是一致的。从属于这个思想时代的作者与作品也并非构成了一个坚如磐石般的整体，没有任何多变性。相反，启蒙时代的精神并不排除某些思想上的分歧。除了由于国家

---

① 路易·阿尔都塞：《孟德斯鸠，政治与历史》，巴黎，法国大学出版社，1974 年，再版，第 39—41 页。

② 规范理性：la raison pratique，也有人将之译成"实践理性"，它在康德的哲学中指的是决定人类行为的理性，可参见 Le petit Robert 中对 pratique 的注释。——译者注

情势的差异而产生的不同之外①,思想家们之间也不总是一致的。②
即便是在同一部作品中,某些具有细微差别的立场,甚至是矛盾的观
点都可以共存。

　　因此,卢梭与在启蒙运动中业已确定的潮流相反,他并不倾向于
相信历史与进步。他更愿意使自己耽搁在文明的罪行上而不是其善
行上,他指出人类智力与技术的发展就像是《创世纪》中所谈论的堕
落的等价物一般。他将这种发展简约为一种完全意义上的崩溃运动
的进程,在这个进程中每前进一步都意味着堕落行为的进一步发
展③。因而当人类的意识找寻到了历史范畴的重要性以及其自身与
其所穿越的时代的联系之时,在卢梭心中所存在的愿望却是:在历史
之外并超越历史的束缚而并非是在历史之中以及通过历史来寻找他
自身的救赎,尽管自此之后这种拘束作用将是不可避免的。从这个
角度来看,卢梭也就成为了让－雅克,成为了那众多被世界潮流所惊
吓的美好的灵魂的向导——他们深信他们的无辜与寂寞,并在这种
信仰中找寻着他们的幸福。

　　但是同时还存在着另一类著作,表明着另一类导向,成为前述作
品的补充,将卢梭与启蒙运动的构想联系起来。事实上,尽管卢梭坚
持认为进步具有其负面效果,但是他也承认,既然社会已经远离了自
然状态,那么重返自然状态便超出了其力所能及的范围。尽管在目
前的社会环境之下,艺术与科学有利于并加速了社会和谐的解体,但
是却没有任何一条法则阻止它们被用于更为美好的目的。很简单,

① 参见伊冯·贝拉瓦尔(Yvon Belaval):《启蒙时代》,见于《哲学的历史,
从文艺复兴到康德的革命》,卷二,巴黎,加利马尔出版社,1973 年,第
601 页。
② 参见让·德普兰(Jean Deprun)的有关评论:《启蒙时代的哲学与争
论》,见于《哲学的历史,从文艺复兴到康德的革命》,第 673—674 页。
③ 让－雅克·卢梭:《论科学与艺术》,《全集》卷三,巴黎,加利马尔出版
社,1979 年,再版,请特别参见第 9—10 页。

应该使之服务于道德。①

因此，正是通过文化的不断完善，因而也正是通过一种深刻的本性转变过程，与自然世界的和谐才能够被重新找到。这种第二自然，作为人类自身能力的产物，并没有被定义为一种本能的平衡；相反地，这种第二自然得到了理性的阐明，并得到道德情感的依托——原始的野蛮人并不了解这种道德情感。因而，卢梭对历史的悲观主义在对人类学的乐观主义之中得到了抵消；在这种乐观主义的框架内，人类在其天性上是善良的。从这个角度来说，他认为可以教导个体，使他们能够得到足够的理性以便按照自然的要求而生活。

在排除掉社会和政治结构中负面层面的同时，仍然存在着一个机会，可以达到一种相对幸福的生活，尽管这个机会显然是微不足道的，并且也非常地偶然，以至于我们无法乞求一种机制的进展或是一种恩惠来救赎人类。② 然而即便这还只是一种可能性，在本性层面与文化层面之间所存在着的对立却有可能通过不断的变化而获得解决。

让－雅克·卢梭的例子表明当我们努力地寻求对启蒙运动进行解释时一定要小心谨慎。既然这样，那就让我们回顾一下那些主要的因素，以便分析在启蒙运动的或然判断上科学的观点和实用理性的观点是如何汇聚到一处的。

1784 年，康德对启蒙给出了如下的定义，也许这是我们曾经遇到过的最令人满意的定义之一：

> 启蒙运动是什么？启蒙运动是人类走出他的未成年期，并

---

① 让－雅克·卢梭：《论科学与艺术》，巴黎，加利马尔出版社，《全集》，卷三，1979 年，再版，请特别参见第 16 页和第 29—30 页。

② 参见让·斯塔罗宾斯基（Jean Starobinski）：《让－雅克·卢梭，透明与障碍，有关卢梭的七篇论文随想》，巴黎，加利马尔出版社，1976 年，再版，第 353—354 页。

自己为之负责。未成年期,指的是没有他人指导就没有能力运
用自己的知性(康德用语,指理解力);而人类自身应该为这种未
成年期负责,既然原因并不在于缺乏知性,而是在于在没有他人
指导的前提下缺乏决断性与勇气。大胆些! 拿出你的勇气,使
用你自己的知性! 这就是启蒙运动的箴言。①

在康德的思想中,启蒙运动希望努力为个体的解放而奋斗,结束
愚昧的统治并改善生存的条件。它的意义存在于实践领域。从这个
角度来看,这种创新的思想的奋斗目标在于锻炼斗争的工具并将其
理念反映到现实中:即思想上的主张转化成为行动,并且这些行动始
终服从于总体原则并通过理论标准来加以判断。这也就是说,可能
从来就没有一种和谐可以比 18 世纪在理念与生活之间存在着的和
谐更为完美,正是这种情势给予了启蒙运动中文化的一致与力量。②
因此,如果观察到科学在人类解放进程中被赋予的根本性作用,
这就并不令人惊奇。如果考虑到这一事实,即人类的被奴役地位在
其根源上是受到了伪认识、迷信、个体对其自身及现实的愚昧无知的
影响,那么科学的方法在解放运动中当然就会具有关键的作用。为
了使这种解放成为可能,重要的就是要创造并增加可信知识的数量,
将它向尽可能多的人传播。换句话说,必须达到对现象的正确理解。
正是这一设想激发出启蒙运动的逻辑;在这一逻辑中,对知识的
热爱是与认识所带来的具体的益处密不可分的。因而,这一设想既
关系到自然也关系到了社会。自然科学有助于使个体脱离对自然现
象的错误观念;同其一样,对社会所进行的科学分析提供给了个体对

---

① 康德:《关于此一问题的答案:什么是启蒙运动?》,见于《历史的哲学
(作品集)》,巴黎,德诺埃尔－恭迪埃出版社,1972 年,再版,由斯特凡
娜·皮奥贝塔(Stéphane Piobetta)译自德文,第 46 页。
② 参见恩斯特·卡西尔(Ernst Cassirer):《国家的神话》,纽黑文,耶鲁大
学出版社,1946 年,第 177 页和第 179 页。

社会及政治范畴的确切论证,因此也就改善了他们的条件。但是,启蒙运动将其优先地位给予了社会与政治问题。关于这种优先性,有几种理由:首先,在 18 世纪时,对自然科学的研究已经相当进步,以至于只能在牛顿所开创的革命的路途上前行。其次,对社会现象进行研究的理性途径刚刚诞生。此外,对于启蒙运动的哲学家而言①,社会问题值得引起人们特殊的关注。所以,从自然科学领域借来其研究方法,并将其运用到澄清社会与政治现象的研究之中,这也就要求必须意识到这二者的全面涵义,以及它们所蕴涵的实用主义范畴。

启蒙运动关于社会的理念要求必须揭露那些在客观上构成对教条主义和迷信的支持、并阻止理性精神传播的有关制度。在这种背景下,科学活动的政治化以及对社会生活的传统组织方式的争论——这种传统的组织方式昨天在研究自然现象的新科学所引起的有关目的论的争论中还处于边缘地位——就具有了重要的战略意义。从此之后,在为认识而战斗的同时,还伴随着为一个更为美好的社会而斗争——这将允许科学的原则与理想进行某种调整。

这也就是说,这种批判性的揭露行为构成了启蒙运动所为之辩护的科学观念的特征;并且,这种行为还表现为在理论层面与实践层面之间缺乏明显的区别,因而,它是建立在价值体系的内在理性观念的基础之上。所以,对于启蒙运动时代存在于对社会现象的科学分析和道德之间的主题而言,在其中所发生的交汇现象正可以通过这种根本性的因素加以描述与解释。

在启蒙运动的框架内,理性将它的影响扩展到理论问题与实践问题。理性只承认它自己的权威,它不仅对那些纯知识性的问题进行评判,同样也对那些直到那时为止仍然属于信仰与绝对的服从范畴之内的问题发表意见。所以,理性并非是一种对价值漠不关心的

---

① 那个世纪的哲学家越来越成为诚实可信的人,也越来越成为文人,正如伊玛·贝拉瓦尔所指出的:《启蒙时代》,见于《哲学的历史,从文艺复兴到康德的革命》,第 602 页。

研究工具。

恰恰相反！理性是一种认识现实的方式，这种方式意味着要根据价值哲学的选择来进行研究工作。从这个角度来看，既然科学是理性的表达与武装起来的臂膀，所以在对社会政治现象所作的科学研究与道德之间、在社会现象的理解层面与实践层面之间存在着联系。

一方面，科学的合理性在对现实的理论分析中起到了向导的作用。既然对真实世界的认识同样需通过现象的积累，那么这种科学的合理性就需要建立在实验的基础之上，以便建立起一种分析方法，从而可以竭尽所能对世界进行正确的认识。所以，科学研究利用理性，将它作为一种方法论手段，以便作出有效的论断；并且也正通过这种方式形成对现象的令人满意的观念。但是另一方面，科学的合理性也不应该被简单地归结为只在理论研究范畴中使用，这与第一个层面是密不可分的。科学的合理性所发挥作用的范畴应超出对社会运转的简单描述，因为这种描述避免作任何价值判断。而启蒙运动的理性主义由于反对愚昧与教条主义，因而也便具有了战斗的口吻，在实践领域中订立法则。启蒙运动希望关于社会政治问题的真理能够被反映到现实中来，并且启蒙运动的科学视角所强调的理性观念同样也试图在个体的行动与日常生活中对其实施教导。因而，如同可能存在着对现象的理性认识，也就有可能存在着一种具有科学特性的关于价值的知识；并且也正是在它的名义下，启蒙运动才发出呼吁，要求变革。

所以，认识真实，既是了解何者为善也是希望获得那些为善的事物。从这个角度来看，道德以及它在历史中的进步就表现为科学的目的，这表现为两个不可分割的方面。首先，科学参与了善意价值的发展进程。对社会现象的科学分析，由于远远超出了单纯的认识意愿，因此有助于人类从被奴役之中解脱出来。同时，科学的分析也具有改善生存条件的活力，并且，既然它源自于正义的精神，因此也就有助于正义精神战胜一切,也就是说,正义的精神在生活的体系中得到制度化。① 其次,因为道德是从理性的观念中推演而出的,而理性又是启蒙时代科学的基础。所以,道德也就不是各种主观准则的整体。它具有理性的根基:科学的根基。从这个角度看来,道德可以渐次得到实现,这一实现通过科学的工作而与理性的形成密不可分。

所以,就必须当头脑中具有这些观念时才能够诠释进步的概念。根据这一概念,历史的发展具有一种累积的内涵,它并不具有黑格尔与马克思所主张的必然性的形式;相反,它所采取的形式是与科学的理性力量相混淆的对未来的信仰。所以,历史不断上升的连续模式同样也包含着这种理念,即应该和其他民族一起分享那些所希望的发展。对观念的传播表达了实现各个民族都有权利获致自由意愿。所以,正是在这个意义上,法国大革命所代表的事件几乎如神话一般进射而出,它通过强调它所具有的普遍意义而努力地想要将它的信息传播到疆界之外。②

所以启蒙时代的科学研究方法是建立在理性的统一观念,即理论与实践的双重观念的基础之上的,因而相对于价值而言,它并不寻求任何中立性。相反,认知,指的是投身于、参与到解放进程之中。科学与道德在理性的概念中汇聚到一处并互相合作。

---

① 参见托马斯·麦卡锡:《于尔根·哈贝马斯的批判理论》,马萨诸塞剑桥,麻省理工学院出版社,1985 年,再版,第 5—6 页。

② 参见让·斯塔罗宾斯基:《1789 年,理性的标志》,巴黎,弗拉马里翁出版社,1979 年,第 33 页:"法国人相信,如果他们掀翻流弊与特权,摧毁笼罩巴黎的专制主义的坚固堡垒,并在明朗与博爱之中获得和解,那么他们就会给予世界一个光线汇聚的焦点,一个阳光普照的中心。'没有人怀疑我们准备做的一切将关系到人类的命运',托克维尔说。而国外也对这种信仰给予了回应:'在我看来,法国大革命关涉到整个人类',费希特(Fichte)于 1793 年写道。"

孔多塞的理论中关于理论与实践的认识

科学观点与价值观点的汇聚在孔多塞的思想中得到了阐明,堪称范例。这正是《刍议人类精神进步的历史画面》①所表明的东西。尽管这件工作是 1793 年在悲剧事件的压力下以及在危险的威胁层出不穷的情况下,在 1794 年 3 月孔多塞逝世前不久而完成的,这部作品却并非只是一部应时之作②。这是作者对始终萦绕其心头的问题所抱有的理念逐渐成熟的产物,正如在这部著作中呼啸着的强劲气流所证明的那样。

在《刍议人类精神进步的历史画面》中,理性认识的模式由研究自然的数学科学所给予。孔多塞在叙述了人类的历史从其起源时刻起所经历的连续发展阶段之后,开始审视现代阶段——这一阶段在他的分类之中关系到第八尤其是第九时期。他把对自然现象的科学研究描述成为一般知识的范例。③ 他认为,观察、实验和计算是使物理学得以揭示自然奥秘的三个工具;他确信,由于系统地使用了这三者,科学已经建立起一种方法,因而就使对现实的认识超越了苏格拉底哲学中多种意见的纷争。

在描述了在解释自然现象的范畴中所发生的革命之后,孔多塞着重指出这种对自然现象的解释对整体科学所产生的影响。他指出物理学的方法论工具的使用是如何扩展到其他的各种学科。④ 在化学、植物学和解剖学之后,这些新的规则很快就影响到了艺术及对道德与政治的研究。物理学方法论选择的这种传播运动有助于形成一

---

① 孔多塞:《刍议人类精神进步的历史画面》,及附属文章《阿特兰蒂德(Atlandide)节录》,巴黎,弗拉马里翁出版社,1988 年。

② 参见阿兰·庞斯(Alain Pons):《导言》,见于孔多塞,《刍议人类精神进步的历史画面》,及附属文章《阿特兰蒂德节录》,上引书,第 21—26 页。

③ 孔多塞:《刍议人类精神进步的历史画面》,及附属文章《阿特兰蒂德节录》,请特别参见第 238 页。

④ 同上,第 254 页。

种进步的动力。在这种动力的框架内,抽象的研究可以产生最为具体的成果,后者是相反的情形;并且在其中,不同的学科之间从来没有停止互相借鉴。因而,这种运动终于便影响到了越来越多的个体。简而言之,理性知识既激发了理论科学也激发了实践科学。

在孔多塞的思想中,在联结科学与价值问题的关系中最令人惊异的是,他是按照现代科学历史及其传播的模式来构想人类的发展的,这也就是说,人类的发展就像是一种合理化进程,联结着科学的特性以及科学与历史所期望的东西共同带来的良好效果。换句话说,善及其渐进的实现从科学的角度来说是可以被认识的,因为它们是科学的表达,而科学自身又代表着理性。这由以下四点表现出来。

首先,孔多塞从科学的角度出发,将终极(la perfection,指最为完善的境地——译者注)认同为一种累积动力。因此,尽管这种运动具有其前进方向,但是该方向却并不预先受到目的论的导引,就像古人尤其是亚里士多德的情形一样;同时,其前进方向也是不受到局限的。①

其次,他认为进步是一种与学习能力相联系的机制。他确信,面对在各个领域中都一无所知这种情形,科学具有教导的功能与责任——这意味着它有义务承担公共教育这项任务。它必须有所作为,以便那些同时作为其根基与理想的原则可以通过培训程序成为大多数人的向导,使得这些人可以达到成熟与自律。

再次,孔多塞将启蒙思想认作是在进步的科学概念和科学有助于人类道德的完善这一信仰之间的桥梁。在理性反对权威——尤其是反动的教会所代表的权威的斗争中,他希望科学的合理性能够给予规范范畴内的问题以令人满意的回答。既然虚假的哲学是建立在对自然现象的错误观念的基础之上,那么由这种哲学作出的有关价值的解释也自然是错误的。但相反,在实践领域之内关于真实的解

---

① 孔多塞:《刍议人类精神进步的历史画面》,第80—81页。

释是源自物理真理的。① 孔多塞支持这种论断,道德科学的确切性与可信性可以达到与自然科学相媲美的水平。并且,通过与自然科学的联系,个体的伦理与敏感性判断力将会有很大的改善。②

最后,科学精神的发展,科学从研究领域向实践领域的传播,以及最终提供给人们以理性的方式作出决断的可能,这些都是具有同样重要性的因素;由于这些因素具有唯一的运动特性,因而最终引起了集体生活组织形式的改善——在这种情形之下,这种组织形式将终于从政治角度使个体所实现的进展得以机制化。

既然理性的观念是不可分的,既然理性的观念既适用于物质自然又适用于人类自然——因而在这二者之间并没有本质的区别——那么就证明了,比如说,化学现象,就像那些与道德与政治问题相关的现象一样,都是可以数学化的。我们可以以理性的方式认识它们。因此,孔多塞所论述的科学观念并不局限于解释规范在个体社会化中的作用,仅仅列举这一种情况。它同时也作出判断。在实践的领域中作出真实的陈述,这既是核实价值是否符合理性,也是将那些我们所希望的与那些我们所不希望的作出区分。既然没有将道德分析与科学分析进行区分,那么就有可能将科学的进步归并入整体完善进程的远景之中,也就是说,归并入一种历史前进方向的远景之中——这种前进方向通过合理化进程的途径,构成了真理与善意渐次实现的过程。

既然历史现象的发展所揭示的是对物质自然要素和人类自然要素的不断理解以及不断地赋予其客观实在性,那么见到这一点就不应该惊奇:孔多塞认为,这场运动的普遍意义必须要传达到全体社会,这才是最为根本的东西。事实上,问题在于要使世界的外表摆脱掉虚假意识的控制,意味着要作出巨大的努力以便使科学与正义战

---

① 孔多塞:《刍议人类精神进步的历史画面》,及附属文章《阿特兰蒂德节录》,巴黎,弗拉马里翁出版社,1988年,第253—254页。

② 同上,第286页。

胜无知与暴政。孔多塞甚至走得更远：他明确指出，既然启蒙运动所为之辩护的欧洲文明模式被认同为科学、道德与政治的进步，那么这种模式所表达的原则也正是其他民族所渴望的，尽管这一点仍不为所知。所以，应该为它们阐明这一模式，这是很重要的。

然而，尽管有这种美好的构建，理性同一性的论断即物理现实与人类现实统一性的论断从 19 世纪起发生了解体。从此之后，就必须在一种激进化的现代性的背景之下来理解那些与合法性这一主题背道而驰的各种反论。

现代性激进主义，社会科学与合法性

科学分析与实践范畴之间的汇合曾经处于启蒙运动设想的中心地位，但是从 19 世纪起开始遭到了抛弃。这种冲突造成了合法性观念的含混。价值具有等级性这一客观实在性以及存在着建立在理性基础上的评判标准，这二者受到了置疑；为了解释这一进程，我们只需要进行如下的论证：由于启蒙运动的各项原则遭到了激进化，并被认为必须绝对地加以实施，因而这些原则在社会演进的层面上以及与之相伴随的社会科学历史的层面上的传播引起了信仰危机：我们将会因此而看到一种逆流，影响到现代性的根本理想。

这种机制导致了抛弃存在于科学和道德与政治善意领域之间的关系；同时，从更为广义的角度来看，这也导致产生了对世界幻灭的观点——这一点通过三种方式表现出来。这些方式与普遍化、解放以及理性化这三种现象有关。尽管这三种现象是密不可分的，但是在这里将分别予以审视。

启蒙运动普遍主义的传播和民族之间的冲突

对启蒙运动的构想中科学活动和价值范畴之间关系的分析表明，思想家们投身于其中，目的便在于支持建立一种模式，其有效性适用于各个民族。所以,启蒙运动所衷心鼓励的个体及集体生活类型被假定为属于文化的最高阶段。因此,这种生活模式是人类共同体完善程度的标尺。

既然所有的民族都渴望获得理想的真理与自由,那么他们当中最为先进的民族就有权利监督那些较为落后的民族朝着正确的方向演进。启蒙运动向不同社会的扩展被认作是传播那些真正良好的事物。然而体现世界前进的方向,并且由于所有的个体与所有的国家都采取了启蒙运动的原则因而可以在其中观察到不可置疑的进步的迹象,这种雄心壮志在其发展过程中将会引起视角的逆转:随着启蒙运动价值的传播,普遍化的活力逆转过来,并最终导致了肯定文化的多样性和观点的多元性。这种现象是以该种进程为媒介而发生的,这种进程包含两个层面,相辅相成:由于那些先进文明的民族以理性的名义企图将某种行为准则强加给他人并不断扩张其文明,因此与之相对应的是,启蒙运动的理想在不同的时期在不同的形式下,成为了一种被运用的武器,以便获得保留其个性及特殊性的权利。有两个例子可以阐释这种机制。第一个例子关涉到欧洲模式与非欧洲社会之间的关系。第二个例子关系到德国历史流派。

启蒙运动的普遍主义影响近代西方与非欧洲社会关系的方式促成了一种双重运动。一方面,启蒙运动的普遍主义有助于欧洲在面对世界其他地方时的优越感的产生,因此也就推动了殖民活动。源自启蒙运动的有关进步的概念,以或多或少的虚伪方式被用来为那些损害其他人民的征服活动辩护,既然他们被认为是落后的。西方人侵略性的利他主义摧毁了他们的组织结构,迫使他们进入(另)一种生活方式,他们为了生存就必须从其中学会一切,学会他们所陌生的一切。[①] 此外,启蒙运动的哲学家所为之辩护的历史累积的观念在

---

① 请特别参见乔治·巴朗迪尔(Georges Balandier)的有关评论:《政治人类学》,法国大学出版社,1978 年,再版,第 187—193 页。

19 世纪大大促进了各种不同的进化论理论的出现。① 从这个角度来看,那些最为进步的思想家,尽管他们关注于使自己有别于进化论,但是他们却没有完全摆脱掉它。这正是马塞尔·莫斯及埃米尔·涂尔干的情形所表明的东西:莫斯并没有真正奋起反抗以进步的名义而进行的殖民活动②;涂尔干——进化论实证主义最为严厉的批评家之一,也并没有使自己完全摆脱掉它的论断。③

但是,另一方面,尽管这种优越感在其后被帝国主义与新殖民主义所承继,并且在今天仍然深刻地决定着(西方人的)精神与实践,但是与此同时,启蒙运动的信息也同样导致了承认其他有别于欧洲模式的文化有权利生存。从这个角度看来,欧洲模式不过是众多人类学中的一支,与中华文明、俄罗斯文明和印度文明具有同样的地位。所以,它并不享有特权地位——正是这种特权地位使它有可能在体现真理与善意的借口下,将它的价值体系强加给它所面对的民族而不受任何惩罚。所以,如果说对其他不同类型的人类社会的重视源自于启蒙运动的普遍化现象,这是因为非西方社会的特性从来就没有完全消失,因而在将理性原则的实现方式向其他的社会传播的某个时刻,在拒绝接受非西方社会特性的同时,还伴随着一种形势的逆转。出于忠诚于启蒙运动理想的目的,尤其是出于忠诚于其中的自由与尊重个体的目的,对土著文化的特性应加以重视这一情感得到

---

① 参见于尔根·哈贝马斯:《交往行为理论》卷一《理性与社会的理性化》,波士顿,灯塔出版社,1984 年,托马斯·麦卡锡译自德文,第151—153 页。

② 参见马塞尔·莫斯:《法国与外国的人种志》,见于《作品集之三,社会一致与社会学的分裂》,第432—433 页。

③ 参见埃米尔·涂尔干:《德国的道德实证科学》,见于《文一,社会理论要素》,第336—337 页。同样请参见艾森施塔特(S. N. Eisenstadt)的有关评论:《传统、变化和现代性》,纽约,约翰·威利父子(Jhon Wiley & sons)出版社,1973 年,第8 页。

了发展。这种变化导致了欧洲文明和与之相区别的社会这二者之间关系的重新调整；在这种调整的框架内，社会的组织形式所体现的多元性具有其合法性，这一点被着重指出。因此，不同的文化所代表的价值体系的等级问题便被提了出来，并导致一些人反对按照价值体系的等级来研究社会——因为在这个等级的顶峰是现代西方世界。①

所以，尽管在启蒙时代的设想中，科学活动被紧密地联系在道德与政治规范体系的传播之上，但是这种视角的逆转却部分地导致了这种联系的断裂。因此，在缺乏将理论与实践加以区分的基础上，方法论上的中立便成为了一种必然的分析方式，继承了这种缺乏，并成为了对社会现象进行研究的科学的最新信条。

所以，这个信条正是在这两种源自于启蒙运动的研究途径之间存在着的紧张关系的产物：一种途径确认欧洲文化的优越性，而另一种则希望给予社会的多样性以合法性。因此，这个信条作出努力，试图调解文明的多元性与对认知的关注之间的关系。尽管科学是以道德的目的而深入到启蒙运动之中，但是，这种信条却试图通过弃绝对道德的要求而体现对科学知识的信仰。它因此开启了通向相对主义的途径。为了理解伴随着马克斯·韦伯有关方法论的思考，这种危险究竟是以何种方式变得明晰起来，首先有必要分析德国的民族主义是如何部分地成为启蒙运动的产物，而后需要分析德国的历史学派内化到启蒙运动的普遍主义之中，这一点究竟是如何导致确认关于世界的观点是可以不同的。

弗里德里希·迈内克分析了1800年前后德国的民族主义所诞生的背景，他指出，德国的民族主义首先源自于启蒙运动的原则所引起的深刻感受、这场运动所带来的令人惊叹的活力的回复以及不愿屈服于于一个外部强权的意愿——此种情况所指的是法国，似乎没

---

①　比如说，可以参见埃米尔·涂尔干：《柏格森主义与社会学主义的对立：道德的进步与社会的动力》，见于《文一，社会理论要素》，第67页。

有任何障碍可以阻止它。[①] 德国民族理念的发展特别是源自于启蒙运动的理想以及它当时在欧洲政治领域中的具体传播,这是不容置疑的。启蒙运动有助于民族感情在日耳曼世界中的形成。因此,比如说,自由与自决的价值是使他们可以从纲领的角度谈论民族观的工具。法国大革命表明,自由与自决的实现尽管有可能造成纠纷,然而这种实现不仅是可能的,而且它还会促生一种生气与虔诚——而没有任何一种君主制可能引发这种生气与虔诚。此外,尽管革命的法国与拿破仑的法国自诩为启蒙运动的真正原则的持有者与保护者,但其所体现的扩张主义活力给德国树立了一个敌人。因而,德国确信,只有当它通过改革和通过采取现代政治的某些特征而达到了法国的权力水平之时,它才能够摆脱掉这个敌人。[②] 换句话说,启蒙运动理想的传播帮助德国人树立起远大的目标,即建立起一个实体,在其内部人民与国家的团结将是卓有成效的;同时自信也使这个民族变得至高无上。

　　然而,还存在着其他的因素。比如说,德国在它从前的政治组织形式框架内并未对自己有全面的意识,所以,这一事实就导引着民族理念固化的进程转向全面的民族主义。[③] 法国的集体同一性主要是

---

① 弗里德里希·迈内克:《德国解放时代,1795 年—1815 年》,伯克利,加利福尼亚大学出版社,1977 年,由皮特·帕雷(Peter Paret)与赫尔穆特·菲舍尔(Helmut Fischer)译自德文,第 32—33 页。

② 弗里德里希·迈内克:《德国解放时代,1795 年—1815 年》,伯克利,加利福尼亚大学出版社,1977 年,由皮特与赫尔穆特·菲舍尔译自德文,请特别参见第四章,关于知识分子和政治家就改革所表示的赞同意见,第 44—68 页。

③ 关于这个表达,我们是转借于于尔根·哈贝马斯:《政治论:文化、权利和历史》,巴黎,塞尔夫(Cerf)出版社,1990 年,由克里斯蒂安·布辛德姆(Christian Bouchindhomme)译自德文,第 231 页。

在 19 世纪形成的;无论是在国内层面上还是在国际层面上①,它的国际承认无可争议,并且,这也不会导致任何对它的生存权利的怀疑。然而对于德国却恰恰相反。在这个时期,德国对于民族的需求还是非常地脆弱。无论是在内部还是在外部,当德国在自我发展之时,法治国家和民主这些普遍价值哲学指针和民族意识所赖以确立的地方主义之间的平衡从未实现。德国的民族主义在实现民族团结的同时,损害了自由的理想,特别是关系到个体的自由的理想——而这正是资产阶级将其作为权利而建立起来的——将对外国的怀疑认同为对祖国的热爱。

普鲁士国家被认为是德国世界内确保其在短期内实现统一的王牌。② 它可以有助于战胜不同地区之间的外省主义及国际环境的敌意。或许是自由主义者准备在他们民主改革的要求上达成妥协③,或者是他们未能迫使普鲁士接受民主改革④,总之,集体意识是通过民族理念在普鲁士专制体制所代表的国家神话的框架内所发生的融合而构建出来的;所以,这种集体意识的构建就表现为使市民社会依附于国家利益——这种依附认可了市民社会被忽视的地位。⑤

所以,政治的现代化局限于对与国家结为一体的官僚体制合理

---

① 参见贝特朗·巴迪(Bertrand Badie)与皮埃尔·伯恩鲍姆:《国家社会学》,巴黎,格拉塞(Grasset)出版社,1979 年,第 192—204 页。

② 参见弗里德里希·迈内克:《世界主义与民族国家》,普林斯顿,普林斯顿大学出版社,1970 年,由罗伯特·金伯(Robert B. Kimber)译自德文,比如说,可以参见第 234—235 页和第 250—251 页。

③ 参见弗里德里希·迈内克:《德国解放时代,1795—1815 年》,第 32—33 页。

④ 弗里德里希·迈内克:《世界主义与民族国家》,第 251 页,第 263 页,第 269—270 页和第 317 页。

⑤ 参见拉尔夫·达伦多夫(Ralf Dahrendorf):《德国的社会与民主》,纽约,诺顿公司(Norton & Company)出版社,1979 年,再版,由作者译自德文,第 199 页。

性的采用。① 它排除了将民主价值制度化,因为民主所特别强调的是由权利平等的公民而构成的人民所体现的主权。它也导致了国家在其中无所不在的一种情势:在这种情势中,任何争执都会被认作是冲突与对抗的方式,但却从来不会被当作异议从而可以通过法律调节的途径加以解决。在国内层面是如此,因为任何与政治机构的不和都会被看成是不忠与背叛的行为②,在国际层面也同样如此。关于后者,德国所表现出的乖戾、怨恨及侵略性的态度源自于他们认为自己不为外国所理解;与之相对应的,还有这一事实:由于民族意识的形成被以如此的方式归结为国家的绝对权力,这也就暗含着强调指出德国与欧洲其他国家之间关系所具有的冲突性。在这种背景下,集体同一性与个性的概念被同化为国家机构,因此也就引发了一种新的历史视角。这种视角承认国家机构可以根据他们自己的法则有权自由作出决定与采取行动。③ 简而言之,这种对民族的研究为强权政治开启了方便之门。

　　德国19世纪的历史学派促进了启蒙运动普遍主义的发展。它加入了以肯定世界上不同民族的观点为结果的运动;这一肯定对德国的现实产生了特别的影响。事实上,一方面,德国历史学派自诞生之日起便弃绝了启蒙运动给予非常重要意义的自然权利理论,以及启蒙运动所带来的动荡,比如说法国大革命。该流派给予了传统以中心地位,拒绝认可启蒙运动所为之战斗的与传统的破裂。它也拒绝承认现在与过去的断裂,因为这二者被认为是紧密衔接的。它希望个体与民众以历史认知为媒介,通过深思熟虑来重新占有他们的根源,从而找寻到他们的道路。这也就意味着,它认为必须将个体与社会的生活纳入到属于他们自身的原则与实践体系的发展之中。

　　但是,另一方面,由于德国历史学派以如此的方式形成,因此它

---

① 参见贝特朗·巴迪与伯恩鲍姆:《国家社会学》,第210—215页。
② 请特别参见拉尔夫·达伦多夫:《德国的社会与民主》,第198—199页。
③ 参见弗里德里希·迈内克:《近代史中国家理性理念》,第356页。

也就参与了启蒙运动的理想所肇始的德国民族自身意识的构建进程。① 因为它认为如果一个社会的价值得到历史的认可，并且人类将其自身定位于这个社会之中，那么这将使它能够以与时代相适应的方式来思考并采取行动；所以，该流派促进民族情感的形成，促进个体将自己认同到集体之中。因而，历史学派在德国特殊的背景下，深化与激进化启蒙运动的理念，并进而冲破了该运动所鼓吹的普遍主义。从这个角度看来，由于该学派将其重点放置在个体及社会生活不同层面的根本历史特征上，因此它参与了有关现实的历史真实性观念发展进程——这种观念即表现为对现象的非理性、相对主义的研究途径。②

因此，德国学派强调在历史中寻本溯源的重要性，确认历史在决定个体及集体的思想、选择、行动与同一性时所发挥的重要影响，并为下述两种论断进行辩护：如果所作出的决定与所采取的行动是根据历史定位而确立起来的，那么首先，这二者就不是建立在理性建议的基础之上。并且既然所采取的指导方针既没有表达一种客观的或理论上的确实性，也没有建立在这种确定性上，那么它们便只是一种（具体）情势的产物③，并被局限在历史范畴的框架之内。其次，既然某个关于世界的观点并非是某种历史结构的表达与结果，那么我们就不可能理解它；因此，也就不可能向所有人、向每个个人阐明究竟应该如何行为、究竟应该希望什么。而相反，却存在着一种信仰，相信各种立场观点的多样性与独特性这一崇高价值。这种信仰导致了承认各种视角的等价性，无论这些视角是出自个体或是团体，也无

---

① 参见于尔根·哈贝马斯：《政治论：文化、权利和历史》，巴黎，塞尔夫出版社，1990 年，由克里斯蒂安·布辛德姆译自德文，第 11 页和第 231 页。

② 参见雷蒙·阿隆：《历史哲学导言，论历史客观性的局限》，请特别参见第 369—377 页。

③ 参见利奥·斯特劳斯的有关评论：《自然权利与历史》，第 41—42 页。

论它们所关涉的是昨天或是今天的社会和文明。德国历史学派既论证了人类情势的历史真实性的重要性,也论证了(社会)实体的相对性,即任何合理性都不能对其判断并划分等级。

如果说马克斯·韦伯满足于使启蒙运动的普遍主义不朽,以及使他的激进化研究所引起的逆转机制得以永久延续,这是因为他在那时很有可能只是考虑到了文化及观点的多元性,而从没有考虑到会将自己置身于相对主义的危险之中。但是,他却介入了当时德国历史的框架之中,即介入了一种社会环境之中——在这种社会环境中,政治生活无论是在国内层面还是在国际层面上都更多地是一个充满冲突的范畴,而不是一个包容和解的范畴;在这个环境中,不同理念的争论在很大程度上受到了历史学派指导方针的影响。因此,他是以一种不同的方式参与其中的。

尽管韦伯对于他所努力思考的问题给出了非常独到的见解,但是德国独特的文化范畴与趋势逐步增强的实证主义融合在一起,促使他丢弃了社会学的理性主义①,这即是说,拒绝通过从理性的观点上考虑何者为善何者为恶来认识现实。从这个角度来说,他与涂尔干是有区别的:后者作为社会科学理性主义的杰出代表,将客观性与中立性构想为一种简单的方法论的指南,并保持着信念,认为在科学理论和那些人们在行为规范方面所期望的东西之间存在着某种联系。因而,正是这种联系以此种方式将个体与集体观点之间的相对性局限在方法论的范畴之内。然而,该方法论范畴却并不会导致一种绝对的相对主义,它只不过是在社会学作用的构建过程中,准许研究者在涉及未来与社会学的作用时采取一种乐观主义。而当韦伯参与其中时,他所赞成的视角在于将现象与价值分离——这种分离是一种绝对的需要,因此也就无法建立起坚固的堤防抵御相对主义的

---

① 参见雷蒙·阿隆:《历史哲学导言,论历史客观性的局限》,巴黎,加利马尔出版社,1981 年,再版并补充以新篇章,第 375 页。

偏流与膨胀:既然价值哲学体系之间的冲突关系是无法通过表达正义的标准来解决,那么求助于某些作为科学标尺的原则也就称不上是一种更为可信的途径;不同的立场以及它们所引起的对抗,其形式就仿佛众神之间的战争一般:在这些争先恐后的王位觊觎者之中,没有谁可以理智地作出决断。

所以,既然每个人所倚重的真理是无法论证的,于是马克斯·韦伯便认为科学在行为规范方面采取中立态度是一种危害最小的解决方法。这是最好的方式,可以尊重观点的多元性,使得科学知识可以避免与这种意愿密切相连的极端行为——即在武断的价值判断基础上迫使他人同意其主张。① 因此,在排除了这一武断的价值判断之后,科学的目光便不再压迫任何人,也不再屈服于任何人。

因此,论证冲突的不可避免性同时又希望保护科学所带来的认识,这意味着要使科学摆脱掉价值哲学的对立,从而可以对社会现象进行研究。② 所以,既然无法理性地评估(对价值)的需求,那么就要将科学活动与这种需求区别开来,这种关注导致韦伯确信根本就不可能从多种多样的价值体系中推演出等级的观念:根据这种观念,一种选择必须要与正义相一致。

无论韦伯的研究方法具有何种优势,这种方法都使科学分析的地位变得脆弱,并使之暴露于绝对相对主义的巨大困难之下。如果他对科学的信仰并没有同合理性的理性观念③——即不只是一种工具的理性概念联系在一起,那么科学的真理就同那些并不属于科学范畴内的论述一样难以立足。中立性的方法论条文使得研究者在面对相对主义的虚无主义时束手无策,即他们无法反驳这种论断:那些我们所期望的事物必须同其他任何事物一样被我们所接受。认为决

---

① 卡尔－奥托·阿佩尔:《理解与说明,先验主义—实用主义观点》,第8页。
② 同上,第14—15页。
③ 参见雷蒙·阿隆:《历史批判哲学,论德国历史理论》,巴黎,弗兰出版社,1970年再版,第267页。

定的作出是出于偶然性的这一论断使得科学活动成为一种幻灭的求助手段，因为其效用只是偶然的，并且是有争议的，就仿佛具有同样特征的世界一般。显然，这一点对于政治合法性的概念来说产生了巨大的回响。从这个角度来看，政治合法性就无法体现确立权力行使条件的行为规范，既然该条件需要符合真正意义的统治权利。政治合法性被归结为一种信仰，一种理念：根据背景的变化，我们拥有不同的合法性。

我们看到，如果说价值范畴和科学之间的联系构成了启蒙运动构想的特点，那么这种联系同时也开启了一场运动，使得其原则中的普遍主义获得了激进的发展。这场运动从它的方面将理论范畴与实践范畴相分离——这正是韦伯所坚决要求的分裂。这种机制的结果本就应该值得我们的重视，更何况今天利用韦伯式方法论所进行的研究在社会科学的领域中取代了范例所具有的地位：绝大部分的研究者更倾向于赞同韦伯的立场而不是社会学理性主义。因此，对统治权利主题的异议恰恰是拘泥于这种逻辑之中，而这也正是这些异议的弱点所在。

合法性与对解放渴望的悖论

赋予个体解放的价值特别地源自于启蒙运动，并由于法国大革命而得到推广。从 18 世纪末开始，这种价值构成了民主政治的重要迹象与活力之一。它在统治者与被统治者之间的关系中得到了具体化，其后果在于将合法性这一主题推向了前台。然而在一定的时期之后，从某种角度来看，这种将合法性向前推动的方式却表现出一种反向动力。

虽然说政治生活的运行从其根本上被认同为个体解放的概念，即对个体权利的不断尊重及个体权利的不断发展在统治者与被统治者之间合法（性）关系的建立过程中扮演了重要的角色，然而使那些与统治权利密切相连的要求获得满足的条件却是难以实现的。事实上,关于合法性问题发生了视角的重大变化。

与个体解放有关的启蒙运动原则的发展引入了一种激进化机制;在该种机制的框架内,个体不仅具有创始人的地位——因为他们帮助确认了体现正义的政治,而且,他们还必须承担具体的后果。尝试把价值范畴与现实范畴相互联结起来的这一趋势,个体的解放通过现实而得以追求——却注定遭到失败:事实上根本就不可能完全实现那些基本准则。这导致了从法律角度研究社会与政治关系的途径失去了信誉。不仅是那些试图将根本原则付诸实践的制度、即便是权利理念本身都遭到了抛弃。法律范畴被认为是调整人与人之间关系的一种形式;而后者在其本质上就是可批判的,因为它并没有将它被假定可以体现的价值反映到现实中来。法律范畴因此也就失去了可信性。

所以,正是在这个意义上应该特别解释我们从 19 世纪开始看到的、在马克思主义的名义下对这种理念的弃绝:即法律范畴作出了巨大努力,以期有利于社会与政治正义。马克思主义关于个体解放的构想希望可以自成体系。这种构想明显地有别于代议制民主制度所构建的被认为纯粹是形式上的法治国家。在这里,代议制度被用绝对的字眼、并在解放的理想的基础上加以评价,既然解放思想是历史意义的表达及其目的,并需要尽快加以实现。然而,由于客观现实并没有完全实现所指定的目的,因此,常规的法律活动,甚至是整个法律体系都被认为是无效的。个体解放的向往来源于启蒙运动并被马克思主义推至极致,导致了对合法性问题的诋毁。

解放行为者的渴望蕴涵着打翻既有的情势,更何况在现代民主体制的框架内对个体权利以及满足该种权利的必要性的承认是伴随着面对超验性和传统的解放运动而进行的。同时,既然人类共同体有能力自主行动,那么这也就导致了它能够通过这种能力来意识到其自身,并促进个体改变与他们的生存条件和他们在其中演进的环境相关的责任感。这种进程的后果之一就是增强施加在政治机构上的压力,强化他们的合法性的或然性。事实上,在这种新的背景下,个体具有这种情感,认为他们可以在事件的发展进程中发挥作用。进行这种尝试,既是发现他们自己的责任,也是发现属于社会中其他人的责任。

在传统社会中,统治者所负的责任得到了缩减,因为个体在面对神秘的自然时表现出无能为力的情感。从宗教与传统的意义上说——这种意义往往伴随着一种明确的等级范畴,这种情感巩固了统治者的地位,它告诉被统治者,统治者并非无所不能。因此,统治者并非是一贯以来都受到被统治者指责的。但相反,由于现代性公开宣称掌握了世界,个体的权利也被给予了优先性,在现代民主体制内,这也就加强了对政治领导人及其责任的监控。即便他们并不能承担集体所指定给他们的一切,并且人们也承认他们干预事件的权力并非是无限的,这一点也得到了承认,但是领导人却仍必须对他们的决定和行为负起充分的责任,以便于对他们的统治权利的承认问题始终处于悬而未决中。

与现代民主政治的运转相关的责任问题导致了对政治机构合法性问题的思考,更何况在合法性发展的同时,指定给国家承担的任务也在增加。从这个角度来看,国家是可以遭致否认的可选目标。我们并不忽视不同的国家在国家领域内所采取的干预措施是不同的,然而国家的作用是如此的重要,以至于政治机构的强势以及它们承担责任的广泛性也同样构成了它们脆弱性的层面。随着指定给政治机构的任务不断增加,对它们进行批评的数量也在不断增长。各种挑战不断政治化,其增长是与国家承担的服务所伴随的上升曲线成正比的。这种现象也就解释了为何在北美合法性问题并不像在欧洲那样处于更为中心地位,这种解释在部分上是可以接受的。① 在美

① 关于这个问题,还特别地应该补充有关其社会整合方式以及政治争论方式的思考。

国,政治机构的作用在传统上就是受到局限的,因此,合法性问题也就没有引起如同在大西洋这一侧一样的争论。

既然对合法性的或然判断的批判被纳入了现代社会以及社会科学的历史之中,那么为了结束本章以便拥有一个整体的视角来观察该种历史,也就应该论述一下理性化这一主题。

合理化、幻灭与合法性

合理化是启蒙运动理想发展与发生激进化运动的第三个因素;它造成了该种理想的颠覆,并因此导致了对合法性问题贬值与含混的研究。

我们已经知道,启蒙运动的构想相信统一的理性所具有的无穷力量,理论范畴与实践范畴之间存在着的联系是在这一构想中得以进行的。这种统一的理性是通过使个体解脱出那些肤浅与虚假的知识的过程而实现的;该种知识特别地是由传统与宗教来代表的。从这个角度看来,目的在于使个体可以达到以彼岸的目光看待他们自己,看待他们所置身其中的环境,以便使自己摆脱那些与其说他们是掌控倒不如说是承受的偏见。但是,这种机制虽然被认为有利于现象与价值的统一,但却还是产生了相反的效果。

向一个明晰的世界演进——在这个世界中,理论、伦理以及政治认识所取得的成功表明并颂扬现实的理性演进。然而很快它就发现自身的局限性,即相反,这种演进到达了一个幻灭的世界,在这个世界中,建立在科学上的有充分根据的规范是不可能的。启蒙运动的乐观主义让位于从合理化的角度对社会现象的研究,换句话说,就是切断社会现象与理性根基理念的联系。

启蒙运动的原则所引发的认识动力并没有实现其预定目标。社会科学对现实的分析所取得的进展远没有形成一种从理性的角度分析社会问题的研究途径,而且它也断绝了与18世纪时所提出的指导方针之间的联系。在启蒙运动的构想中,研究与学问的逻辑是由理性观念作为指导的。这种逻辑从这种观念中获得其全部意义及其界定。然而,试图以一种总是更为完美、更为深刻的方式实现对社会现象的阐释这一目标却引发了一种情势:在该情势中,那些给予科学活动的、具有解放因子的价值发生了逆转,导致了与最初目标的断裂。科学在面对理性的世界时发生了自治运动。理性化的或然判断代替了对理性的寻找。

尽管对认识的关注从来都没有完全与对解放个体的渴望相分离,但是这种知识的产生却趋向于启动一种自给自足的机制,趋向于解除从前将它与"应该为何"的论述紧密联结在一起的绳结。① 态度与思想,无论是属于个体层面的还是属于集体范畴的,不再通过与规范层次的直接关系来研究。重点在于构建一种具有说服力的描述框架,从而可以分析个体及社会在既定的文化及背景中的演化方式,而不必从理性的角度来对它们进行评价。

这种构建不在于确立那些反映真理的价值,从而可以使个体及社会可以根据该价值自我定位;事实上,这种构建只是关涉到它们究竟是如何行为的。因此,既然所要阐释的现象源自于某些因素,那么我们就只须重新构建这些因素的承继顺序,而不必使自己处于实践的窘困境地——这是与那些只热衷于行动的个体与集体相对应的层次;同时还应拒绝明确地从理性价值的等级出发来分析其研究客体。这种研究途径要求我们求助于这样一种描述社会与政治现实的方式:在其框架内,为了理解世界行为者以实在的方式投身于其所生存的世界中,这种理解方式遭到了诋毁,以便有利于一种排除任何情感的重新构建过程;这种研究途径的重点便在于重新为事件的发展逻辑定位。尽管个体为了证明其行动具有合法性而援引了一些理由,

---

① 参见汉斯·布鲁门伯格(Hans Blumenberg)的有关评论:《近代合法性》,马萨诸塞剑桥,马萨诸塞技术研究所出版社,1983 年,由罗伯特·瓦拉赫(Robert M. Wallace)译自德文,请特别参见第 429—434 页;及雅克·布弗雷斯的有关评论:《理性与犬儒主义》,前引书,第 172—181 页。

但是却根本不存在对该种理由的真正评价。

因此,分析现象即在于以历史作为框架,通过互相依赖的各种因素所构成的网络对现象进行研究。从这个角度来说,阐释工作即在于通过特别关注经济、政治、社会、文化和心理领域来重新勾画出社会中人类生活各个层面的历史轨迹。这种合理化意义上的认知指导方针引发了一种解释螺线,鼓励了与理性相分离的机制。

这种分离首先表现在这一事实上,即对现实的历史分析有可能导致相关的原因与研究途径所涉及的层面层出不穷,这一点吸引了研究者的全部注意力。每一个因素都可以构成所要完成的拼图游戏的一个部件。因而研究者精力的主要部分便集中在资料的累积上:很显然,这将使他们偏离所搜集信息的实践意义。

其后的事实表明,历史视角的构建运动远非将自己局限于某几个研究客体,而是令自身适用于个体生活的全部组成部分。很快,它便也将价值置于自己的掌控之下;然而价值却正是启蒙运动的动力源泉,后者所推动的认知运动也正是在价值的名义下才具有了其合法性。真理与理性的观念正是启蒙运动中人道主义所为之奋斗的目标;而特别地,这种研究途径通过使这二者具有历史真实性,就恰恰将启蒙运动的构想置于危险境地。这种研究途径将价值归结为实在性的内在层面——这只是实在性的剩余部分所具有的普通层面;它剥夺了价值所具有的特权地位,而价值的评判标准及目的标准的同一性正有赖于这种特权地位。因此,通过认识而得以实现的解放现象就转变成这样一种进程:在其框架内,学习首先是使自己脱离自身、脱离世界,从而让一个大大的问号徜徉在重新和解的希望之中。

知识理想的激进化导致了从合理化的角度对现实进行解释,更何况历史研究本身就与理性的或然判断被简单地归结为工具范畴这一事实密不可分。事实上,将事件放置于历史的视角之下暗含着必须在偶然性的光线之下来描述这一事件。如果是这样,那么我们就将引进一个参量,它将表明,这些事件并非是某种必然发展的产物,它们更多地是构成了个体的决定与行动的后果。

现代社会由于掌控了它所生存的环境,因此它意识到了它自己的同一性,并使自己变得越来越为明确起来。在这种运动发生的同时,在社会科学的领域中传播着这样一种论断,即认为不应该对价值进行研究,虽然现象可以通过价值,特别是——如果说不是绝对地——通过将价值联系到规范判断之上而寻找到它自身的意义所在。所以,这更多地是意味着在对价值进行研究时要将精力集中于个体所建立的战略之上。换句话说,目标并不在于通过对价值的有效重视来理解人类的选择与行为范畴,而是在于解释其本身也加入其中的工具性机制。

所以,在马克斯·韦伯看来,这种分析途径回应了从意向性角度对行为的研究。社会学的目的不在于论证何者为善何者为恶,而在于根据个体在其中所演进的背景重新构建行动源头处的个体意向。而对于韦伯而言,他所建立的理论在于以阶级斗争、个体为争夺权力而进行的工具化斗争为出发点,对集体成员之间的关系进行解释;而他却从不清楚地承认他对权利与道德的揭露是建立在价值的基础之上。从这个角度来说,虽然社会问题已经被加以评判,但这种评判却从来没有被明确地加以承认。总之,这种分析在于将理性化置于前台地位,描述人类行为的逻辑,而并不完全进行价值的评判。

我们将会看到,无论那些对合法性概念的批判的目的为何,这些批判都从属于这样的一种体系化的世界观,与社会与行为的演化以及对在现代性的框架内对它们的分析密切相关。

现在我们应该将我们的思考进一步向前推进。我们将使自己立足于之前所建立的因素之上;这意味着需要论断,为了使从合法性的角度对政治现象的解释具有可信性,就必须给予下列问题以令人满意的答案:如何来尊重个人或是集体观点的多元性,同时又不必弃绝统治权利这一主题(统治权利被认为可以代表确定某一事物是否具有合法性的评判标准)? 在何种条件下当我们对冲突进行分析时可以避免所作的选择是出自武断的评判？在一个变化的世界中如何才能够合理地判断，或者说如何既考虑进现实的历史范畴又可以远离相对主义与虚无主义？接下的章节希望可以论证事实上存在着对这些问题的回答，而且合法性的可能性与真实性也有赖于这些回答——换句话说，从正义角度对政治生活的评判有赖于这些回答。

第四章　社会科学、历史
真实性和真理

社会科学阐释其研究对象的历史真实性的方法部分地说明了在对其阐释的过程中陈述合法与否的价值判断是模糊的、甚至是完全被回避的。要想摆脱这种处境，就要屏弃不恰当地阐述社会和政治现象的历史真实性的科学观念，因为它给在统治者与被统治者关系的研究中真实性所具有的地位带来了负面影响。

事实上，如果社会科学不包容判断和价值范畴，主要是因为社会科学所给予的对现象的历史层面的描述表现出关于财富的某种恶念。对社会的科学分析无法结构紧密地论证政治伦理学和统治权利，这是与某种对社会现实历史真实性的不恰当观点相联系的。

这种无能为力可以从三种方式表现出来。第一，对社会的研究严格地遵循自然科学的论证逻辑。在这种情况下，它把所有的社会和政治问题都归于一种并不适应其特征的分析方式中。然而，研究社会、政治问题的特殊性却恰恰是从合法性角度探讨统治者和被统治者关系的条件之一。

第二，某些理论专注于考虑领导者与被领导者之间关系发展的自身历史特征，并致力于使这些特征同科学的要求相一致，如马克思、韦伯以及其他一些他们思想的追随者所创立的理论。这些理论并未更好地尊重其研究对象的历史真实性，特别是它们在舍本逐末的同时又低估了历史真实性的作用。

第三，社会科学无法令人满意地论述政治上善的问题，这也是同其对现代性的理解分不开的。在这种情况下,在对现代社会历史化的自反程序的解释中,对现实的科学描述同对绝对存在的怀旧情绪结合在了一起。因而也就导致了只有在放弃合法性的深刻的批判意义和影响之后,以此为代价,合法性这一主题的中心地位才能获致承认。

社会现象的自然法则论趋向及历史真实性

指出社会科学并没考虑自身研究领域的特殊性,就是强调社会科学虽然建立了一种解释机制,但是该机制却无力阐明社会现象的历史真实性所蕴涵的价值哲学范畴。为了更好地说明这一点,我们将围绕三条主线进行思考:首先我们将提及社会现象的描述,它们总是借鉴自然科学,且总是渴望确定一些规律;其次,我们将审视研究构想的失败,这一失败是与这类研究同社会和政治现象的历史真实性之间存在着差距相联系的。最后,我们将指出正是在这一意图支配下,对实践真实性的关注被抛弃,取而代之的是对方法论方面的唯一关注。

社会科学法则研究的症候群

如果说有一种要素可以象征社会科学从对自然现象的科学研究那里所进行的借鉴的广度的话,那便是探寻法则的意愿,这些法则与那些用于分析自然现象的法则是相同的。这种意愿最终将确定社会科学所具有的对其自身的视角,即对其活动为何与应该为何的视角。①

从这一角度来看,社会学研究的目标在于提出一些法则,其有效

---

① 参看阿拉斯代尔·麦金太尔:《追寻美德:对道德理论的研究》,第88页。

性将通过经验来进行检测,并据此来建立意义广泛的陈述。这一意愿在那些主张科学研究活动的统一性的作者中找到了它最为坚定的捍卫者,继 19 世纪的奥古斯特·孔德(Auguste Comte)和约翰·斯图亚特·密尔(John Stuart Mill)之后[①],在今天处于逻辑经验主义研究领域中的思想家也都在为该论点进行着不懈努力,正如卡尔·波普(Karl Popper)、卡尔·亨佩尔(Karl Hempel)和埃内斯特·纳赫尔(Ernest Nagel)关于科学认识论和方法论的科学研究以多种方式所表明的那样。[②]

以上三位学者认为社会科学的进步是与承认和发展社会科学同自然科学研究之间的相似性相联系的。他们还肯定地指出,尽管这两种研究在各自的概念和技术上存在着差异[③],尽管把研究自然现象的方法运用到某些社会科学领域遇到了许多限制,尤其是在历史学方面[④],但是两种学科的研究方法从总体上来说是类似的。它们同属于一种认识逻辑[⑤]。对社会现象进行科学分析的目标是要从因果联

---

① 参看卡尔-奥托·阿佩尔:《理解和解释》,选自《先验实证主义的判断方法》,第 34 页。

② 参看查尔斯·泰勒:《人文科学》一文,选自《批判》,巴黎,午夜出版社,1980 年 8—9 月,第 399—400 期,第 845—848 页,以及托马斯·麦卡锡的《于尔根·哈贝马斯的批判理论》,第 137—138 页。同时也参考了保罗·韦内的《如何描述历史》,巴黎,塞伊出版社,1979 年,再版,第 108 页。

③ 参看卡尔·波普尔:《历史主义特征》,纽约,哈珀-罗出版社,1969 年,再版,第 141—143 页。

④ 参看卡尔·波普尔:《开放社会及其敌人:恩格斯和马克思》,巴黎,塞伊出版社,1979 年,再版,由安雅克琳娜·贝尔纳尔和菲利普·莫诺自英文译为法文,第 176—177 页,《历史主义特征》,第 143—147 页。还参考了于尔根·哈贝马斯的《社会科学的逻辑与其他评论》,第 38—42 页。

⑤ 参看卡尔·波普尔的《历史主义特征》,尤其是第 130—136 页。

系上来探讨社会现象,并把社会现象归入到构想为解释模式的一般
规律中。因此,社会科学的研究就是从被发现的规律性出发来演绎
现实,即把现象归入假言演绎关系之中。而假言演绎关系推崇一种
预见能力,它确定理论和实践之间的技术性、工具性的关系,并可以
证明对社会现象的研究对集体的益处。

自然法则论研究构想的失败及社会现象的历史真实性

然而,对社会现象进行科学分析的自然法则论愿望却是注定要
失败的。因为事实上,已获得的成果所建立的规律性,它们是不能同
那些从对自然现象的科学分析中所推导出的规律性相提并论的。[①]
这种局限是研究方法选择的必然结果,因为在建立具有普遍性意义
命题的愿望和植根于历史真实之中的研究对象的特殊性之间存在着
一条鸿沟。

事实上,对社会现象进行研究的领域的自身情形也并不适合系
统规律的形成。只要我们反对传统上将理论社会科学和历史社会科
学所进行的割裂,就可以很容易懂得这一点,并会重提波普的理论。[②]
这种割裂确定了理论社会科学的目的是进行各种形式的概括,却不
考虑时间、空间;而历史社会科学则要研究处于某一确切场景下的现
象。然而,这种区分却是应该减弱的。虽然经济学家、社会学家或政
治学家都致力于探寻恒久不变的规律,但是标志着他们研究活动的
形式化程度却也无法掩盖他们自己也要面对属于历史范畴的现实。
所以,应该不要把研究的方向和理想同所澄清的现象的性质相混淆,
也不要下结论,认为后者与历史领域是完全格格不入的。

所有分析社会现象的不同方式都有历史真实性。从它们的主要

---

① 参看安东尼·吉登斯:《社会构成结构理论概述》,第 344—345 页;以及
阿拉斯代尔·麦金太尔:《论品行》,《追寻美德:对道德理论的研究》,
第 88—89 页。

② 参看卡尔·波普尔:《历史主义特征》,第 143 页。

构成要素来看,其研究对象都属于一定的历史范畴。存在于这些研究现象之间的区别属于认识领域而与其存在形式无关。因此,必须反对把历史同其他社会科学分隔开来——这种二分法会促使其他社会学科认为在科学化道路上先进于历史。因为历史学家在实现自然法则论愿望的过程中所遇到的阻障,对在经济学、政治学和社会学的研究领域中寻求法则的作者来说同样是有价值的。这也就是说,之所以无法作出具有普遍意义的陈述,这主要是因为自然法则论构想无法同社会科学现象的历史真实性相适应,特别是无法令人满意地明确揭示价值的作用。

旨在在社会领域中建立有条件的恒定有效的准则的计划,其成功必须以该指针与其历史真实性属性相容为前提。然而显然却并不是这种情形。对于希望总结各自研究领域规律的经济学家、社会学家或政治学家来说,他们的处境同在自然科学领域中发展的科学家是不同的。事实上,不论是在牛顿物理学的严谨的决定论中,还是在现代科研所揭示的相对开放的决定论中①,观察者都可以通过具有无可辩驳的解释能力的陈述了解到各种现象。因此,尽管当今物理学承认在现象的发展过程中是有不可预见的因素存在的,但是这并不能阻止它指出存在着一种偶然性科学,并且该科学也遵守一些可以估算的限制。②

但社会和政治现象则不是这种情况:从这些现象中抽取出的因果关系并不表明一种必然联系。历史决定论的构成要素并不能根据预先规定的条件来预言未来的情形。实际上,社会现象的历史真实性将这些要素归入特殊的情形,而这一特殊的情形却永远不再以同

---

① 参看伊利娅·普里高津(Ilya Prigogine)和伊莎贝尔·斯腾格斯(Isabelle Stengers):《新联盟:科学的变化》,巴黎,加利马尔出版社,1982年,再版,第272—273页。

② 参看勒内·堂为皮埃尔·西蒙·拉普拉斯:《序言——有关或然性的哲学论文》,选自《论文节选续篇》,第22—23页。

样的方式重复出现。因此,将这些要素联系起来的因果关系并不能像物理学理论中那些分成等级的法则那样进行相互解释。[①] 构成社会研究范畴的现象组成了一个纷繁复杂的现实,以至这些现象参与其中的现实决定进程并没有导致一些恒定结果的产生,也没能建立起一些普遍法则。因此更为可取的是不再打算希望把特殊决定作用的因素从全部情况中抽出来。[②]

在历史领域并不存在允许对特定的结果作出持久的和自动的推断的充分条件。人们会发现,在历史领域中没有"先天"的因果关系,而只存在解释个别情形的条件关系。确实,为自己确定基准点的自然理智倾向和遵循科学准则的愿望,这些都促进了对决定性条件体系的研究,以便使各种现象的发展模式都能事先地、确实地建立起来。然而,从对这种决定性理论的关注之中却并不能得出发展模式构成了社会现象的历史范畴的一部分的必然结论。在这种情况下,经验论层面与建立在恒定要素基础上的理智倾向根本就没有任何同时并存的理由。

面对人类现实的动荡性,社会科学所努力建立的法则便呈现出一种支离破碎的情形。同对现象的史书编纂式的简单描述相比,具有普遍意义的规律性似乎向着一种高级知识开启,因为对规律性的抽象目的在于包容广泛的整体,并保证一种不以确定的时空背景为限的解释能力。但是所获得的成果却不是真实的:规律性的不准确性和不确定性是与其延伸成正比的;而它们的有效性领域在实际上也总是不相适应的。[③] 普遍规律由于总是将某种或某些因素分离出来,并且赋予这些因素以决定性因果关系的地位,因此规律便无法解释社会现象的复杂性。因此,比如说我们可以举一个社会变革理论的例子,如果说在某些情况下,社会阶级的存在导致冲突,那么这并

① 参看雷蒙·阿隆:《历史哲学导言:论历史客观性的局限》,第 257 页。
② 参看雷蒙·布东:《无序的位置:社会变革理论批判》,第 77—78 页。
③ 参看雷蒙·阿隆:《历史哲学导言:论历史客观性的局限》,第 352 页。

不意味着所有阶级状况都必然导致对抗关系——如马克思主义所认为的那样。①

统计学可以引导社会科学认为确立普遍性规律是可能的。正是因为统计学的目的是最大限度地利用研究人员所掌握的不完全的信息,因此它就被要求为系统的决定性和规律性的存在作辩护。从这个角度看,例如涂尔干就认为自杀率的稳定性反映了强大集体力量的存在,这种力量同物理—化学能量一样真实,它从外部推动人去做出各种行为,因而有必然的效力使人陷入自我毁灭②。而皮埃尔·布迪厄虽然或是警告人们对统计学资料不要盲从,或是反对在科学借口的形式下使用这些资料③,但是他却在验证理论假设的程序中赋予统计学资料优势地位④。他运用统计学以便阐明某种具有法则价值的、处于要素网络之中的结构性因果关系的重要性⑤,尽管这种因果关系并不明显,它也希望自身不被简约为被布迪厄称之为线形思维的直接决定论的东西⑥。但是,赋予统计学研究的这一作用明显地表现出太多的缺陷,以至于无法使我们信服它具有在社会领域中制定规则的企图。

我们并不否定统计资料对社会学的宝贵支持,但应该承认它并没有切实地为规律的总结作出贡献:事实上,统计资料无法逃脱存在

---

① 参看雷蒙·布东的评论:《无序的位置:社会变革理论批判》,第 195 页。
② 埃米尔·涂尔干:《自杀:社会学研究》,第 348—349 页,也请参见第 345 页。
③ 参看皮埃尔·布迪厄,让－克劳德·尚博勒东(Jean－Claude Chamboredon)和让－克劳德·帕斯龙(Jean－Claude Passeron):《社会学家的职业:认识论序言》,巴黎,穆东出版社,1980 年,再版,第 23 页。
④ 同上,第 91—92 页。
⑤ 皮埃尔·布迪厄:《区分:判断的社会批判》,第 119 页。
⑥ 同上,第 545 页。此处出现有关假设结构原因的概念是雷蒙·布东的附条件法律的变形。《无序的位置:社会变革理论的批判》,第 23 页和第 106—107 页。

于将恒定原因分离出来的必要性和社会与政治现象的历史现实之间的矛盾。而在对自然的研究中,与研究对象特性有关的不确定性会随着观察对象数量的增加而减少,至少自然科学的地位没有显著地受到历史真实性特点的影响①,而且上述的不确定性也使统计资料的运用具有决定性意义,但为在社会领域制定普遍性的规律而对统计资料的运用在以下两个难题上受挫。

首先,统计资料认识不到偶然性的重要作用。它低估了不同来源的规定性的复杂性。这种错综复杂不断地融入于现实的结构变动中,因此使人们无法预先描述出影响事件进程的各种特征。当观察者从总体角度对社会现象的历史形成提出疑问,并通过使用统计工具来阐释那些并不能即刻被察觉的东西时,他就假定存在着一种内在决定论,而统计工具的任务便在于从宏观的角度对该决定论作出解释和表述。观察者忘记或不愿意回想起社会及政治现象可能会源于某些要素:这些要素与其所置身其中的背景并非毫不相干,并且由于它们属于不同的序列,并借助于不同的情况,以无法预见的方式影响着事物的进程,因此便具有了偶然因果关系的价值。

被观察到的因素当然是非常确定的,但它们却并不是法则的表达。此外,即使承认赋予大量数字的证明力并非是建立在虚假的构建和概括的基础之上(由于对数字的人为操纵②),决定论自身也可能成为资料堆砌的结果。诚然,从这一观点来分析,在宏观领域中所论及的现象证明了一种其自身的协调一致性并未简化成偶然性的发

---

① 参看罗伯特·曼加贝拉·昂格尔:《社会理论:它的地位与任务》,《政治批判导言,结构社会理论研究》,第 187—191 页;以及弗朗索瓦·雅各布(François Jacob):《可能性游戏:论有生命东西的多样性》,巴黎,法亚尔出版社,1981 年出版,第 59—61 页。

② 参看大卫·哈克特·菲舍尔(David Hackett Fischer)引用的例子:《历史学家的谬见》,即《关于历史学理论的逻辑》,纽约,哈珀－罗出版社,1970 年,第 104—124 页。

展过程。但这却不能消除偶然性的影响。因此,历史变革有时就不是发生在一种内生的体系中,而是产生于一种与过去的一切毫无关联的革新,或产生于某种打破长期以来所形成的均衡状态的外生因素。① 我们可以观察到,尽管研究法则的人员总是本能地关注整体效用,但在社会现象领域中,事件的历史真实性却排斥以简单的过程来代表这些事件,而统计学却是这一过程的组成部分。必然性并非现实性,与其说统计学填补了偶然性原因的空白,不如说它根本就将它忽视。

其次,统计资料的运用有一个严重不足,就是它以漫画的手法来反映个体的作用。统计资料是在行为者行为的整体化层次上来揭示他们的影响和意义的。而以个案的形式对个体活动的考虑只是在很偶然的情况下才会进入因果关系的动力中。因而,从这个角度来看,统计资料所给予给个体行为的动机并不符合这些行为的真实情形。因此,统计资料给行为者所指定的位置重又回到说明,行为者虽然参与到了某个历史洪流之中,但后者却是与其在这个世界上所处的独特周边环境毫不相关。但是个体却不会任凭被限制于统计资料为其所设定的功能之中。

个体并非是被动的主体,其行动因而也只是在其总体范围内才具有可靠性和有意义的影响。事实上,是个体自身引导着事件的发展进程。他们是偶然性的来源。他们的行为并不只是外部的和先前的原因的简单结果,因为它也是某些显示出深思熟虑的决定的结果,而这种深思熟虑是不可忽视的。在变成现实的同时,这些决定还导入了一些多少难以预见的新因素,这不仅仅是因为不可能完全预见这些决定的延伸,而且还因为有时候行为者的战略便在于希望其目标在别人的眼中是模糊不清的。② 每个个体都在某个个体生活空间

---

① 参看弗朗索瓦·菲雷:《历史中量的因素》;雅克·勒高夫和皮埃尔·诺拉:《历史的演变:新问题》,第46页。

② 参看阿拉斯代尔·麦金太尔:《论品行:道德理论研究》,第104页。

中行为,而社会活动领域的运行正依存于这个空间。如果没有了个体在这个世界上所处的周边环境所构成的支撑,那么人类活动领域的运行,即该领域的连续和变革,都将无法进行。

统计资料所表现出的对个体在现实历史发展中的作用的否认,是在历史—社会领域中建立具有普遍意义的规律性的愿望的特有特点。为了得出恒量,必须要尽量缩小、甚至取消那些抵御形式化的特殊性所表现出的中肯性。因此从这个角度就很容易理解为什么要回避个体参与现实的广泛性。尽管如此,在确立人类社会各种规律的意愿和这些规律的具体化之间仍存在着距离。个体在社会和政治现象构成的历史真实性领域中的作用阻碍了社会科学先验规律的制定。

而只要指定给社会科学的工作计划无力分析在人类的态度中,进而在社会现象的发展中属于价值的位置,那么,个体就越发会构成构建规律性意愿的阻碍。

人类行为中的价值和法则的研究

意愿是行为人行为的起因,但它们又不仅仅是主观动机的表达。的确,个体行为总是同某些目标相对应的,这些目标旨在确立一种个体在其中能够自我认同、并且赋予自己的行为以某种意义的存在。但是这种意向性机制只有在进入到并且也与主体间范畴妥协后才能成立。而主体间范畴,作为社会推动力,同样也促进了个体的身份认同以及他们同现实之间所维系的关系的形成。从这个角度出发,个体对于其置身于中并体现其构想的环境的认知就需要对集体的约束力进行重视:在既定背景下,集体约束力勾勒出可能性的行为。在社会的各个行为领域中,至少是当人们同某一相对稳定和协调的组织打交道时,这些约束力都确定出了集体的技术界限和文化范围,以及每个个体所占据的位置。

集体约束力也决定意义领域,该领域表现为向共同体诠释内在与外在世界特性的方式,并且通过不同等级的选择来给各种行为打上自己的烙印。换句话说,个体行为是在集体范围内得以具体化,个体行为虽具有动力的特性,但这种动力却不是独立于现行规则而存在的。个体在价值哲学作为他们同他人或事物关系的基准和指引向导的世界里发展。就是在这个框架之内,个体行为才有了意义,并且对各类事件发生影响,因而为社会历史作出贡献。

此外,社会科学虽然选择了研究法则,但它却无法分析这种个体行为的结构以及该结构所包含的内容。它的目标和与之相伴随的方法论上的偏见,是与通过个体活动和规范层面在该活动中所扮演的角色而予以阐明的社会现象的历史真实性不相符的。这种不足以两种方式表现出来。

首先是与因果关系的解释方法有关,探寻法则的社会科学总是求助于它。这种解释方法主要是从外部因素角度来关注个体。它忽视了个体行为的意向性,因而也忽略了在个人行为发展中起作用的意义和价值领域。旨在探寻恒久有效规律的社会现象研究把行为人的行为同可以凭经验观察的连续事件相提并论,因而便使自己沉浸在一种没有考虑到或多或少地被承认的个体意愿和这些意愿同价值哲学之间联系的因果关系的概念之中。这种研究只是简单地以原因和结果的机械术语来分析活动。①

然而,这种因果关系的阐述概念并无令人惊奇之处。事实上,价值范畴仍停留于阐述自然现象的分析类型。由于试图把实际经验过度地形式化,社会现象的研究方式不仅在偶然性问题上受挫,而且也会遇到下面的困难:由于价值的多样性及多变性,很难使它成为非常确定的研究对象,并且更不容易与以分析自然现象相同的方式来揭

---

① 参看皮埃尔·伯恩鲍姆有关行为主义的评注:《政治的终结》,巴黎,塞伊出版社,1983 年,再版,增加了一篇后记,第 19—20 页。请同时参看吉勒–加斯顿·格兰杰(Gilles – Gaston Granger):《文体哲学论文》,巴黎,奥迪尔·雅各布出版社,1988 年,再版,第 119 页。

示价值的真理。① 一些研究人员不正视也不寻求解决个体行为结构的特殊性所造成的问题,而是通过发展因果研究来试图回避阻碍,而不考虑个体行为相对于自然现象所具有的自身特点。

这种对行为者行为的因果解释其实既是在社会学领域中采用源自对自然进行分析的认知方式的必然结果,也是采用该种方式的工具。这种借鉴过程只能排除对价值的或然判断的切实考虑。② 这也就是在个体行为中因而在历史现象的产生中价值作用不足的第二个表现形式。事实上,如果人们把知识范例与对自然现象作出科学解释的规划等同起来,人们就会拒绝承认价值所特有的属性,就如同拒绝承认它在社会现象的历史真实性中的作用一样。③ 社会科学的研究人员并不抛弃认识他们所赞同的现实的有效模式,只是在这里他们倾向于相信价值同科学合理性的标准不相符,因此不可能就社会价值提出见解。由此就导致了约束的解除,甚至是真正的价值哲学的缄默。价值在个体行为发展中的地位,或更广泛地说,在历史现象产生过程中的地位被牺牲在科学祭坛上。

这种约束的解除说明了当有关分析不完全放弃对价值哲学的参考时,它就将对此作出处理,这一处理不打算对个人行为所表达的价值作出裁定。由于有关分析限于罗列人类信仰,并试图通过把人类信仰归入其中的解释模式来阐明人类信仰的发展历程,因此,至少在

---

① 参看托马斯·麦卡锡:《于尔根·哈贝马斯的批判理论》,第155—157页,及吉勒－加斯顿·格兰杰《人类科学中因果关系的逻辑和实用主义》,选自论文集《符号逻辑,科学和哲学》,巴黎,科学研究国家中心出版社,1978年版,第141—142页。

② 参看查尔斯·泰勒:《善的多样性》,由阿马蒂亚·森和贝尔纳德·威廉姆斯编辑,即《功利主义和超功利主义》,剑桥,剑桥大学出版社和社会学学院出版社,1988年,再版,第129页。

③ 参看查尔斯·泰勒:《公正和善》,选自《形而上学和道德杂志》,巴黎,A. 科兰出版社,1988年2—3月,第一期,原文是英文,由P. 康斯坦丁诺翻译为法文,第50页。

理论上,这些分析对人类信仰发表赞同或是反对的意见。这样,我们就看到了真理观念的移位:认识的目的不是确定个体在价值层面的思考和行为的方式,而是描述人们怎样存在于世界中,并不试图对人们的行为作出价值评价。与这种研究导向相伴而存在的是对方法论的更大关注。对知识形成方式的重视占据了重要位置,在其优势形成的同时,将对价值领域的或然判断进行整合的分析类型排除在外。

我们并不否认有必要遵循一些方法论准则,但是方法论的滥用及其所采取的形式在此是与拒绝对社会现象进行评价相关联的。如果研究活动只限于陈述现象而不做任何表态,那么这种研究就使得有效性程序在某种可靠认识形成过程中起了决定性的控制作用。此外,这种研究活动坚持这样的论断而认为某一命题的可靠性取决于它满足科学逻辑检验程序的能力。对实在性的确切推论排除价值判断,并只限于对事件作简单的清点,而方法论机制的任务就是评判它是否忠于事实,是否符合科学性的各项要求。

因此,分析政治领域运作的真实性声称对善的观念不感兴趣。它表现为一种描述,这种描述符合被科学认可的、并构成可以对个人信仰和个人行为进行中立叙述的方法论条件。这样便将真的概念认同为表达和确定人们依据科学的方法所能够确切认识东西的验证程序的积极结果。如果除去实践方面的原因,对检验程序的重视及在理论创立过程中为其保留的地位就明确表明并证实了价值不合理性的观念。

这样,选择这一观点的作者在整合什么是在权利上有根据的和什么是在权利上没有根据的思考的同时,使自己拒绝审视在统治者与被统治者之间存在的关系。因此,政治正义问题和制度合法性问题并没有被真正提出。对合法性的真正理解——通过分析以在历史共同体框架内对责任、利益分配、权利和义务评价标准等主题予以重视的研究为基础的统治者与被统治者之间关系的组织方式——被排斥,并被置于科学思想的禁忌之中。

这些思考都表明了自然法则论的愿望——今天社会科学的一大

部分仍屈服于它——是怎样表现出一种对社会现象历史真实性的错误的诠释。它导致无力以令人满意的方式来探讨价值以及合法性的或然判断。但是对人类现象的历史真实性予以否认的第二种类型，其本身就是以阻碍恰当地提出合法性问题为结果的。

历史科学、权利与合法性

某些社会理论在分析社会和政治现象的同时，力求尊重这些现象的历史范畴特征。然而，具体地说，这些理论对之分析的方式，是与其对统治权利的概念予以思考的方式相同的——这种思考违背了处于统治权利基础地位的理念。这正是马克思和韦伯历史研究的情况。在这方面，他们的研究具有象征性和典范性。尽管这两种研究运用了十分不同的方法来分析现象的历史真实性，但两者皆力图使它们的历史观同正义和权利思想一致起来。但是他们却都各自以自己的方式拥有了一套历史观，这种历史观妨碍了他们以令人满意的方式来探讨价值问题。这样，他们就可能把合法性问题简约为合法律性问题。不过，如果不对这两个层面加以区分，那么评价和判断统治权利的理性基础的可能性就将消失。

马克思理论中面对科学和历史意义的合法性问题

马克思对社会及政治现象的研究更注重分析历史事实的特性而非纯粹的"唯科学主义"的研究。这并不意味着它与之泾渭分明。某些因素证明了两者之间存在着许多交汇点。对自然作科学阐述的吸引力无疑促使马克思为了经验分析法而放弃了传统的哲学分析法。尽管大量借鉴英国政治经济学使马克思对个体主义方法论十分敏感①，尽管他的博学使他不可能不知道现实的丰富已超出他力图从中

---

① 参看雷蒙·布东的评注：《无序的位置：社会变革理论批判》，第78页。

汲取的理论范围,但是他仍明显深受自然科学的影响,以至于认为特别是社会学不仅能够不考虑行为者的动机,而且也不必考虑个体和个体的主观性。

虽然与自然科学之间存在着相似之处,但是马克思对探询历史所服从的法则的关注并不是要排除价值层面的参与,相反却是与之密不可分的。马克思除了收集关于现实的技术性和具体的材料外,由于他将认识理解为解放,因此还受到该种关注的导引。对真与善的认识及其实现应该是一致的。但是马克思对历史范畴的构想方式使他无法理解社会现象的历史真实性。由此可知,尽管他接受了价值哲学范畴,解决了社会和政治的正义问题,但是他的解决合法性问题的愿望却都通向了失败。

为了更好地理解这一过程,应该阐述一下马克思的历史学理论。马克思的理论研究努力总结同自然科学研究所说明的法则相似的法则。从这一点看,马克思的尝试试图揭示某一事件突然发生的原因以及此事件重现所需要的因素的要素。无论如何,这些附有条件的规则并不是马克思阐明历史发展动力所运用的唯一方式。在他的理论中,解释现象的愿望是同由唯一的经验科学标准所确定的认识程序不相符的。因为他将自己放置在一个更广阔的视角中,该视角试图把历史规律的局域化特性连接在从整体上将历史囊括在内的法则之上。这涉及到将人类历史当作一个整体进行构想。[1]

因此,在《资本论》[2]第一卷中的某些文章的目标就在于严谨地定义一些政治经济学基本概念,如商品、交换、价值、资本、剩余价值、剩余价值率、绝对剩余价值、相对剩余价值和工资等。这些概念的确立导致了自然法则论的规定性,以便分析某一特定时期事件的关系。

---

[1]　参看米歇尔·亨利(Michel Henry):《马克思》,第一卷,《现实哲学》,巴黎,加利马尔出版社,1976 年版,第 199—203 页。

[2]　参看卡尔·马克思:《资本论》,巴黎社会出版社,共三卷,1969 年,再版,原文为德文,由约瑟夫·罗伊翻译为法文,由作者校对。

这特别是支配剩余价值和劳动力价值之间重大关系变化的三大规律的情形。① 但是如果读者认识不到这三大规律是同各种总体意义上的历史发展机制密不可分的——如资产阶级和无产阶级的形成以及两大阶级之间的对立关系，认识不到这三大规律旨在阐明某种社会组织体系(当前是资本主义)的产生、存在、发展和消亡，以及解释它会被另一种高级形式——共产主义，即人类成就的归宿——所取代，那么他将无法理解这三大规律的真正含义。

因此，马克思便应用了一种事件的历史真实性理论，在这一理论中，经验规律性的真实性寓于对现象的发展进程的目的论理解之中，科学预见融于历史的预言之中。其目的便在于陈述那种将是未来整体发展方向和内容的东西。马克思主义并不是在严格的实证主义范围内确立规律，而是通过把有条件的规律性同绝对法则结合起来②，因而使自己站在历史的整体哲学的角度看问题。马克思正是用此种方法来重新分析社会和政治正义问题，并想找出最终解决方案。然而，马克思在捍卫历史决定论——该理论认为善必然到来——的观点的同时，认为正是由于历史决定论使得善必然来到，也为人类事务范围内的真的问题提出了教条主义的解决方法。因而，解决正义及制度合法性问题的方式走进了死胡同。

事实上，马克思所提出的历史真实性的理解方式将一种僵化的规定性形式导入可悲的结果之中。这种理解并未如实地描述事件的发展，特别是在事件的产生方式和它们接续交替顺序的现实层面上③，以及在有关偶然性及个体作用的问题上。这也就是《资本论》的作者及其拥护者要歪曲某些信息以力图保护其世界观的可信性的

---

① 马克思：《资本论》第二卷，第 197 页。

② 参看雷蒙·布东：《无序的位置：社会变革理论批判》，第 222 页。

③ 参看罗伯特·曼加贝拉·昂格尔的评注：《社会理论：它的地位与任务》，第 91—92 页，第 100—101 页，第 111—112 页和第 114 页。

理由。①

　　另外,马克思主义的预言在现实中表现为对社会及政治正义问题的专制对待。卡尔·马克思认为某种整体历史意义是存在的,并且也是一定能够实现的,他为研究历史找到一个理由。他认为未来被作了悄无声息的安排以产生善。在他看来,个体在行为时并不了解他们所参与的历史真实性的最终历史意义。在这种情况下,事实和价值被视为同一。马克思主义在重新分析了黑格尔有关历史发展的学说体系并为其披上了科学魅力的外衣之后,便选择了一种道德的内在合理性。这种合理性抛弃了善能够通过个体之间的争论而得以确立的观点。确切地说,马克思主义所面对的历史中正义概念的重大困难正在于此:它导致摧毁了促进正义实现的愿望。

　　这里显然并不是要否认《资本论》的作者想要改善人类命运的愿望,也不是要否认他为此付出的巨大努力和表现出的敏锐洞察力。马克思为之战斗的人们一贯所遭受到的受排斥地位能够引导他愿意为他们提供有信心的科学保证,并使他认为政治斗争的方式必然会提出对真理和武力进行垄断的要求。尽管马克思尽极大努力去证明这种观点,但他只得出相反的结果:他一方面宣称阐明应该为何是必要的,另一方面又把个体置于一个微妙的位置,在那里保留给个体的思想和行动的空间有限,并且充满重大危险。人们确信获得了真理并认为不论如何真理都会实现,他们有如下选择:他们能够自愿地与历史合作,遵从历史,或者尝试着在事件达其目的之前改变其进程,而这样会冒很大风险。

　　既然正义的观念属于一种完全确定的动力,那么正义就不是通过在一场真正的辩论中所获致的同意而得以实现的。相反,存在着一种源自于所谓的历史真理掌握者的垄断逻辑,以至于不仅实在的对话没有被纳入善的构建程序之中,而且它还与这些程序发生冲突。

———————————

① 　参看雷蒙·布东:《无序的位置:社会变革理论批判》,第141—142页。

如果确信能直接接触到历史普遍真理，那么即便是一场名符其实的讨论也都是没有意义的了，并且这种确信也包含着这种论断，即分歧是没有任何根基的。分歧是一种异常，这就涉及到将之改正并使之重归理性：如果需要，可以使用武力而为之。

在这样的社会中，怎能宽容不同意见的表达或疑惑的产生呢？换句话说，由于马克思主义的历史观采取完美科学的视角，因此便使对批判的运用失去了信誉。因而，这种立场在法律领域中所获致的结果也就毫无惊人之处了。

所以，如果从涵盖整个历史过程的僵化的决定论角度来解释现象，那么既然权利被理解为是在建立对人类事务的政治管理进行最为独立的评估的条件，这也就导致了权利被排除在外。

当政府机构和统治者倚赖这种世界观时，他们就不可能遭到否定，他们所力图传递的历史信息也就不会受到质疑。历史真实性的运动被认为是真的载体，这种真的决定性特征便必然要求对国家法律的绝对服从，因为国家是历史真理的解释者，并且作为解释者，它也确保了其自身只是其工具与仆从。这种试图体现历史意义的觊觎拒绝承认个体具有对源自革命机构的法律陈述的进行批判的能力。既然这些革命机构是必然符合理性的，那么质疑他们的合法性就没有存在的必要。同时，如果政治现实同历史总体的目的性相一致，那么政治现实便无可避免地被视为是符合理性的，因而合法性和合法律性之间便毫无差距。此外，我们也应注意到，保持合法性和合法律性之间的距离是对统治者履行其责任方式提出质疑的最主要因素。如果没有这种差距，个体面对官方的权力便失去了所有的手段。

将统治权利简约为法律使人们受到更多的剥夺，而这与三个程序是分不开的。

第一，权利和道德被纳入资产阶级民主中它们所适用的限定性规定中，而这正是它们遭受整体批判的原因。从这一观点出发，司法程序被确立用来保护个体存在的权益，但没有被赋予最重要的地位。

事实上,重要的是同旨在实现全人类幸福的历史相一致,而这一历史并不顾及个体生活中可能会出现的种种不幸。①

第二,这会使人对目的和手段之间的关系提出疑问,以至于历史目标的绝对性倾向于允许任何手段的使用,只要能够为最高目标作出贡献。这种方针从 1917 年俄国十月革命以及以马克思主义为指导的政治制度起,被赋予了普世主义的意义。为了在敌对的环境中占优势,共产党人选择了无情的实践方式,并把它纳入无产阶级专政的逻辑体系,而历史性的目的论企图为这种逻辑辩护。

第三,实现善——甚至权利观念本身都在此名义下失去了信誉②——的空想最终只能建立一个噩梦般的、精神分裂症似的世界,在这一世界中,全人类的解放以及历史终极目的的实现只存在于统治者病态的、腐朽的幻想中。

然而,我们还应该指出马克思主义理论并非是唯一误入教条主义歧途——即将合法性严格地认同为合法律性的理论。教条主义的危险在于把统治权利和合法律性视为同一,而只要掌权者采取专制主义方针,单方面确定何为正确,并不惜一切代价强迫大家接受,上述危险就会出现。这一危险涉及到所有这样的政治制度:这些政治制度利用左派或右派的意识形态来确定其最终目标,而无论该目标是与种族、民族还是与无产阶级有关,其优越性都要求个体权利必须要有步骤地放弃与官方的路线之间的相互区别。③

从历史整体必要性的名义出发把法律融入政治之中,这显然只

---

① 参看史蒂文·卢克斯:《马克思主义和伦理学》,第 61—66 页。

② 参看哈罗德·J. 伯曼:《苏联的司法》中总结的苏联法学家 E. B. 帕祖卡尼的观点。《苏联法律阐释》,剑桥,哈佛大学出版社,1982 年,再版,修改,第 26—29 页;以及路易·萨拉-莫兰:《法律,源于何种权利?》,巴黎,弗拉马里翁出版社,1977 年版,第 149—160 页。

③ 参看让-马克·费里(Jean-Marc Trigeaud):《双面的个体或公正》,热那亚,文化评论室出版社,1990 年版,第 119 页。

损害那些反对代表权力的统治机构的人,而并不牵扯到控制国家的领袖。他们并不是合法性的囚徒:他们根据个体情绪或一时的迫切需要实施、改变和违反法律。事实上,他们认为与真理所保持的联系可以使他们在公众面前为自己辩护。另外,也可以解释为什么他们通过个人崇拜而升至上帝所恩赐的和先知所具有的象征性地位。作为历史的声音,他们被认为表达了一种非专制的意愿,因为严格地说,这种意愿并非是人类的。

由于被认为表述了历史规律,并确保其得到遵循,因此他们能够凌驾于人类规律之上。

他们被视为历史计划的工具,而普通人是无法意识到历史的,然而统治者意识到、并帮助历史计划的实现。当然,所要遵循的方针越是反常,越是需要有不会犯错的领导人。正是这种神话构成历史意义的虚构空间,而历史意义所允许的各种方式使得合法律性问题得以解决。

也就是说,当对领袖的崇拜之情崩溃或人们不再相信领袖和历史之间的特殊关系的,社会整个结构就会坍塌。而备受欢迎或广为接纳的目的论历史观瞬间就会变得滑稽和令人无法接受。

马克思主义的历史真实性理论围绕着实现历史进程的梦想展开。尽管这种理想支持其他一些观点,但它在马克思主义中形成一种无于伦比的信仰力量。事实上,在马克思主义著作中,一方面历史必然性理论是在实施科学研究的理性主义框架中发展起来的,而科学研究的智慧深度会衍生出一种恒久印象。另一方面,其论据集中于论述解放的构想。这种论证的依据是建立在与自由、与资产阶级权利中重压在自由之上的威胁相关联的思考之上,因而这些分析的洞察力是不容被完全忽视的。① 此外,马克思主义并未恰当地考虑人类现象的历史真实性。这就给合法性与法律的关系带来了可悲后

---

① 　参看史蒂文·卢克斯:《马克思主义和伦理学》,第149页。

果。马克思主义理论在致力于研究政治、社会和经济分化的完全消失，以及善的绝对实现的同时，却与不断发展的历史的运作背道而驰。

它达到了一种自相矛盾的情形，在这种情形中，由于现实和理想之间距离的消除合乎愿望但却从未实现，这就使得无法独立地对领导者的统治权利提出质疑。也就是说，这样的研究发展方向不承认合法律性和合法性在历史发展动力核心中的位置。

马克斯·韦伯希望避免的恰好正是这种历史性独断主义所造成的困难。然而，他的历史学带来新的问题，同样也阻碍了一种真正的政治正义思想的形成。

韦伯历史学理论中的合法性问题

韦伯并未为历史明确地指明某些已知的、必然的目标。他并不否认借鉴了历史唯物论，特别是在对资本主义的认识中，但他却并不认为事件的发展是在一个整体构想之内。① 这种信念主要表现在否认存在着一种普遍的目标等级，这是韦伯著作的中心观点。

马克斯·韦伯认为历史进程实际上并没有一种普遍的必然性形式。由于他认为人被引导去在不相调和的价值之间进行选择，因此他坚持这样的论断，即认为个体与文化是相互对立的，个体不可能以合乎理性的方式在各种观点之中作出决断，也不可能确定他们参与其中的历史会沿着一个预先确定的方向发展。因此没人能说明为什么要为集体的部分或是整体的利益而牺牲某个个体或团体的利益。目的的基本不确定性导致了公共利益的概念不具备任何严格的规定性。韦伯还认为科学无能力规定个体应该生活方式，也无能力教给社会应该如何自我组织，更无能力确定地告诉人类它的未来，当然也

---

① 参看菲利普·雷诺：《马克斯·韦伯和现代理性的两难境地》，第52—53页。

无能力证明未来革命的必定到来。

这种有关最终目的和价值的含糊不清,必然在科学实践层面反映出来。科学实践的目的既不是支持也不是指明存在着一种历史的必然方向。韦伯的理想类型范畴是放弃总体和目的性的最有力表现之一。事实上,马克斯·韦伯所确定的社会科学任务在于使人理解信仰和个人行为体系,确定各种现象发生的顺序。为了从因果关系上解释现实,同时用让人理解的方式来阐明它,韦伯将历史与社会学结合起来。韦伯认为历史的目标在于阐明引发某一事件的各种前兆以及解释被赋予了文化意义的个人的行为、结构及存在方式。而社会学则在于致力于进行经验论事实在其中占有一定位置的普遍分类。

韦伯承认并在这两个领域之间建立了一致和互补的关系。[①] 他的理想类型概念正是建立在此基础上。

一种理想类型是通过单方面强调某一或某些观点,或者是把大量无关联、分散、隐蔽且数目不确定的既定事件连接在一起而获得的一种知识构建。研究者对这些事件进行整理以建构一个思想一致的体系。[②] 这种理想类型尽管构想得完美无缺,但从未与现实相符合。它只是一种乌托邦,研究者在面对它时,其任务也就在于确立在每种特殊情况下现实与之是接近的还是远离的。[③] 在这方面,理想类型意味着对思辨幻想的批判,这种思辨幻想就在于推演出存在于理论之中的经验论范畴,并将之纳入到历史终结的逻辑之中。因而,这种理想类型就只是对事实的一种部分掌握,这种部分的掌握给予了他所建立的理解方式与因果关系以一种不完整的、难以确定的特性。所以这种理想模式也就只是一种启发性工具,而各种现象的多样性和

---

① 参看马克斯·韦伯:《经济与社会:解释社会学概论》,第19—20页。
② 参看马克斯·韦伯:《社会科学和社会政治学的"客观性"》一文,即《社会学方法论》,第90页。
③ 同上,第90页。

复杂性却并未简化为这种工具。

另外,需要补充的是,理想类型的概念还证明了韦伯的社会学同马克思的社会学并不冲突,就像静态分析和动态分析不矛盾一样。韦伯并不想证明一些社会发展的历史必然性,例如中世纪向资本主义社会的发展过程,他只是十分肯定创立关于发展的理想模式的可能性。[1] 在此基础上,他想通过比较历史现实和理想类型来扩展对社会的认识及其变化。因此,韦伯认为现代资本主义并不是某些被解释清楚和仔细限定的历史进程的必然产物。它是许多因素造成的非常偶然的结果。

简单地说,理想类型并不涉及隐藏的实体,也不表达历史的目的性特征。因此,将韦伯的历史观和马克思主义的研究区分开来的关键既不在于社会学分析的内容也不在于科学概念[2]的地位。借助于理想类型概念,马克斯·韦伯努力保持认识和存在之间的距离。他排除了一种经验论的标准解释,而这种解释是根据应然的存在来评价实际的存在。只要目的性问题仍未解决,科学从本质上讲就绝不可能促进结束事实的不确定性。[3]

在韦伯的科学实践中,对价值判断和价值关系的区分又一次表明最终目的和价值的不确定性。韦伯把价值判断和价值反映概念作为拯救科学有效性手段的引入。他希望借助它们战胜与价值不合理性相关的困难,并希望它们所代表的领域不会陷入死胡同。[4]

韦伯认为,价值判断是一种极其重要的精神肯定,也是一种与个

---

① 参看马克斯·韦伯:《社会科学和社会政治学的"客观性"》一文,即《社会学方法论》,第 101 页。

② 同上,第 103—106 页。

③ 参看雷蒙·阿隆:《社会学思想的各阶段》,选自《孟德斯鸠、孔德、马克思、托克维尔、涂尔干、帕累托、韦伯》,第 503 页。

④ 同上,第 506—507 页。

体关系密切、而其他人并不一定要对其赞同的表态。① 韦伯认为每个人都有权把某种东西认作价值，并可以或者不惜一切地去维护它，或者把它从属于、让位于另一种不同的观点。这种价值判断将被认为是个体基本的权利，而对于其他人则毫无重要意义。例如，某些人坚持决不在人人平等问题上让步，而另一些则认为这一原则不仅并不重要，而且也违背自然法则并会带来不良后果。

根据韦伯的逻辑，价值判断是个体的、主观的，因此它从不是在科学上可证明的真理的表现形式。科学就特定目的而言具有普遍有效性，因此每次科学被用来研究包含价值哲学范畴的对象时总会遇到困难。

马克斯·韦伯为解决这一困难而提出的解决方案是从科学实践中排除价值判断，并主张科学是对价值的"报道"。② 他所使用的方法论是一个选择和组织的客观程序。③ 因此，比如说我们可以举同样例子，韦伯认为，社会学家应该承认平等观念是与个体一直争论并意见冲突的领域相一致的。因此，社会学家不能在这些争论中表明立场，只能如实地报道，并把争论归类，以便使平等观念成为有助于社会学家安排有待分析的现实领域的工具。

既然对平等的概念来说是真的东西，那么对自由或者其他任何价值来说也就同样是真的东西。因此，韦伯希望避免陷入无休止的讨论之中，也不想研究必然牵扯到价值哲学的问题。

人们意识到对价值的报道是诠释文化科学机制中关键的程序，区分价值判断和对价值进行报道的目的在于在保护科学活动的可能性的同时，解决目的的不确定性问题。但是如果说理想类型概念的运用和对价值报道观念的求助可以使韦伯不会跌入马克思历史观所

① 参看马克斯·韦伯:《文化学逻辑的批判研究》，选自《社会学方法论》，第 150 页。

② 同上，第 21 页。

③ 同上，第 22 页。

面临的陷阱,那也并不是说韦伯的历史学就不会造成同样严重的困难。

由于拒绝将现实认同为对不可避免的历史发展方向进行揭示的理性,韦伯的研究无疑地摆脱了马克思所开创的对历史解释的教条主义。然而,韦伯的理论却朝相反的方向发展。尽管不是以专制方式裁定何为善,但它无法很好地阐述历史学中价值哲学的观点。韦伯想摆出对人类现象进行客观陈述而不作任何评论的样子,所以他只是研究历史事件中间接或以不明显形式表现出的价值问题。除了与价值哲学隔离不符合个体的实际体验这一事实以外,这种原则上断裂的不可克服性会给一个试图解释真理的学者带来阻碍。此外,韦伯想不进行任何评价判断来解释人类思想、行为中的意向性和含义,所以他不能抵御蛮族的胜利。① 因为不承认价值哲学等级的这种现实——这意味着同价值拉开距离——就禁止了对这些价值之中的某些价值进行有利的批判,并在针对其他价值时对其进行维护。

有关价值中立的观点在韦伯的理论中构成了一种程序,它在表明同价值哲学的隔离的同时,又想成为一种保护观点多样性的机制。另外,正是由于马克斯·韦伯特别赋予给科学活动一个尊重观点多样性的使命,因而价值中立成为他的理论核心。然而,韦伯并不重视研究中立的科学陈述要求的团体价值,而中立原则从宽容逻辑为基础,但韦伯的研究却不可能保护价值哲学的导向,而价值哲学主张人与人之间、文化与文化之间的和解。由于韦伯并未明确地将中立原则同人道主义相联系,而实际上如果没有人道主义则中立原则是不可想象的,所以韦伯把中立原则归结为一种压力的形式主义,没有任何阻止暴力价值的实际能力。

韦伯的历史观体现出对科学活动的有保留的义务及与之相伴而

---

① 参看雷蒙·阿隆:《社会学思想的各阶段》,即《孟德斯鸠、孔德、马克思、托克维尔、涂尔干、帕累托、韦伯》,第 570 页。

生的科学真理观点。韦伯的历史观同他认定的科学在合理性讨论中
的地位和作用相一致。这种历史观无视作为其主要支撑点的价值，
而把历史的发展认为是人类对真理及其历史真实性的逐渐掌握。这
种历史发展同对价值哲学因素的怀疑是相伴而行的，这种怀疑在现
代社会达到顶点。因此，韦伯关于中立性的解释以及引起的幻想破
灭同法律领域关于法律实证主义的发展及在现代社会建立作为合法
性标准的法律秩序等问题相呼应。

　　马克斯·韦伯拒绝把具体的历史简化为普遍性的科学规律，但
这并不等于排除观察历史的整体视角。按照他的方式，他既想同时
考虑普遍性的历史，又想解释西方社会未来发展的特殊性。在这一
基础上，他认为社会发展虽不是必然的，但却并不就因此是任意的，
他把理性化进程推到了历史发展的中心地位。这种进程既是韦伯的
研究对象，也是他用来解释事件发展的纲要。① 要想弄懂它，就应该
以韦伯对活动形式的分类为出发点。

　　马克斯·韦伯并不否认这一分类可以继续完善和丰富，这是因
为它同某些无法将现实汲取干净的理想类型相符合。② 因此，他提出
了四种逻辑完全不同的活动形式。③

　　第一，相对于目的的合理性活动，其目标在于有效性，并必须以
探讨手段与目的之间的某种协调关系为前提；

　　第二，相对于价值的合理性活动，与前相反，它要求价值哲学层
面的绝对优先，无论它是伦理学、美学还是宗教方面的表达，价值哲
学层面的东西都对行为起决定作用，不管结果如何；

　　第三，情感行为，它由即时的意识状态、既定环境中个体的心情
或情感的反应而决定；

---

① 参看于尔根·哈贝马斯：《交往行为理论》第一卷，《理性和社会的理性
　　化》，第 166 页。
② 马克斯·韦伯：《经济与社会：解释社会学概论》，第 26 页。
③ 同上，第 24—26 页。

第四,传统活动,由习惯、风俗和信仰支配,它在于遵从在长期实践中扎根的反射。

如果研究人员把这四种活动形式扩展到整个历史进程中,他会发现许多不同的关于世界运行和外在表现的体系,包括大量概念以及在个体与现实、个体与个体之间关系中的可能的安排。

韦伯指出,事实上,根据这一理想特性的分类,被研究的情势和社会经常是四种活动形式的结合,但程度有所不同——即便是一种形式优于其他的。此外,某种活动形式的优势地位并不必然排除在未来时间里其他暂居其后的形式异军突起。

但是,韦伯也认为行为的合理化同行为能力的正常发展相一致。[①] 他在肯定这种类型学的普遍价值的同时,不是仅仅考虑它的方法论问题,还主张这种类型学包含动力因素。这就意味着合理化是社会活动的逻辑结果,通过社会活动的运行,合理化逐渐确定下来。

这就是韦伯极力想提请大家注意的地方,他提到如果某行为要上升为活动,个体必须把它赋予某种主观意义。韦伯把社会活动描写成根据个体确立的意义,依靠他人行为形成的,并且社会活动的发展方向同他人行为有关。[②]

如此看来,由目的确定的合理行为如同由价值确定的合理行为一样完全具有韦伯提出的活动观点的特性。因为它们尽管各自的方式不同,但同样都表现出一种有意识的思考与意向的特征。相反,传统的和情感的行动,由于是无意义的,所以很难被列入严格意义上的活动领域。它们位于活动和简单的可观察出的规律性的边界之间。[③]因此不必奇怪韦伯会认为个体关系的自然发展如同他们同现实冲突的自然发展一样,必然会促进机械反应向考虑周到的、有意义的活动的过渡。韦伯相信个体在面临他们所遇到时能够主动行事,因此他

① 　马克斯·韦伯《经济与社会:解释社会学概论》,第30页。
② 　同上,第4页。
③ 　同上,第25页。

引导他们摆脱传统和情感的压力,并且越来越多地由他们自己思考。

据此,社会活动的合理化的优势地位逐渐增强,但这将对个人的责任和自律的要求混为一谈。此外,尽管合理性的束缚到处存在,但只是在西方社会,特别是在资本主义社会里,这种束缚才被推向极端。[1]

然而这一过程并不能保障个体的实际解放。事实上,马克斯·韦伯诠释了一个可自主行为的个体的理想模式,以及理性化进程对该种理想模式的贡献。他是通过把这二者同其发展所处的合理性的背景相剥离来诠释的。

首先,韦伯在承认自主概念意味着承认个体有能力决定其行为目的的同时,认为这种决定能力并不表示为一种自由地遵从普遍规律的意愿。选择某一价值体系从最终意义上讲是随意的、偶然的。因此个体的自主在合理地决定行为的和目的性时是独立于客观的或实际的原因的。

其次,合理化过程必然涉及到每个人类经验范畴和每个价值哲学整体,但它首先影响的是行为的形式以及世界观的内部一致性。[2]因此,合理化过程很难同纯粹手段合理性发展相区分,而后者是由手段和目的关系的日益增强的作用决定的,价值不介入这两者之间的关系。也就是说,合理化过程最终将反过来反对自主,并将起初是决定的东西转变为命运。[3]

由于马克斯·韦伯所描述的合理化运动力求与可能被完全接受

---

① 参看于尔根·哈贝马斯:《作为"意识形态"的技术和科学》,第32—33页。

② 参看于尔根·哈贝马斯的评论:《交往行为理论》第一卷,《理性和社会的理性化》,第254页。

③ 参看马克斯·韦伯:《新教伦理和资本主义精神》,巴黎,普龙出版社,1976年,再版,由雅克·夏维从德文译为法文,例如第249页中写道:"清教徒希望自己是个贫困的人——而我们是被迫做一个贫困的人。"

的价值哲学的深植与思考分离开来,因此它是一种并不能由此就可以确保个体解放的现代化进程。排除将这一进程建立在价值之上,以及这种排除在留给个体的回旋余地中导致了负面影响,这二者也表现在韦伯有关政治统治和权利的社会学理论中。

韦伯的政治思想的核心是合法的统治权问题。从逻辑上讲,合法性意义上的权力关系的理想类型的名单应该是同活动形式的普遍性分类相一致的。但是,就像雷蒙·阿隆指出的那样①,这份清单只列出了三种纯粹的合法权力类型,但却存在四种活动形式。马克斯·韦伯认为政治合法性可以具有如下特别性②:首先,它有其合理性的一面,这种特点的基础是对制定的规则合法性的确信,以及对统治者有权发布命令的确信。其次,政治合法性有其传统性,这一点是建立在赋予给古老传统的神圣感,以及倚赖古老传统进行指挥的个体所享有的认可之上。最后,政治合法性的另一个特点是伟人效应,即对某个人物的特殊或模范品质的崇拜,和对该人物制定或主张的典范或规范命令的虔信。

根据这一分类,很容易观察出这两种类型学的不吻合在于缺少某种权力关系,而这种关系可能是价值理性行为的等同物。

因此而产生的问题同价值理性活动与统治之间的特殊关系有关。③ 这证明了韦伯对把政治建立在超验性标准基础上所作的尝试的怀疑。他的确承认价值合理性在确定政治领域绝对有效和不受负面影响的程度的同时,有可能会在历史解放中扮演重要角色。④ 韦伯

---

① 雷蒙·阿隆:《社会学思想阶段:孟德斯鸠,孔德,马克思,托克维尔,涂尔干,帕累托,韦伯》,第558页。

② 马克斯·韦伯:《经济与社会:解释社会学概论》,第215—216页。

③ 关于这个问题,我们参考了菲利普·雷诺的解释:《马克斯·韦伯和现代理性的两难境地》,第161—163页。

④ 参看马克斯·韦伯:《经济与社会:解释社会学概论》,第33页和第36页。

在指出价值合理性并不局限于某一特定的历史阶段的同时,承认它
特别是作为受普遍主义启发的政治活动的论据,并且它在某些条件
下成为统治者行为权力的物质限制原则,这并非仅仅是形式上的而
已。特别是在自然权利方面①,韦伯提出自然权利是建立在价值合理
性基础上的合法性的最纯粹的形式②,也是同一于一种严格信仰伦理
学的基督教观念的最纯粹的表现形式。③　然而,这并不能妨碍韦伯相
信在社会领域推广价值的普遍性必须会最终失败。这种观点从两个
方面表现出来。

　　一方面,如果价值观的选择并不能缓和价值冲突达到某种妥协,
并且如果价值观选择想完全支配政治领域,并消除政治领域中统治
行为和统治影响的两难境地,那么这种价值观选择只会沦为空想。
它是在把请求权体系绝对化的基础上产生的,并且无视政治秩序自
身的稳定性。因而,价值观选择只是自欺欺人和愚弄民众,例如,它
的依据是想在宗教道德基础上确立一种统治方式或它的目标是从产
生于启蒙思想的政治理性主义角度来重建一个和谐的社会。④　这种
价值观选择会使人们错误地相信可以消除政治活动的特点,可以打
破政治统治并实现社会的大和谐。⑤　更糟糕的是,这种价值观选择成
为一个危险的骗局:它远没有促进暴力的消失,它所导致的绝对主义
不承认存在着不同的社会制度,不同意在确立一种适应社会制度多

① 马克斯·韦伯:《经济与社会:解释社会学概论》,第 867 页。
② 同上,第 37 页。
③ 马克斯·韦伯:《政治家的职业和使命》,选自《学者与政治》,第 178
页。
④ 马克斯·韦伯在《经济与社会:解释社会学概论》中引述人权,认为它
们是对极端理性主义狂热追随的反映,第 6 页。
⑤ 参看马克斯·韦伯于 1908 年 8 月 4 日在《在致罗伯特·米歇尔的信》
中所写道的:"所有结束人统治人现象的企图,即使是通过最世故的
'民主'形式,都是空想。"这段文字被沃尔夫冈·J. 莫姆森援引:《马克
斯·韦伯和 1890—1920 年的德国政治学》,第 394 页。

样性的道德观念时必须尊重这种差异。① 因而这种绝对主义不考虑其施行会造成的后果。它的逻辑体系主张目标证明手段。它导致求助于暴力的螺旋发展和加剧状况的产生。

另一方面,除此之外,追求不同价值体系的普遍性会造成它们之间的不调和关系,并且导致冲突。这种情形的发展会引起冲突的不断增加,导致超政治的公理失去威信,而理想主义者却都希望政治生活行为能够遵从这些公理。因此自其中产生的对价值的怀疑论就有利于纯工具性的推广,这种推广所进行的活动因而也就转向实现某些被认为是有别于价值所确定的规定性的目标。

尽管价值合理性在历史中有不可忽视的重要作用,但在马克斯·韦伯看来,严格地说却并不构成严格意义上合法统治形式。价值合理性并不尊重政治活动的特点。它不能避免暴力,尽管它大加谴责,但也无法普遍实现它所渴望的东西。

因此必须弄清楚韦伯的权利社会学,特别是合法律性问题在现代社会中所占据的位置。法律实证主义以及韦伯赋予它的作用,不免使人想起在权利领域中科学方法论及认识论的中立地位。的确,韦伯试图解决政治行为的矛盾以及把人们从暴力中解放出来。在他看来,暴力产生于价值合理性或信仰伦理学的执拗的实施。然而,他的分析的不足是同有关科学的中立性的缺陷相一致的。

韦伯的权利社会学分析了法律领域的合理化现象,从其上天所恩赐的方面——在此种情况下是被揭露的也因而是不合理性的,一直到特别是由那些推理严密的规则和在现代社会中不断发展的程序技术性所表达的合理性特征。因此,对自然权利现今发展的研究就成了一个必然选择。

最初自然权利有利于个体解放,因为它减少了个体对统治者的

---

① 马克斯·韦伯:《政治家的职业和使命》,选自《学者与政治》,第 176—177 页。

依附性：自然权利限制了判断的专横，并且破坏了专制权力的基础。自然权利推动了立法理性主义、甚至是习惯法的发展，并也同时逐步地摧毁了不同形式的特权，但是相应地，它也促进了抽象规范的发展，并方便了社会的官僚性机制的形成。此外，在政治现代化之初，民主和自由原则只是以模糊形式出现，并且这种模糊性也不断加剧。当法律面前人人平等的观念从行政机构那里获得了合理性的、形式的客观性时，那些贫苦大众不断地要求适当的干涉以保护他们的利益或使他们的物质状况同富足阶级的物质状况相协调。在某种程度上，自然权利的发展逐渐整合了这些实体正义要求。但是韦伯却认为社会主义在此方面构成了一个决定性的断裂。社会主义特别认为所有权源于个体劳动而不是源于继承、垄断或合同，它提出了末世哲学的观点，并对形式权利进行批判，因为正是形式权利造成了其自身与实体权利之间的难以逾越的鸿沟。这一断裂是不可能被跨越的，这也就促成了所有有关自然权利的超法律公理的崩溃，并最终导致了自然权利的自我毁灭。

此外，韦伯认为，对价值基础作用的信仰在现代性中被消除，更何况奥古斯特·孔德的发展理论、机体发展的历史学理论以及国家权力和利益的现实主义理论都促使了它失去影响力。①

不论如何，现代政治的命运因此被决定。尽管价值是法律规则的源泉，但是对价值的怀疑论则排除了被作为防止领导人滥权行为的护栏的自然权利的观念。因此不再可能借助于优越的价值来反对简便的实践。这样，自然权利的解体就同扩大工具合理性和强调对合法律性权力的有效服从密不可分了。② 这种合法律性的权力无需引用最高原则来为自己的存在地位辩护。只要政治机构赋予他们的选择和行为以法律的形式，那么这些选择和行为也就具有了权利的

---

① 马克斯·韦伯：《经济与社会：解释社会学概论》，第874页。

② 同上，第875页。

特征。换句话说,人们也就亲眼目睹了将政治理性认同为合法律性,将合法性简约为法律。

韦伯以此阐明法律实证主义的胜利,并赞同把法律秩序构建成为一切具有合法性事务的最高评判标准的运动,然而他并不认为因此就要放弃公正的必然要求。恰恰相反,他认为价值是不合理性的,使之相互对立的冲突也是无法解决的,并也促成了暴力的发生。因此,把价值哲学排除在人为法(或译作"实体法学",指后天创设的法律——译者注)之外是保持个体之间和解与合作的可能性的一个方式。借助于把合法性与期望自身与价值相分离的合法律性理念看作相似的法律观念,人们可以防止各种不可调和的要求之间的对抗所导致的危险。

顺便指出,很难否认这种发展方向本身正表明了一种价值哲学的介入。希望避免暴力统治不受控制,就要选择力求最大限度地限制暴力的价值。此外,这也正是韦伯对真正的政治家的期望:把信仰伦理融入到责任伦理中,这就等于赋予责任伦理以优越的地位,因为它关注它所引起的行动的结果①,这样真正的政治家就会推行一些客观的决定。这些客观决定并不只是为了达到某一目的而无视价值哲学领域去建立某些适合的技术手段;相反地,它们会预先考虑政治活动中的价值因素。② 也就是说,只要形式权利承载着最小限度的价值因素,它就能因此而抵抗只以价值名义运作的政治所带来的危险。

但是,马克斯·韦伯非常强调价值哲学体系的不合理性和不可调和性。因此在他的著作中很少阐述形式权利被赋予的作用。所以,该种作用还只是处于萌芽状态,以至于无法构成取代关于价值不合理性及不可调和性论断的一种坚实的选择。因此,法律实证主义成为韦伯对科学方法论中所应用的中立性所作出的解释的工具,但是在此条件下,它维护宽容的理想的能力是非常有限的。

----

① 马克斯·韦伯:《政治家的职业和使命》,选自《学者与政治》,第 172 页。

② 同上,第 183 页。

事实上,真正的政治家的伦理观要求他必须合理地为自己行为的最高动机和可能的结果负责。因此,这种伦理观便与野蛮的暴力截然相反。同样,韦伯认为维护政治自由和人类尊严完全取决于自现代解放运动中继承而来的制度和实践的继续存在,比如,法治国家对统治者的监控以及对政治存在的公开。同样,不容置疑的是韦伯对现代性政治理性主义的批判并不伴随着对强权政治的完全服从。[1] 它主要反对的是把政治神圣化的观点,而这也是韦伯理论中的一个矛盾之处。[2] 因为从另一个角度来看,韦伯无法思考出那些可以使他对宽容的关注成为可能的要素以及对民主的坚定捍卫。他没能对作为民主基础的价值进行令人满意的分析,同时,他也拒绝从理性角度来维护扎根于价值中的政治选择。

如果价值哲学功能从总体上失去影响,那么人为法也就不能成为实践性真理的表现。具体来说,人为法将无力对抗政治领域的欺骗手段,因为它本身正是被利用的因素之一。马克斯·韦伯并未从价值角度分析人为法,是因为希望避免信仰政治学中的习惯作法,他认为实证主义可以缓和为了利益而可能产生的背叛和侵占。同这些危险相比,法律实证主义不能求助于作为合理底基的、并因此可以揭露应受指责行为的价值观。

如果国家掌握着对合法使用暴力的垄断,并且该种垄断也并没有受到被当作目标的原则与标准的限制,那么权利也就无法用其真实存在来对抗暴力了。

因此人们可以发现被统治者可以运用的救助手段是如此不堪一击。它仅仅在于期望有足够的幸运来由真正尊重人类尊严的政治家来统治。

如果说韦伯对法律实证主义的赞同使他避免了马克思主义所面

---

[1] 马克斯·韦伯:《政治家的职业和使命》,选自《学者与政治》,第 165 页。

[2] 同上,第 180—181 页。

临的危险,即把具有合法性的法律等同于革命合理性,那么他的赞同可能会导致不容忽视的缺陷。韦伯一心希望避免唯物主义的死胡同和其恐怖主义的衍生物,所以他顽固地坚持不把现代人为法根植于对实践理性更深入、更一致的分析之中。这样他创立了一种法律实证主义观念,但这一观念却无法为宽容的民主理想的实现提供充分的保障。法律如果同某一社会成员所承认的价值不相适应,那么即便是它被制定颁布也无法获得该社会成员的遵守。

此外,应该指出的是如果具备现代性的形式权利并不包含任何价值哲学的内容,那么这将是一个明显的错误,即将后果误认为原因。难道人们意识不到形式权利必须融入一个统治体系中,而这一体系自身必须从整体上被赋予合法性,以便使合乎法律性被认作是合法性的一个标志吗?

最后,有必要提出"价值对权利的规定性"问题,以便防止权利被简化为可任意改变或违反的工具。因此应该明确指出权利在一定环境下、一定时期内表达并推动了那些体现出真理和公正的准则。此外,它也只是构成了司法活动的一种模拟。

换句话说,如果统治权利被认为属于实体范围的某个独立的程序,并根据制定的规则的合法律性来进行评价,那么合法律性和合法性之间的差距将逐渐消除。而允许以批判的眼光看待政治现实的合法性的或然判断也将趋于消失。法律实证主义最终一定会带来韦伯所希望避免的情况,尽管他努力以非教条主义的方式来分析政治生活:即在遵从合法律性的幌子下,将会产生领导者不受处罚、而被统治者受到奴役的危险。

由于权利观念并未给合理性的判断提供条件,因此无论它是否与政治有关都失去了意义。韦伯在法律实证主义中得出的这一观念同他对价值关系概念与价值判断概念所作的区分完全一致,而价值关系概念从科学角度是可以接受的,但价值判断则是难以接受的。韦伯的这一理论也同他对合法思想的属性研究相符合,他将合法性定义为一种简单的信仰。在科学、司法和政治领域,我们可以发现韦伯拒绝确立价值基础的有效性的现象。

尽管韦伯的人道主义使他没有陷入对价值的完全漠视,但他的人为法观点却难以防止法律可能遭受的专制运用。① 这种情况之所以会被觉察出来,同时也是由于他关于合法性的程序特征与在政治活动中不可避免存在着某种程度暴力因素的论断,以及他关于宪政议会国家同公民投票的领导阶层的共存具有理性基础与关于旨在使民主的主要原则服从于国家政权利益的论断。② 的确,我们不应该低估这些论据在其中产生的学术氛围的影响。我们也不应该低估当时在德国出现的激进的民众与秩序的支持者之间的冲突的意义。

无论如何,这些情况都不应该导致令人忽视韦伯倾向于用合法律性来衡量合法性所证明的后果的严重性。这正是卡尔·施密特(Carl Schmitt)的著作中所表明的。尽管施密特的理论具有折中主义的特点,并存在着同韦伯论断的不同之处,但是它仍与韦伯的论断保持着某种相继关系。施密特发展了政治理论理论,这可能是受到了他的这位学长关于法律有形式能力创建合法地位的观点的鼓舞。③

合法性和合法律性:从马克斯·韦伯到卡尔·施密特

无疑地,马克斯·韦伯是为了他所处的时代在德国存在的民主制度而斗争。④ 尽管如此,他的思想同施密特的思想并非毫无关联之

---

① 参看沃尔夫冈·J. 莫姆森:《马克斯·韦伯和 1890—1920 年的德国政治学》,第 409—410 页。

② 同上,第 410 页。

③ 参看沃尔夫冈·J. 莫姆森:《马克斯·韦伯和 1890—1920 年的德国政治学》,第 382—383 页,注释 156,以及第 404—405 页。

④ 参看马克斯·韦伯:《经济与社会》的附录 Ⅱ《重建德国的议会和政府(为有关官僚和党派政治的政治评论作出贡献)》;《解释社会学概论》,第 1383—1384 页。

处。尽管不一定要像朱利安·弗洛伊德那样认定卡尔·施密特是韦伯的弟子①,但也必须承认施密特从马克斯·韦伯诠释合法性的前提中得出了他激进的结论。施密特的思考主要在于把这些前提推向极限。由此,他的研究促进了确立一种将决定的不合理性和偶然性构建成为政治自主性原则的观点。而政治自主性被认为是对政治生活进行理性主义管理的反命题,是唯有国家意志才可作为的真理的表达。施密特在某些方面发展了马克斯·韦伯的论点,首先是关于民主制度中法律形式主义及其所具有的确认合法性能力的观念。要理解这些,就应该重提,韦伯认为建立在自然权利基础上的民主形式是不可实现的,并从中推断出合法性和对民主规则的遵守并不是建立在基本价值的基础上,因为法律可能会成为这些基本价值的信号和宣传的工具。相反地,合法性及对民主规则的遵守有赖于它们与国家机构的规章及已颁布法律的程序相一致。② 此外,正因为马克斯·韦伯如此重视在形式上承认这些政治行为,所以他把官僚运作描写为法律机制最纯粹的形式。因此,他认为,如果一个民主体制的行政管理在技术上并不先进,那么在该民主体制与官僚制度之间的冲突就是建立在法律的形式主义和其关注在实际上实现价值的二元性的基础之上。③

因而韦伯宣称,他确信在由基本价值组成的、并确保其权利前景的合理性范畴基础上建立现代民主是不可能的。从这一观点来分析,民主体制的形式条文主义将肯定会把合法性内具有伦理特性的限定排除。对法律不公正运用的观点也将因此而逐渐失去影响。事

---

① 朱利安·弗洛伊德为卡尔·施密特:《政治概念——信徒理论》,巴黎,卡尔马纳-雷维出版社,1972 年版,由玛丽-路易丝·斯登豪泽译成法文,原著为德文,第15—16 页,注释2。

② 参看沃尔夫冈·J. 莫姆森:《马克斯·韦伯和1890—1920 年的德国政治学》,第402—403 页。

③ 同上,第404 页。

实上,为了使法律被宣布为有效,它无需具有理性依据,而应该满足一些程序要素。这种观点使我们走上合法政治活动决定论的道路。而卡尔·施密特正担负起了发展这种理论的使命。

韦伯认为,民主的合法律性并非是建立在以必然的方式确定合法性条件的价值哲学的层面上,这个事实就很容易使人把国家描述成为一个实体,它根据自己的利益而选择所期望的或所不期望的东西。卡尔·施密特只需无视韦伯那些有利于实践的合理性和真正的政治的论据——这特别是他(韦伯)为反对政治上的官僚思想和态度所作出的批判①以及对自由和民主改革提出建议的情况②——并利用韦伯思考的模棱两可性,就可以使国家机关的统治权力高于一切的思想自由发展了。③

因此在施密特1932年春天所著的《合法律性和合法性》一书中,他抨击了韦伯对形式法律合法性的推崇。他强调这种思想会导致一种对宪法研究的在价值哲学层面上中立的途径,这样将不利于捍卫魏玛共和国。④ 但是同时施密特却又利用韦伯的这一思想来证明立

---

① 参看马克斯·韦伯:《经济与社会:解释社会学概论》,附录Ⅱ《重建的德国的议会和政府(为有关官僚和党派政治的政治评论作出贡献)》,第1417页和第1438页。

② 同上,第1403页,第1419—1420页,第1426—1427页,第1439—1440页和第1461—1462页。

③ 参看约瑟夫·W.边杰尔斯基(Joseph W. Bendersky)的评注:《卡尔·施密特:德意志帝国的理论家》,普林斯顿,普林斯顿大学出版社,1983年,第10—11页;乔治·施瓦布(George Schwab)的评注:《政治学理论》,《主权论四章》,剑桥,马萨诸塞技术研究院出版社,1985年出版,由乔治·施瓦布译为英文,原文是德文,第12页。

④ 卡尔·施密特:《合法律性与合法性》,慕尼黑和莱比锡,敦刻和汉伯洛出版社,1932年版,第14页。同时,也参看了沃尔夫冈·J.莫姆森的评注:《马克斯·韦伯和1890—1920年的德国政治学》,第386页。

法议会体制的道德根基已经失去了所有使其具有合法性的能力。①
根据这种情况,施密特认为重要的是要承认修正政治理论和实践的
必然性,以便抵制自由主义及其造成的不良影响,同时促进国家力量
的再生。

也就是说,他甚至一边在揭露马克斯·韦伯对形式条文主义的
赞同,一边又利用它来超越它并论证国家的优势地位。从这一观点
出发,他建立了一种"国家高于法律"的理论,这一理论是直接从对议
会制精神基础的批判中演绎而出的,并以要求获得建立在理性基础
上的权利的政治思想为目标。在政治领域,秩序和稳定的必要性远
比其他方面重要得多。

我们发现,施密特在《合法律性和合法性》中表达的保护共和国、
抵御极端主义党派,如纳粹党或共产党的威胁的愿望,源自对保卫国
家的关注。② 他思想方法中的反议会制的和专制的意义和影响使其
陷入了反动的环境,这一环境易于使他的民主理想在德国蒙受耻辱,
并使之成为自己的掘墓人。

卡尔·施密特的思想延续了韦伯的论证,这一事实同样表现在
关于享有特殊威信的政治人物和全民公决程序的主题上。

马克斯·韦伯认为建立在信仰法律形式主义基础上的证明统治
具有合法性的方式没有传统的和享有特殊威信的合法性类型那么有吸
引力,即使从概念上它们是相同的。事实上,法律合法性包含一个几乎
无法调动群众热情的抽象范围。此外,法律合法性不只是相对有限地
保障了机构的稳定性,而且还有它们的活力。这样,法律合法性同对社

---

① 卡尔·施密特:《第二版序言(1926):论议会制和民主的矛盾》,选自
《议会民主的批判》,剑桥,马萨诸塞技术研究院出版社,1985 年版,由
艾伦·肯尼迪译成英文,原文是德文,第 8 页,第 20—21 页和第 49—50
页。

② 参看约瑟夫·W. 边杰尔斯基:《卡尔·施密特:德意志帝国的理论
家》,第 149 页。

会的官僚管理的结合使它很难创造出真正的政治境界高的领导人。

这就是为什么当建立魏玛体制问题被提出时,韦伯希望法律合法性不是它的唯一基础。① 根据这种思想,接着他旨在把议会制国家价值中立的形式主义同保留君主政体结合起来的构想失败后②,他便为使形式法律像它在议会和官僚机构中所体现的那样,和帝国总统相联姻的制度进行辩护。③

在这两种合法性方式的合作中,天平明显倾向于总统一方。实际上,建立直接选举总统的全民投票机制会导致总统比议会及行政机构更具有影响力量。④ 因此,韦伯的目标是要使新的共和国机构良好地运转起来。但问题就在于在承认议会和行政程序优越性的同时确保国家元首有足够的行动余地,以不致沦为政党和行政机构的玩偶,尽管他要向议会和民众负责。由于产生了由人民委任的帝国元首,韦伯希望国家事务的管理中注入激情并促使使命感的产生。

卡尔·施密特借鉴了韦伯关于总统职权的理论,并把其发展到极致。他放弃了马克斯·韦伯提出的宪法保障,即依靠宪法来确保总统能够在一个融合了议会背景下履行自己领袖的角色。事实上,马克斯·韦伯的观点是把共和制建立在议会和一个由普选产生的国家元首基础上,而施密特忽视议会,只接受国家元首作为合法性形式。⑤ 他利用国家元首来贬低议会和议会中党派的威望。在他看来,重要的是要阻止不同压力集团的行动,因为它们会破坏国家的统一,损害国家的政治存在。事实上,这些压力集团仅仅是竞争对手,它们并不在一个敌友划分的框架中相互对立;而这种划分却正是政治的

---

① 参看沃尔夫冈·J. 莫姆森:《马克斯·韦伯和 1890—1920 年的德国政治学》,第 386—387 页。
② 同上,第 291—293 页。
③ 同上,第 385—386 页。
④ 同上,第 339—341 页和第 345 页。
⑤ 同上,第 386 页。

本质,因为卡尔·施密特认为,国家在决定性情况下强制推行其意志、行使统治权力的能力正基于此。① 卡尔·施密特希望帝国元首作为享有特殊威信的领袖成为政治整合的推动者,保护国家免受自私的地方主义危害的工具,即将之描述成为保卫德国人民全体一致认同的魏玛宪法的手段。

施密特从韦伯的总统理论出发,把国家元首的形象定位为人民政治意志的代表人物,以反对多党制。引导施密特的这一运动也由于这一事实而变得易于实现,即韦伯法律形式主义的论断是同他对民主的形式理解相联系的。这一理解以对民主制度的功能性证明为必然结果。正是从这一观点出发,韦伯对议会民主制度的主要目的性是实现现代自然权利理想的观念提出了质疑——这些理想关系到个体的实体要求以及人民的最高权力。② 韦伯的这一异议表现在他确信合理化的历史进程以及价值的不合理性上,即同样也表现在他的政治社会学研究上,这一研究使他相信自由民主原则的阶级性。③他不仅认为不可能避免政治生活的精英管理,而且认为自由民主实际上限制了政治党派的参与。④ 此外,自由民主除了赋予这种参与从技术上监督官僚机构的任务外,还赋予了这种参与选择真正政治领袖的使命,显然议会无力令人满意地完成这一任务,这便促使施密特那样的作家去反对议会制,并使他坚信只有依靠一位拥有最大权力、享有特殊威望的领袖才能拯救一切。

此外,韦伯不认为全民选举的总统应作为议会的执行机构。确切地说,他认为总统应该引导议会的意志,以使他个人对有益于国家的东西作出解释。正是因为总统有能力赢得议会和人民的支持,所

---

① 卡尔·施密特:《政治概念——信徒理论》,第 86 页。
② 参看沃尔夫冈·J. 莫姆森的评注:《马克斯·韦伯和 1890—1920 年的德国政治学》,第 393—396 页。
③ 同上,第 394 页。
④ 同上,第 398 页。

以他才向他们负责。①

正是这一观点被施密特利用来确立关于享有特殊威信的领袖人物的理论。

施密特把韦伯的论据阐述成为极权主义，这是韦伯没有设想到的，并且他也一定不会同意。这种阐述使得施密特让权利服从于政治斗争的需要，即考虑到保持和巩固国家权力所体现的优先地位，确认掌权机构最终决定的即是合法的。然而这两个作者之间的前后演变关系不应该使人们认为他们具有特殊的思想同一性。他们的思想扎根于某一确定的历史环境，是当时社会状况的反映。施密特认为，权利本身并不能解决权力合法性以及政治正义的问题，而这一观点来源于当时在国内国外魏玛体制所陷入的危机。② 正是如此，施密特认为，权利被假设所努力进行的调解事业——无论是以无价值哲学基础的实证权利的形式，以社会及与其相伴随的对个体保护的自由主义概念的形式，还是以通过抽象的规范对国际生活进行管理的形式，都促使了国家被削弱。他强调指出，推动权利发展的和解观念在其总体上会掩盖个人利益，个体利益利用这种和解观念以实现善的名义从而实现其自身目的。同时，由于政治是建立在冲突逻辑的基础之上③，和解将因此而遭致失败。

施密特列举了极端紧张的局势来表明，在国内和国际间的政治关系中，权利绝不是缔造者。只有力量对比才是最重要的。他肯定地认为，政治活动的框架并不是某个共同体范畴，在其内部建立起一致、妥协的关系，并由法律进行组织。在政治活动运行的范畴中，参与其中的各个实体在一场为其生存而进行的斗争中而互相诽谤。④

---

① 参看沃尔夫冈·J.莫姆森的评注:《马克斯·韦伯和1890—1920年的德国政治学》，第397页。

② 参看于尔根·哈贝马斯:《政治论著:文化、权力和历史》，第130—131页。

③ 卡尔·施密特:《政治概念——信徒理论》，第112—115页。

④ 卡尔·施密特:《政治概念——信徒理论》，第97页。

而国家的最高统治权力，作为被构想成为无情冲突的政治的不可分割的部分，并未被正常情况下有效的法律秩序所限制，而是凌驾于其上。只有领袖们的决定权力才是政治上有效的东西的源泉。

这种观念同理性主义和自由主义相分离，由它所提出的结论是：国家不必真正向社会负责，因而也就不必满足马克斯·韦伯所提出的具有合法性的形式条件。只要政治领导人出于为国家最高利益服务的目的，他们的意愿便单方面有效。因而政治领导人的意愿是法律和合法性的保护者。

尽管卡尔·施密特的理论中有反民主色彩，但不应该因此就低估他著作的价值。这特别是通过施密特作为公法专家所具有的才能和他对其所处时代所进行的诊断而表现出来，该诊断甚至直到三十年代都不乏远见。① 一些著名学院和卡尔·施密特 1933 年前的同事，尽管不同意他的政治立场，但仍承认其工作的价值②，直到施密特支持希特勒政权，他们才转而猛烈抨击他。的确，施密特的一些分析的价值超出了历史研究的单一范畴。特别是关于国家在巨大政治危机情况下所应采取的态度。③ 事实上，很难解释清楚在遇到强烈反对力量时国家权力行使的范围以及国家有权采取的手段等问题。

卡尔·施密特建议建立起例外情况，作为对这些问题的解答，即国家的最高权力高于一切法律规范。④ 就拿魏玛政体为例，施密特希望帝国元首能够根据情势变化赋予自己他认为有用的权力。⑤ 同时，

---

① 参看于尔根·哈贝马斯：《政治论著：文化、权力和历史》，第 132—133 页。
② 同上，第 132 页；同时参看约瑟夫·W. 边杰尔斯基：《卡尔·施密特：德意志帝国的理论家》，第 169—170 页和第 190 页。
③ 卡尔·施密特：《政治学理论：主权论》，第 15 页。
④ 卡尔·施密特：《政治概念：主权论》，第 12 页中写道："国家的存在便不容置疑地证明了它相对于法律规范的优越性。决定摆脱规范的束缚并成为真实意义上的绝对决定。我们可以说在特殊情况下，基于它的自我防护权利，国家终止法律。"
⑤ 同上，第 6—7 页。

他认为必须把旨在毁坏共和国机构的政治组织定为违宪并置于法律保护之外。[①]

一个民主政体在不影响到它自身的可信性和存在的情况下，在何种范围内才能够接受那些在其获胜的情况下将使之毁灭的论点和行动呢？这个问题的答案至关重要。而施密特的回答并不能让我们满意，并且必须受到指责，因为它为"黑死病"的不良甚至是致命的传播培植了其活动的土壤。任何一项禁止与排他的政策在每时每刻都可能坠入到恐怖主义激增的危险之中。但是在认识到这一点的同时，我们也不得不因为施密特提出这个问题而恢复他的威望。另外，他的论证对于政治思想来说也是个刺激。

这种保留虽然可以软化对施密特理论的某些严厉评判，但却并不能导致我们忘记他思想上的这种优点正是一个重大缺陷的反面，而这一缺陷为他整个政治思想带来很大的负面影响。施密特把例外情况提升为揭露政治本质的基本因素，实际上他把政治降格为自身的组成部分。施密特并不反对政治是通过力量对比以及暴力行动获得推动，但他不认为政治是激烈冲突的不间断过程。稳定和统一的时期是存在的，而在此期间司法机构是作为公正的执行者，以及物质和精神财富的分配者而发挥着尤为重要的作用。

此外，当政治冲突成为舞台主角时，也并不是完全把法律重要性置之不理。人们可以通过两种互补的方式来看待这一问题。首先，冲突并不必然以为自己攫取权力为目标。如果一部分人认为一些要求是可能实现和必须实现的，那么他们也就能够以此为名来斗争。这样的话，在政治冲突的核心就存在着一种对权利的召唤。其次，这是上述情况的必然结果，司法活动同力量对比相联系这一事实并不意味着它是使用暴力和压迫的变相方式。实际上，力量对比同某种

---

① 如果想更详细地了解这个问题，请参看约瑟夫·W. 边杰尔斯基:《卡尔·施密特:德意志帝国的理论家》，第 129 页，第 148—149 页和第 153 页。

原动力密不可分,在这一原动力中,集体对社会生活组织的信仰冲突的产生、发展和结果紧密相关。因而,并不仅仅是从物质意义上理解的权力决定着事件的发展。

冲突各方的介入方式,他们之间的矛盾以及冲突结果都取决于价值。价值的同一性和发展所导致的赞同和所造成的反对运动的能力完全有助于力量强弱的确定。如果某一政治行动想获得承认,但又不考虑共同体成员认为是有权的东西,那么尽管可能会持续一定时间,但它最终难逃失败的厄运。

卡尔·施密特的政治观受到危机的特点以及现实主义的限制,他沉湎于政治的彻底为战观念。因此,并不令人惊奇的是,通过把这一观点与具有致病力的反自由主义结合起来,他的思考最终发展成为代表政治存在主义的理论,而政治存在主义有助于极权国家的一体化逻辑①,尽管纳粹分子并未完全把施密特视为同道中人。②

在韦伯的理论中,国家法律和合法性之间差距很小,而卡尔·施密特的分析中两者之间已无差别。施密特认为所谓合法的政治即国家机构决定力的合法性。这也就是说要禁止个体反对国家的选择和行为,并因此抹杀合法性观点自身的意义。

我们发现,研究社会和政治现象的理论总是力求探讨这些现象与现实有关的历史真实性,而这些理论不能很好地论证统治权利的问题。它们关于历史以及社会现象历史真实性的阐释妨碍它们被用来理解政治现实,而政治现实能够阐明为使统治者与被统治者之间关系具有真正的合法性特点所需满足的条件。如果说马克思的理论为对历史的教条主义解读所困扰,那么马克斯·韦伯的研究就被其

---

① 参看让－皮埃尔·费伊(Jean－Pierre Faye):《专制语言:理性的批判/叙述经济》,巴黎,艾尔曼纳出版社,1972 年版,第 377—391 页,第 630 页和第 700—706 页。

② 参看约瑟夫·W. 边杰尔斯基:《卡尔·施密特:德意志帝国的理论家》,第 219—223 页和第 242 页。

诸神战争和合理化程序的观点所束缚。韦伯最终选择了实证主义信条，因而为以后施密特政治理论的危险开辟了道路。

现代性的历史特点，对绝对的怀念与合法性

马克思和韦伯的自然法则论分析都未能令人满意地提出价值及合法性问题，这种无能为力与对充满先现代精神的现代性的解释有关。实际上，这些分析不能摆脱关于真理的绝对主义定义，这一定义说明真理的可信性源于它是唯一且确实的。

要弄清这一现象，首先要指出现代性的历史真实性是一个自省运动，在运动过程中，被如此定义的时代就表现为一个假象。其次，应该强调尽管马克思和韦伯的自然法分析是这种事物状态的表现，但它们仍无力对此采取措施，也无力从中汲取教训，而这些教训能够使真理的可能性同个体和集体之间存在的历史真实性取得一致。

现代性探索中的假象的世界

探索现代性过程就要提及到人们的一种情感，他们认为自己的生命过程是历史的一部分。个人和社会不是处在一个不可捉摸的世界中，而是处在一个现象的连续过程中。这种机制似乎同时间观念不可分割，即运动同时间单位有关，而时间单位可以用来确定过去和现在的分界，并确定在时间流逝中发生的改变。现代性的历史同一性是从 16 世纪开始出现的[①]，但是它并不限于确定现在的真理与过去的不同，也不限于把过去限定为现在的回忆。应该认为存在上述因素的延续。这个未来形式便是能给个体带来改变的发生器。因

---

① 　参看乔治·于佩尔（George Huppert）的论述：《完美历史的观点》，巴黎，弗拉马里翁出版社，1973 年版，由弗朗索娃丝和波莱特·布罗代尔译成法文，原著为英文，第 158 页。

此,个体的赌注恰恰是创造自己的生活条件。[①]

如果是这样的话,那么无疑是因为现代探索是与这一观点并存的,即个人在其负主要责任的背景下发展,也是因为他们在很大程度上对他们从各个活动领域所获取的发展和前进方向负责。人类并不把自己视为相对于自然的被动者,要遵从某些无限超越他们的力量,而且要屈服于这种力量如同面对命运一样;或者他们只能用祈祷和咒语仪式来同这种力量抗衡。人类并不把自己限在陈述和解释自然的奥秘[②],而是相信自己可以给自然印下烙记。自然界成为可以驯服的领域,一个可以为人类需要服务的工具,甚至是某种可以把握、体验新发现的控制力的可能性。

此外,还有一个观点,即个体属于某种集体组织,并且融入个体间相互关系,而且他们可以影响这些关系。对自然的客观认识以及对个体的社会存在的敏感是同一个态度的两个方面,这种态度即确定一个假象世界。不论是哪个方面,现代性探索都要求人类越来越确信自己是独立的个体。

要发展这种新的意识,个体和社会就必须抛开某些要素。如果先现代共同体的组成要素没有被推翻,这些要素决定着共同体的同一性及其成员的同一性,那么上述现实观则不可能系统化。而这两种时代的转换要求有三个因素的作用以及它们一致的影响。

首先,如果传统并未衰落,那么则不可能有这一变化出现。为了使替代既定秩序成为可能,并且摆脱由过去认定为有效的指挥权,就应该与赞同社会上已形成的行为准则的观点决裂,应该屏弃将发展限定在细小变化上的组织方式。其次,这一变化意味着人与人之间

---

① 参看马塞尔·戈谢(Marcel Gauchet):《世界的幻灭:宗教的政治历史》,巴黎,加利马尔出版社,1985 年版,第 255 页。

② 要想分析有关讨论方式和对世界相关的理解方式的总体类型学,请参看让－马克·费里:《体验的力量:论现代同一性》第一卷:《主语和谓语》,巴黎,塞尔夫出版社,1991 年版,第 142 页和第 150 页。

的共存关系的改变。要反抗以团体利益,尤其是源于血缘关系来界定个体特性的社会——因为在集团之外,个体很难获得某种社会地位——这样有必要发展一种个性战略。它强调以集体形式组成的个体团体之间的差异和对抗,而因此承认在个体的选择和行动中存在的差异和各自独特生活方式。①

再次,如果宗教价值不被剥离,并且它们在社会团结中的作用不被削弱,(因为正是宗教价值观压抑财富观),那么世界观便不太可能发生改变。实际上,通过宗教来确立社会和政治秩序的合法化已经终结,并且造成大范围的震动。尽管在一定程度上基督教也曾为现实史观的形成作过贡献,尤其是通过拯救理论②和奥古斯丁学说③,但是宗教势力在几世纪的历程中一直是顽固抵抗现实史观发展的,因为它认为神的意志才极大影响世界进程,并且认为存在于社会内在组织内的等级关系是神圣锚栓的观点辩护。为了要全面地从历史真实性角度④概括和解释社会—政治现象,必须抛弃超验性假设。

从发展的历史角度来定义世界,并把它视为思想和人类活动的产物。这种探索使作为社会和个体行为方式基础的价值遭到质疑。而由先现代性结构推动的价值信仰所带来的好处也会随之消逝。当今世界使其成员处于某种历史条件下,如多样性等同于不确定性。

---

① 我们可以从马塞尔·戈谢的《世界观的幻灭》那里自由地汲取灵感:《宗教的政治历史》,第223—224页,以及克洛德·勒福尔:《历史的程式:论政治人类学》,第45页和第47页。

② 参看约翰·格雷威尔·A. 波考克(John Greville A. Pocock):《马基雅维里时代:佛罗伦萨政治思想和大西洋共和国传统》,普林斯顿,普林斯顿大学出版社,1975年版,第6—8页和第31页。

③ 同上,第32—36页,同时也参考了马塞尔·戈谢的分析:《世界的幻灭:宗教的政治历史》,第218—219页。

④ 参看约翰·格雷威尔·A. 波考克:《马基雅维里时代:佛罗伦萨政治思想和大西洋共和国传统》,普林斯顿,普林斯顿大学出版社,1975年版,第231页。

此外,个体要面对一个多样性的现实,在该现实中很难找到确定的生活准则。人们生活方式同过去创造的各自文化形式之间的冲突,人们在社会中被允许的个体发展轨道的差异性,甚至是不同文明习俗之间的比较在现在也成为可能。这些都使得现在的人们并不把自己的状况视为理所当然的。更因为作为历史产物的宗教已被等同于某种潜在的奴役,所以这种转变影响了指导个体行为的价值的可靠性。

实际上,认为人们试图互相欺骗的观点发展了。这样就出现一种论断,即认为宗教不仅是人类活动的产物——因为如此,它并不可能期望自身发挥价值和信仰的超历史的基础和保障作用,而且也是为了权力而奋斗的个人服务的一种手段,一种包括在权贵们所使用的众多武器中的意识形态工具。

赋予个体的干涉能力会导致他们拒绝系统地把各种现象纳入超验的因果关系中。个体的责任尤其扩展到生活的消极面。因此可以以奴役来对人们在政治存在中承受的痛苦提出疑问,并且指出宗教确实是人剥削人的工具。因而,必须解释尼古拉·马基雅维里(Nicolas Machiavel)关于宗教被用于党派目的的分析。[①] 同样也应该以更普遍性的方式指出马基雅维里关于政治关系的现实主义观点也表现为一种世界观,即世界被认为是人类历史的产物,他的现实主义观点也把政治生活描写为主要受个体动机支配。[②]

因而,对现代性的探索是一个过程,通过它,个体逐渐确信他们有权参与事件的进程。这种探索会与一种观点相混淆,即个体能够

---

① 尼古拉·马基雅维里:《君主论》,第 341—343 页。也请看克洛德·勒福尔:《历史的程式:论政治人类学》,第 194 页中写道:"在马基雅维里的论著中漫步以后,我们无法得出任何有关政治的印象。我们必须承认按照他的思考方式分析我们会问:权力是否注定沦为诡诈,是否社会会充满谎言?"

② 参看约翰·格雷威尔·A. 波考克:《马基雅维里时代:佛罗伦萨政治思想和大西洋共和国传统》,第 156 页和第 159—167 页。

设计并创造统治其同类的机制,而以宗教为目的的政治欺骗手段恰恰反映了这种观点。因此不必吃惊会看到指导性价值的衰落,因为自我反思的原动力在构成旨在通过人类对环境认识的不断加深而使人类获得解放这一认识运动的同时,也总是促进对真理的范围及历史真实性的阐释,并最终得出指导其自身的原则。通过系统地从历史真实性角度分析指导现代人们判断和行为的基础价值,自我反思的原动力朝着将价值非神圣化方向发展。它承受着与作为现代性基础价值取向相脱离的风险。就算不是完全否定价值,至少也否认了它们的有效性。也就是说现代性探索试图忽略它自身价值并在自我反思的同时遗忘自己的可能性条件。它毁坏自己的基础,并把危机认定为命运。

实际上正是由于这种情况使得已经进行的对社会现象历史真实性的阐释方式表现出局限性和模糊性。这些阐述是以现代性的不确定性为定位基准,并不是真正地反对它。它们也并不是要真正寻求关于统治权标准问题的解决方法,以便能把关于现代性多变的、多方面的历史存在现同政治利益连接起来。

价值的不确定性,真理理论和对绝对的怀念

至于社会现象的自然法则论研究,一切都很明显:从经验论方式解释社会现象,并试图总结出规律,这一观点认为现代社会的历史不确定性使得无法对价值作出判断。马克斯·韦伯的理论与上述观点相似,尽管他反对按照自然科学分析的实践和理想来定位文化科学。他在社会科学中提倡的中立态度证明了无法理性地进行政治评价和思考社会共同利益。如果说韦伯对形势分析的方式与马克思的有些许不同的话,那么最终结果却是相似的。当然,马克思并未将社会现象同价值观相分离,但他没有论及现代化,马克思通过他的历史必然性观点,为历史化的世界注入一种希望和展开一个绝对真理的图景,对他而言,历史化的世界无法提供思想和道德的自由。

也就是说,关于社会现象历史真实性的分析方法是具有象征意义的。当今社会科学仍然以这些方法来研究价值和统治权,但它们却不能确定在实践中什么是真实的,什么能够在现代社会的不确定中存在下去。依据这些方式来解释有关现代社会历史真实性问题,其答案必定要借助先现代思想。但这些答案无法用来思考不稳定社会中关于政治论理评价的问题,而不稳定社会有许多不同的真理观。这些答案影响的真理范围充满了陈旧过时的思想,并且它们所遵循的规则表明真理是唯一的、永恒的、无历史真实性的。

因此,出现对确定环境的怀念,因为它不会有太多变化和异议,而现代社会的目标则是推翻继承下来的真理以及沉积的偏见和制度化的信仰。① 也就是说上述人类现实的分析方式是从历史领域探索真理的,而这种方法与其说是对现代社会认识的产物,还不如说是并未完全同社会分裂的步骤,它将推动埋葬社会的进程。如果说犹豫着不要陷入历史中,对绝对的怀念之情仍然存在,那么先现代社会中的真实正是倾向于从这种绝对性中获益。现代历史真实性观念也是如此形成的,因此不能同现代社会不稳定性相适应,也不承认可能确立一些用来判断的法律准则。

这种先现代性精神对社会、政治现象历史真实性阐释的影响也表现在科学合理性以及现代社会公认的霸权上。其实,科学在屏弃传统和宗教中曾经是不可置疑的信仰时,它一开始便继承了这些信仰的位置。科学努力成为真理认识的组织性原则。科学所借助的方法会考虑到创造和发展新的形势,而这些方法从最初就表明真理迫切需要确定性来证明。②

在科学所开启的研究程序中,对结论的修改是科学进步的原动力,因此科学无法完全摆脱先现代社会的思想。那些传统科学神秘

---

① 让－马克·费里:《体验的力量:论现代同一性》,第一卷《主语和谓语》,第 122 页。

② 我们借鉴了汉斯·布鲁门伯格:《现代的合法性》,第 65—66 页。

主义的支持者是由于其贫苦的生活①，而在先现代社会中他们感受到的是思想和道德的富足，所以他们抛开了科学神秘主义，而对论题的有效要件及检验程度十分关注。生活在现代性初期的笛卡尔便是一个很好的例证。② 科学神秘主义的支持者希望概括出自然的普遍规律，这些现象都不能简单地满足他们对提出正确科学总结的渴望。

　　这种精神创伤也在科学领域烙上印记。③ 对于科学家来说，他们的任务是通过自己的发现来恢复人类和现实之间的统一与和谐，但这种统一与和谐正是他们努力打破的。这就是为什么科学的理性已成为一个很难被忽视的参考领域；而且在认识论方面，科学理性功能仍发挥作用，它的社会整合作用也会在现代社会中得以延续。在谈到对绝对的怀念的同时，人们也会提及现代一些学者的论著。他们向科学真理及科学真理在现代认识领域的优势地位挑战。他们认为科学真理是人类历史和人类利益的产物。的确，这些学者也参加到现代社会特有的历史化和批判自反的运动过程中。他们甚至推动这一过程至最高程度。因为他们否认用科学语气定义概念的有效性。但他们受到对绝对的怀念的激励。他们认为科学研究的历史真实性包括许多意识形态和个体偏见以及权力斗争，所以应完全使这种历史真实性失去其意义，并且不再坚持真理的非历史真实性观点以及在科学范畴内阐述真理。

　　我们不能否认这些分析有一些揭示真相的积极意义。它们确实推动科学走下神坛。但是我们不能把科学研究贬低为一项非理性活动，并认为科学研究是一段历史过程，在此期间它表现为变幻不定的形式，并且时常同权力游戏混在一起或真理只是权力游戏的一个托词。因为，一方面，这样将否认科学研究过程最终能有收获并取得认

---

① 参看伊利娅·普里高津和伊莎贝尔·斯腾格斯：《新联盟：科学的变化》，第51—52页和第59页。

② 参看汉斯·布鲁门伯格：《现代的合法性》，第182—183页。

③ 同上，第194—195页。

识上的进步；另一方面，这将可能被推定为科学真理不会受到任何干扰，但这看起来是困难的。把科学同真理的欺骗性等同起来用以揭露科学，其实也是运用真理的科学原则，但是通过对绝对的怀念来支持这一原则，因为实际上很难指责科学没有遵守它所尝试揭示的认识，并同时认定认识的本质是虚幻的、欺骗性的。尽管对绝对存在的怀念观点没有承认，但其实它认为关于真理研究的不完善成果造成了一种幻灭，就是否认真理概念作为科学活动的指导和典范。

对绝对科学真理的推崇尤其表现在保罗·费耶阿本德（Paul Feyerabend）的论著中。他提出认识论无政府主义，并建议对科学研究逻辑进行历史的、哲学的思考。因为科学研究的最终结果正显示出它同真相、理性、公正、诚实以及其他所有具有普遍影响和意义的观念无关。① 保罗·费耶阿本德因此认为对自然现象的实验性科学由于所选用的方法以及所介入的意识形态和政治斗争而表现为非理性。② 他还认为真理以及同真理相伴而生且形成科学理性主义的重大原则实际上都与现今的科学无关。科学研究只是各种认识不断扩散、分歧不断加大的生产延续，绝不是为了逐步阐明事物真相。③

这种关于科学活动同真理之间关系问题的阐述，表现出带有绝对存在怀念色彩的激进主义。在米歇尔·福柯（Michel Foucault）的论著中也有讨论。他批判人文科学理性主义所捍卫的真理观。④ 福

① 保罗·费耶阿本德：《反对方法：认识的无政府主义理论概述》，伦敦，威尔索出版社，1986 年，再版，第 32—33 页。
② 保罗·费耶阿本德：《反对方法：认识的无政府主义理论概述》，第 299—302 页。
③ 保罗·费耶阿本德：《反对方法：认识的无政府主义理论概述》，伦敦，威尔索出版社，1986 年，再版，第 30 页。
④ 参看米歇尔·福柯《词语和事物：人文科学的考古学》，巴黎，加利马尔出版社，1974 年，再版，第 376—378 页，以及于尔根·哈贝马斯：《被理性的批判所遮掩的人文科学：福柯》，《辩论》，巴黎，加利马尔出版社，1986 年 9—11 月份，第 41 期，第 90—92 页。

柯希望通过对真理起源的不同历史条件的研究来阐明真理隐藏的构成规则,他认为人文科学自认为所揭示的,并努力确定为科学性的真理概念是不可信的。福柯的理论旨在揭示真理局限于人类称之为真理历史以及人类关于真理的斗争。① 他暗示说,在这些争斗的背后,其实并不存在可以合理划分它们的具有永久指导意义的标准。②

此外,在保罗·费耶阿本德和米歇尔·福柯的思想中,都指出并不是由于科学深入历史范围,并且在历史过程中发生许多变化且与权力关系紧密相连,才会导致科学真理的局限性。③ 有效价值不变性理论在科学理性主义中发挥着重要作用,从没人怀疑过与科学无关的一些利益同科学理性主义相勾结,这些都说明上述两位学者正是努力要揭示这些缺陷。但是真理的历史真实性使他们无法得出真理只是假象的结论。因为他们接受真理,所以成为永恒真理观的奴隶,或者只限于否认他们猛烈抨击的历史。这仍然是沉湎于对真理绝对主义的怀念。

此外,尽管费耶阿本德和福柯的理论有很多不同④,但他们对绝对真理的态度是一致的,这就造成两个问题。首先,如果这种态度在两种同样难以坚持的立场间摇摆不定,那么它便会自我毁灭。一方面,这种态度同它所捍卫的论题是矛盾的,因为它进行反驳的基础是

---

① 米歇尔·福柯:《尼采,系谱学、历史》,载于论文集《向让·伊波利特致敬》,巴黎,巴黎大学出版社,1971 年版,第 150 页。

② 同上书,第 170—171 页;同时参看保罗·韦内:《福柯引起历史革命》,载于《如何描述历史》,第 204 页,第 230—231 页,第 234 页。

③ 参看希拉里·普特南:《现实主义和理性哲学论文》,第三册,剑桥,剑桥大学出版社,1986 年,再版,第 113 页。

④ 参看雅克·布弗雷斯:《理性主义和犬儒主义》,第 87 页。

理性和成为真理的期望。① 另一方面,这种态度本身就是可剖析的,因此并不优于它所揭示的实践。② 其次,对于科学理性主义的批判是通过一个构想表现出来的,而后者可能会抛开所有社会目的性。反对把真理观运用到自然科学或人文科学中并不只限于论证的理论部分,同样也表现为攻击探索真理过程中的道德因素,比如批判公正原则,义务原则和责任原则。③ 因此认识过程中不包括研究伦理学而认识伦理学将被认为是希望确定认识的方向和规则以便完善真理。

这种情况下,在科学领域放弃道德价值的理性所造成的结果就是损害价值在社会中的作用。放弃真理观的结果就是否认对真理的理性研究中的道德因素,即否认道德因素的作用。而它们作为科学和实践的评价及决定准则的作用就会化为乌有。

米歇尔·福柯和保罗·费耶阿本德都以各自的方式系统地例证,但结论都是科学和实践领域的空想主义和虚无主义,其空想主义具体表现为神秘的,非内行读者无法理解的形式,因为屏弃价值的论证是无法运用基础价值的;而其虚无主义则又不能公开承认自己的本质。

这种对真理观单方面批判源于对绝对存在的怀念,而现代社会

---

① 参看希拉里·普特南:《理性,现实和历史》,第162—163页,于尔根·哈贝马斯《现代性的哲学讨论:十二篇讲演稿》,剑桥,马萨诸塞技术研究院出版社,1987年版,由弗雷德里克·劳伦斯译成英文,原著为德文,第282—286页。要想了解保罗·费耶阿本德,请参看雅克·布弗雷斯:《理性和犬儒主义》,第76—78页和第102—104页。

② 对于这一问题,有关费耶阿本德的看法,请看雅克·布弗雷斯:《理性主义和犬儒主义》,第82—83页和第88—89页。有关福柯,请参看于尔根·哈贝马斯:《现代性的哲学讨论:十二篇讲演稿》,第276—282页。

③ 参看保罗·费耶阿本德:《反对方法:认识的无政府主义理论概述》,第32—33页,第180页和第189页。米歇尔·福柯:《尼采,系谱学、历史》,选自集体创作的《向让·伊波利特致敬》,转载于论文集,第158页。

的自反运动从一开始就反映了这一点。希望真理和绝对可靠性密切相符的感情正是以上述观点作为最终表现形式的。

在现代社会中的怀旧情绪部分地是面对变化的求生反应。从人的观点来看是可以理解的。从总体上来说，人们心理和思想上对反映他们起源的世界观的迷恋永不可能完全消失，也不会立即完全失去其决定构成的作用。它将保持一种调节能力，只要是对真理新的定义还未强大到足以使它同过去分离的程度，世界观的调节作用便会继续存在。

此外，现代社会的自反动力由于可能会使人陷入暂时性和可修改性之中，所以很难被接受。而长期不稳定和缺少决定性保障会使个体无法安逸地存在。因此，同经常限于对自身特性病态追寻的现代文明相比，对先现代社会的怀念倾向给人一种同自身吻合的印象，这很吸引人，并且使人安心。

因此就出现一个问题：在自我反思动力优于指导价值多样性的历史范畴中，究竟应该如何确定并捍卫政治判断力的运用？

第五章　政治研究、与历史的
关系以及权利判断

　　有关社会现象历史真实性以及其对实践影响的研究并不一定会导致价值哲学的中立性,也不是教条主义或幻灭的历史观。其实,这些观念以及由此产生的困难是可以被替代的。

　　这一替代办法构成了另一种研究途径,它可以在承认变化、价值体系多样性的历史范围内确定政治上可接受和不可接受事物的界限。这种研究方法的核心是统治问题,但又把合法性问题置于现代性所展现的疑难面前,现代性意识无法解决如何治理好国家的问题。

　　这一替代方法并不排除保持某些上文中曾提及到的研究社会现象的方法论特征,它将政治研究与历史领域联结起来,因而这种联结正是向着两个相辅相成的方向发展的。首先,用社会现象经验论来判断在政治上何为正确,就免不了重新重视价值哲学。其次,我们在此所展望的该替代方法必须以阐明政治分析同社会组织形式之间的关系为前提。

经验论方法,社会科学与价值

　　如果希图用符合权利思想要求的方法来解决政治问题,就应该运用并补正之前曾探讨过的一些研究指针,也就是说要将这些研究指针纳入到某种研究历史现实和科学活动时使之脱离其背景的理解方式之中。在这种情况下,就应该首先强调经验论作为认知的因素和研究方法的指引所具有的不可取代的意义。而后则应该提出，为了避免在合法性问题上走入死胡同，或是为了避免提出剥夺其意义及其批判内容的解释方法，必须采纳并施行经验分析法，并不再将之与价值在社会和政治现实领域中的作用对立起来，而是应将二者结合在一起。这样我们便可以重新解释客观性和中立性的概念。

经验论据的重要性

构建起关于统治权利或然判断的缜密论证不可能将经验论论据抛弃。的确，无法从价值角度分析社会现象，这部分地是因为大量的对可观察信息的记载占据着至关重要的位置。然而，为了实现对合法性理念的恰当论述，却没有必要排除对经验论据的参照。事实上，这些论据是绝对必要的并也是不可替代的。

从总体上讲，对它们的参照对于那些希望阐明现实特点的人来说是一个必要步骤。这些经验论据显然参与了关于现象的各种命题的内容的构建。此外，它们也有利于证明论述的有效性，因为它们迫切要求在现实和该论述所包含的信息之间进行一种往复运动。经过反复论证，这一过程逐渐地使对现实的相关命题趋于细腻并完善对现实的理解。

因而，这一事实状况对于从政治合法性角度来分析政治就显得尤为真实。事实上，关于统治权利的理论思考，其自然延伸便表现为致力于对具体的历史背景作出解释。所以在这一过程中重视具体论据就显得尤为重要。政治生活以及政治生活作为其戏剧反映的各种冲突，这二者的发展并不是抽象地表现出来的，而是在历史中得到展现。因此正是通过对经验论因素给予关注，才能够对合法性情势与非法性情势进行确认。从这个角度来说，例如，如果能够提供关于制度的发展方式、关于个体对于社会组织和领导机构所持赞同或反对意见的程度及形式的相关记载，那么对经验论因素的关注就可以使我们建立起一个体貌特征文件。而这一体貌特征文件作为社会内部合作或敌对关系的指示器,为公正问题提供了极为重要的论据。

　　然而,通过经验论分析所确立的评判只有在同就权利的价值哲学标准问题所进行的思考相协调、即在考虑到价值判断问题之后,才能够完全发挥其作用。事实上,如果说有关统治者和被统治者关系的研究并不排除对现象所进行的经验研究的求助,那么该项研究却也并不能被简单地归结为这种求助。该研究意味着要将这些现象纳入到这样的一种思想之中——该思想将对政治事实的描述联结在一种构建涵盖正义理念的判断能力所必须倚赖的思考之上。

价值意义和社会现象的特殊性

　　完全承认价值的作用,就必须承认个体作为历史的主体和活动者参与了社会与政治现象的创造和发展过程。

　　个体正是根据价值来思考和行为,相互发生联系,以及同周围的环境发生关系。个体在一个被价值哲学层面所界定的世界中演进,因而他们所面对的是一个价值无处不在的日常生活及活动领域。想要解释社会现象并考虑到其特殊性,就不能采用研究自然现实的方式来研究它。研究社会与政治现象的观察者必须将自身放置到这些现象的主观层次之上。而且他还必须努力理解个体的动机和意愿,既然这二者受到价值哲学范畴的指引同时也赋予该范畴以意义。所以,如果考虑到文明在时间及空间上的差异,考虑到同一文化或在同一社会内部所存在的多样性,那么从这些角度所理解的社会现象就将被纳入到一种与自然科学相区别的真伪逻辑之中。

　　为了提供一种不违背思想程式的对价值的地位与作用进行研究的经验论途径,从而获致对权利判断条件的清晰阐述,就必须考虑到一个补充因素,即在阐述经验信息时,重要的是不要在原则上排除社会现象中所蕴涵的价值哲学层面的合理性。同样重要的是也不要否认这种关于社会现象运用了真实价值即具有真理系数的理性的假设。从这个角度来看,就必须屏弃那种在论及价值哲学领域时执拗地将之局限于个体信仰的简单陈述的观点。在提供一份被个体和社会所接纳或否定的价值观的清单的同时，却拒绝对这些价值进行等级划分，这就是忽略了这些与社会生活相关联的事件的特殊性。也就是最终放弃了对个体之间的统治与服从关系的合法性进行评判。

　　虽然这并不在于全盘否定积累经验论据的作用，但重要的是这里所进行的是要确立使搜集经验论据与建立起表达权利判断的陈述相协调一致的可能性。如果对社会现象及其价值哲学范畴的经验论诠释只是建立在唯一的脱离（价值哲学）的观察的基础之上，那么这种分析所构成的观点，尽管号称独一无二，然而却从思考领域之中清除掉了一种本可以在合法性概念的最本质含义上探讨合法性问题的方式。此外，这种诠释的缺陷就表现为推荐一种并不稳固的工作指针。实际上，毫无价值哲学成见的科学的形象是无法被科学实践所证实的：科学所要求的针对价值判断的分离，在现实中而且即便是在最为理想的情况下也只是部分地才能得以实现。

　　无可置疑，科学所提供的对世界的诠释版本就不可能完全与个体对其周遭环境的观察视角相一致。但是，在赞同价值哲学中立性观念的研究人员所维护的理解社会和政治现象的方式和属于经验范畴的理解社会和政治现象的方式之间所存在的罅隙，却有利于一种能够将科学与现实所构成的两个理解性层面相互结合并相互协调起来而不至于简单地将这二者归结为其任何一方的研究。这就涉及到无须通过使社会现实遵循对社会现象的自然科学的强制认知方式来对社会现实进行研究。这涉及到在科学的视角和生活之间找出一个共存的空间，这一空间特别会将对正义的思考整合其间。

　　关于公正的探索：社会现象不可绕过的因素——每个人在日常生活中都会体验到这种情感，即某些选择和行为是受到欢迎的，而另一些则是应受到谴责的。然而，那些赞同对社会现象进行经验论分析的人，却希望其研究工作在价值哲学层面上保持中立，这是与上述体验背道而驰的。这种紧张同样也影响着那些对社会生活的分析持极端的批判与历史化态度的学者,特别地,他们都执拗地贬低真理和权利的概念。然而他们却又无法逃避后者对他们的影响,比如说,应该尊重他人而不是去杀害他人,他们不大有可能对之否认。

因此在个体身上所存在着的信仰也是同经验论分析的中立观所宣扬的对价值等级的抛弃背道而驰的。也就是说,与其通过唯科学的实证主义的途径来与世界发生联系,倒不如应该尝试着将思想与生活相互联结在一起。①

无疑地,确定公正的概念仍然是非常困难的,尤其是为了对其定义所应提供的因素会随着时代和社会类型的变化以及根据个体在社会中所占据的地位和他们对社会所做的诠释而发生变化。此外,公正的概念所带来的分歧和冲突也是很不易解决的。而且,公正这一主题所遭受到的怀疑,因这三个因素而被加强:首先是这种情感,它有时可以被体验到,即那些希图向善的原则在它们所渴望扮演的向导与标准的角色中难以获得可信性,因为这些原则在现实中并不能够得到充分的实现;其次,是这种观念,即普遍意义上的个体尤其是政治家,都有一种特别的倾向于自私自利的品性,如果说不是倾向于残忍与厚颜无耻的话;最后,是这种对某些充满着仇恨、怨恨和暴力的集体行动的实施,纳粹德国的例子就极端地、悲剧式地证明了这一点。

尽管这些思考看起来像把公正问题归结为了幻想,但它们并未损及公正的重要性,它们的结果甚而会是促使观察家们来关心公正。事实上,只要公正并未被最终一致接受,只要公正的实现仍不确定或永远不会完全得到令人满意的结果,只要公正仍被推崇蔑视和暴行的人所贬低,那么这一切就将使对公正的关注变得更为迫切。

的确,公正并不被包容于一个自动机制之中;在这个自动机制的

---

① 参看雷蒙·阿隆:《论社会学家的历史条件》,巴黎,加利马尔出版社,1983 年,再版,第 52—53 页。

框架之内,社会现象和个体不得不顺应其要求。事实上,公正是处于人类生活中心的经验之一,个体在其存在过程中不能避免同他人发生联系。他们为了生存和发展而互相需要。因而,他们不得不同意并参与到共存及合作的关系中,这就要求有互利意识,因而出现某种公正观念。

　　人类生活中的公正问题由于渗入到了社会领域之中,所以既表现在个体层面上,也表现在集体关系的层面上。当个体一来到世间,他们的生存(l'exsistence)便与他们的存在(l'être)之中的前进趋势密不可分。① 个体对于可能发生在他们身上的事情并非无动于衷,他们受到了一种自我肯定的逻辑的促动。②,这种自我肯定同对个体演化其中的环境的要求混同起来。这些要求需要肯定的回答以便使人类生存的动力延续得到保证。例如,如果父母不了解子女的需要,就可能在相当长时间内使孩子处于脆弱状况。因而从这个观点看来,人类生存的延续和发展有赖于实现某些召唤周遭环境的、特别是某些召唤社会(的关注)的要求,这些要求被认为是保持生活良好运转的必然需要,并且其得以实现的机会需要他人给予合作。因而当后者认可了在该合作中看到了对其责任感的呼唤并同意承担责任之后,他也就承认了在某种程度上他将与向其发出呼唤的人共命运。因而,个体将会被促使按照各种不同的、明确与否的形式——比如说这涉及到成年人或是青少年——根据对他们提出的要求所给予的接受的程度,来考虑他们是否获得了公正。这也就明显意味着个体所面对的并非是一个充满厄运的境遇,以至于该境遇使他们沉沦入一种几乎完全的冷漠状态之中,因而身处其中的个体便不再有能力认为他们的生存是一个可以卫护的伟大事业。

　　公正在人类的生存之中的中心特点也同样表现在集体关系领

---

①　参看弗朗索瓦·雅各布:《可能性游戏、论现实多样性》,第 117 页。

②　参考汉斯·若纳斯(Hans Jonas):《责任思考原则:技术文明伦理学》,巴黎,塞尔夫出版社,1991 年,由让·格雷施译自德文,第 117—120 页。

域。实际上,社会生存的良好运行是同为社会成员所设定的权利和义务的限制紧密相连的。这些权利和义务以不同的形式并根据显然有赖于其背景的内容来表达对实现他们之间的互利关系的承认与关注。因此,共同体生活的社会范畴就决定了社会的领导和组织方式必须考虑构成该团体的个体的要求。如果个体感觉到交换只是单方面的,或主要不利于他们,那么他们的动机便将失去价值与效率,然而正是个体的纬线才编织了社会的网络,并决定性地保证了社会的运行。

例如,法律被认为始终只是有利于同一部分人,完全没有——哪怕只是在最小程度上——考虑到其他社会成员的需要,并且它在财富分配方面也没有起到调节作用,那么它也就失去了其可信性。因而事实上,在这种具体的情况下,法律也就放弃了声明集体生活意味着不应该——在必要时可以借助于惩罚手段——对他人无所顾及。如果行为人感觉受到了损害,那么他们团结协作的良好意愿便会相应地削弱。在这种情况下,个体之间的关系也就无法借助于建立在行使互利与追寻妥协基础上的公正概念所蕴涵的信任。这样,相互利益也就不再推动个体之间日常与未来互动关系的发展。力量对比的意识便会居于首位,力量对比从潜在状态浮现而出,直至在条件许可情况下爆发出来。

美国哲学家约翰·罗尔斯(John Rawls)为了确立公正理论成立的条件而提出了一种理论①,在该理论中初始状态和无知之幕的观点可以通过与统一公正和互利主题的联系这一问题的关系来进行理解。罗尔斯认为解释何为公正的过程必须摆脱具体的社会背景,他希望特别阐明两点好处。

首先,他认为,在行为人初始状态的假想境遇中,他们被认为是

---

① 参看约翰·罗尔斯:《正义论》,马萨诸塞,坎布里奇,哈佛大学出版社,1971 年,第 136—140 页。

合理性的并且是无所不知的——但他们在未来的个人特征除外，比如说，他们不知道将来自己会是穷人，还是富人，因此，他们将不会被引诱甚至不可能去赞同一种只是唯一的关注个体所得却对他人的所得造成经常性损害的公正观念。因而，在上述这个框架之内，这种假想的境遇就给予了每个个体以平等的地位。其实，如果个体并不确信自己处于幸运者的行列之中，那么他们将更希望在决定分配福利时能够考虑到所有人的个体利益。① 因此他们也就被促使期望使他们的最大损失最小化，或是使他们的最小利益最大化。②

其次，通过对人类初始状态的假设，约翰·罗尔斯希望能避免使对公正思想和实现条件的阐述陷入力量对比的争端之中，并且不被政治斗争及其发展所控制。③ 因此把公正问题定位于具体的历史及其变革之外或是定位于其源头，将能够避免使公正观念成为一种可能出现的跷跷板运动的借口，例如就有可能出现这种情况，过去处于不利的一方一旦掌权便会以公正的名义，用新形式的压迫替代他们曾经深受其害的歧视，并且确立单方面政策将清算、怨恨与排挤制度化。他们因而忘记了互利原则的强制性特点以及忘记尊重个体利益，而后者正是一个组织良好的社会所必需的。

罗尔斯借助原初状态的假想来确立其公正观念，因此他倾向于主张有关公正的争论以及公正的实现并应受到漠视他人命运的偏见的影响和破坏。

被再度探讨的中立性和客观性

使关于政治合法性的思考立足于经验认识而又不局限于在价值

---

① 应该指出，这正是一个区分罗尔斯理论和实用主义的因素，对他来说，福利的总量或平均数是至关重要的，不论其如何分配。

② 参看菲利普·范·帕里吉斯（Philippe Van Parijs）:《何为公正社会：政治哲学实践的导论》，巴黎，塞伊出版社，1991年，第83页。

③ 约翰·罗尔斯:《正义论》，尤其是第120页。

哲学层面上采取中立的经验论,这一目标在于超越将经验论与人类现实相分离的鸿沟。为此,就应该在经验的基础上指出存在着相关公正的价值,并且应该阐明如何将这些价值溶入到对社会现象的分析之中的方式。这就意味着提出一种社会和政治伦理学,该伦理学并不认为中立性和客观性观念只能被包容于放弃价值哲学承诺的范畴之内。为了证明这一点,就应该把中立性和客观性观念同宽容理想联系在一起。

现象和价值的区分并不是先于历史和道德的。这一划分是同一种新的观察世界的视角相一致的,该视角在现代纪元期间逐步形成。它同样也是一种现实观念的产物,这种现实观把同先现代社会的断裂①与实现并泰然地体验该断裂所承载的理想境界时所将要遭遇的困难融合在一起。因而由此而产生的针对价值哲学范畴的不信任,以及针对价值哲学范畴表达其中的历史真实性领域的不信任,便参与了自然科学研究转变成为阐明真实的理想参照模式的进程。因而正是在这个方式上,经验论分析竟至会得出这样一个观点,即从真实的角度来分析社会问题就要求脱离价值判断来对它们进行描述和解释。

然而,一旦社会现象被认同为客体,一旦表明中立的意愿只是一种历史背景的产物,那么现象和价值的分离就不必再被描述成为是本体论的,不可避免的和无法逾越的;因而也就有可能将中立性与客观性的概念从使之局限于价值哲学处于根本退缩地位的世界观中解脱出来。同样也就有可能在这样一种社会现象研究的框架内对中立性和客观性概念进行理解,即重视价值并因而从这个角度上发展一种对纳入伦理学范畴予以关注的分析。

尽管中立在传统上一直被认为是拒绝明确某种立场,但它却并

---

① 参看查尔斯·泰勒:《公正和善》,载于《形而上学和道德杂志》,第34—35 页。

不应该限于这种解释。把中立归结为对价值哲学的完全放弃,也就关闭了一扇本可以获致中立性为科学活动与道德所能够提供的资源的大门,如果一旦将中立性联结在一种既不拒绝价值的有效性也不拒绝将价值引入到社会及政治问题的研究之中的思想之上。因此,只要使中立性脱离出那种执拗地要将之与价值判断相分离的状态,那么也就有可能将之构想成为一种表达强烈信念的程序,即便只是在一种相对平稳的形式之下。因而,似乎这种中立性将以一种卓越的方式为了这种信仰而战,即认为,尊重观点的多元性是最为根本的,而实现这一规划的可能性则需要赞同价值是存在着等级的这一论断。

　　既然中立态度赞成价值哲学情势具有多样性的权利,因而也就构成了其(在研究中)表明立场的一种方式,因而以如此方式理解的中立性也就推崇宽容。所以,在这一点上,中立性与价值判断毫无排斥之处。中立性关注于价值哲学指针和与之相伴随的行为的共存,这本身就是一种态度的表达。中立性并不认为个体或社会所采纳的观点在根本上是等值的。互相尊重这一必然要求将会在价值等级的建立中发挥作用。对差异的宽容原则也只有在这些差异没有进行具有侵犯和强迫性的实践时才有意义。它拒绝某些观点——比如说以它们的所谓的具有优越性的名义——凌驾于其他观点之上。事实上,为了使我们所谈论的中立性具有可靠性,那么在背景需要时,就应该通过一个更为活跃的范畴使它得到补充或延伸。这一范畴便在于同那些信奉暴力和排斥异己的人作斗争。

　　也就是说,为了使中立性能够像一种表达并宣传各种观点之间的平衡与相容性关系的进程一样运转,它就应该毫不犹豫地阻止那些受毁灭愿望鼓动的个体或社会的前进。不同于执拗的弃权和观望主义,它提倡团结一致并努力保护各种观点的共存。

　　正是直接源自于这种论证方式,才有必要重新解释客观性观念。客观性同样是建立在价值判断基础上的,而首先是建立在它所要求的不偏不倚的基础之上。希望创造一副最可能忠实于其研究现象的形象，其本身就是价值判断的一种表现，并也构成了实现价值判断的工具。客观性致力于最大限度地复原个体在不同生活领域中思考和行为的模式，以及他们所参与其中的事件，因而它也就承担了一项义务，即通过尝试确切而真实地论述其主题来给予集体现实以公正的评价。

同样，客观性也正是通过尝试着将社会现象与价值分类联结起来而再次运用价值判断。上述联系根本就不意味着运用个体并不了解的准则来评价个体的信仰和态度。它只是简单地在于描述行为人在其文化与物质世界中的生存方式以及审视其中的关系是符合协调一致还是符合矛盾冲突关系，是符合合作抑或是压制。根据这些社会关系所采取的模式与程度，就可能自其中获得在某个特殊环境之中有关公正和非公正经历的信息。

在这种条件下，保持客观便是要留意个体的态度在确切的情势下所传达的信息，以及不要在定义上就认为这些信息是从属于无法决定的范畴。也就是说，如果人们把价值哲学范畴纳入到对客观性的关注，他们便能够发展一种关于真的概念，这一概念虽然考虑到蕴涵于社会现象之中的经验性论据，但却并没有因而被简化为其所陈述命题的形式修正特征，而是甚至关涉到了这些现象的本质。

对中立性和客观性的这种理解从阐明立场的能动性的角度对这二者做出了诠释；通过这种理解，就可以把研究社会和政治现象的经验论途径纳入到一种科学伦理的范畴之中。一方面，确认中立态度有利于尊重观点的多元性，只要这些观点是宽容的并且可以与他人所要求的立场相互兼容；另一方面，要明确保持客观便在于对社会现象所作的分析要努力给予一种不偏不袒的解释，在于通过与个体观察世界的视角相联系来探讨在某一特殊背景下的公正问题；这二者重又回归到建立一种对社会生存的分析，这种分析的构建并不是要反对价值等级，相反却是以后者为基础的。以如此方式定义的中立和客观性突出了一种作为探寻真理的组成部分的方法伦理学。

此外,这种模式也并不应仅限于研究工作的经验论范畴。而是应该将之应用于普遍意义上的社会科学之中,以便给予真理的探寻以一种建立在表明立场的伦理学基础之上的真实含义①,这种伦理学在当前情形下便表现为赞同予他人以尊重和宽容的理想。此外,科学道德与科学生活本身的伦理学也是密不可分的。二者缺其一不可存在。社会现象研究调节中立性和客观性与价值分类之间的关系,如果没有同这种研究相回应的科学活动,这种研究也就是难以想象的。因而,在社会及政治现象的研究中对虚无主义的屏弃,是绝对不能将就一种不抱任何幻想的科学观念与科学实践的。

因而从这个角度看来,很清楚,科学研究活动必须在主体之间进行交流的空间内进行,由理解的意愿所促生的合作精神与动力将在这一空间内发挥作用。的确,科学家之间也会发生冲突和斤斤计较,但是,希望获取优势的渴望和成名的欲望并不应战胜创造的激情、冒险的精神、耐心或任何其他促进知识完善性的因素。

主体间交流的优点对社会及政治科学是十分必要的,更何况它趋向于提供一种伦理保障。事实上,如果说在社会科学领域中以无可辩驳的方式论证某一陈述的有效性要比论述自然科学领域之中的更为困难,那么研究人员在其论述中所表现出的诚实也就有了新的意义。在某个很难给予相关观点以一致保证的、或是对时事问题的探讨会造成激烈论战的研究领域中,科学家在真理探寻中的正直就将是一种不可忽视的品质。意识到这种情况便是找到了一条出路——社会科学无论是作为科学活动还是作为社会活动,正是通过这条道路,通过它对市民生活所能够产生的影响寻找到了其意义和合法性。

---

①　参看雷蒙·阿隆:《论社会学家的历史条件》,第53页。

对合法性的评价及对社会现象的背景分析

　　对统治权利的分析将有可能从价值角度来确定政治及社会现实的运行,这种分析必须要提出这个问题,即将对社会现象的分析纳入到历史浪潮的发展之中,并且也要运用一种使其评判具有可靠性的方法来回答这一问题。也就是说,必须通过审视社会现象分析与历史之间的关系来阐明执行评价标准的条件。

　　这一任务需要考虑到三个论据。首先,必须承认社会现象的分析从属于其历史背景,以及根植于历史之中影响着判断机制,这点是首要事实。但是这却也不应导致只是通过执拗地将社会现象与他们的研究所执著其中的环境进行比较从而来解释和判断社会现象。事实上,重要的是通过考虑构成社会同一性的组织原则和形式,以及其成员的赞成或反对的态度来裁定政治关系的合法性与不合法性。此外,社会现象分析所融入其中的社会本身也必须关心历史的真理。

历史背景在政治分析中的作用

　　社会现象的论述在一定背景中进行,并且依附于一定历史。另外,这些论述也不是唯一有如此特点的研究形式。自然科学的研究论题和从整体上讲的人类实践也具有上述特点。所有的活动为了产生与发展,都必须以在历史规定性网络中的迭瓦状排列为前提。这些活动的形式和发展要借助于它们所处环境中的各种因素,即便是这种证明和构造动力会引入新的因素来改变这种环境。不管怎样,社会及政治现象研究不能完全脱离其背景环境。环境影响着社会政治现象的描述和解释。这是约翰·罗尔斯和罗纳德·德沃金(Ronald Dworkin)在论述公正概念时阐明的观点。

罗尔斯和德沃金的理论：典型象征案例——不论这两位学者的理论差异有多大，但他们一致认为不应将公正这一或然判断局限在某些具体共同体所拥有财富的个别分配之上。他们希望把有关公正理念的论述置于尽可能高的普遍性层次上。① 因此，在他们希图阐明一个公正社会的基础结构应该为何的同时，他们坚信公正和非公正的评估不应取决于某一既定时期生效的契约。这一立场所引发的思考希望通过最大限度地同现实和现存机构相脱离来确保其有效性。因而，罗尔斯和德沃金所提出的公正观，远不只是接受将其归结为由一定的社会环境所承载的背景特征，该观念的目标在于确立一种普遍主义和形式主义的理论。然而，这类研究方向所要求的同环境脱离的能力既受到了现象也受到了其历史根基的反驳。这表现在两个方面。

第一，摆脱历史根植而构建一种公正概念的意愿本身所表明的正是一种特殊的历史扎根。实际上，如同罗尔斯和德沃金所做的那样，将思想为了定义和实现公正而必须遵循的明示程序提升到首要因素的位置②，即肯定公正的生活是人类为自己规定的并由人类自主创造的一种存在形式，通过借助于已明确无误地确立起来的推理规则与标准来确定他们究竟应该为何、究竟应该实现什么以符合公正的标准③，而这一切则要求参照具有现代文化特性的观察世界的视角，更确切地说，就是现代文化中所包容的自由主义构想。

---

① 参看约翰·罗尔斯：《正义论》，第5—6页和第11页，罗纳德·德沃金：《认真对待权利》，马萨诸塞，哈佛大学出版社，1978年，再版，第177页和《公正不是什么》一文，该篇文章发表在《原则问题》中第219—220页。

② 参看阿拉斯代尔·麦金太尔：《论追寻美德：道德理论研究》，第118—119页。

③ 参看查尔斯·泰勒：《公正和善》，载于《形而上学和道德杂志》，第38和第49页。

　　对历史的依赖所引起的不信任是源自启蒙时代的价值的显著特点之一。所以,认为我们不仅能够而且必须摆脱历史背景而进行思考,由这种可能性与必然性所证明的人类的自由与理性不仅存在且具有力量的情感参与了有关公正的理解进程,以建立起某种行为指针,它不仅能够满足不偏不倚性与普遍性的要求,而且因此也不能够被简单地归结为任何一种特定的历史观点。①

　　此外,在摆脱根植于历史背景的意愿——正如约翰·罗尔斯和罗纳德·德沃金在他们有关公正的论述中所阐明的那样——和作为现代性的十足象征的自由主义之间所存在的联系,在这两位理论家身上找到了其最为杰出代表。他们对公正的研究正处于自由主义的核心地位。而自由主义本身便表达出摆脱具体历史影响的意愿。首先它倾向于把人类描绘成为具有最高权力的行为人,他们所拥有的同一性与所承担的束缚完全是他们借助于自己所具有的构建生活与影响普遍现实的能力通过自由选择而获得的。其次,自由主义倾向于建立一种社会秩序,个体在其中关注于使自身解脱出传统所承载的奴役,因而便求助于那些被认为是属于普遍合理性范畴的、因而是独立于历史限制的思考与行为规范。②

　　第二,罗尔斯和德沃金所提倡的摆脱历史背景导致了他们的道德理论结构的不一致性:该理论为了使自身得以运转,便求助于一个实体范畴,然而实体范畴本身却是不可能不扎根于历史环境之中的。对公正的程序性理解并不能够总结出公正原则,以至于集体生存可以围绕在这些公正原则的周围得以公平地进行,而完全排除掉传统

①　参看查尔斯·泰勒:《公正和善》,载于《形而上学和道德杂志》,第35—36页和第44—45页。同时参看阿拉斯代尔·麦金太尔:《谁之正义?何种理性?》,巴黎圣母院大学出版社,1988年,第6页,布莱恩·玻瑞(Brian Barry):《论社会公正》第一卷,《公正理论》,柏凯剎,加利福尼亚大学出版社,1989年,第8页。

②　参看阿拉斯代尔·麦金太尔:《谁之公正? 何种理性?》,第335页。

与偶然性的因素。这种理解方式所自吹的最低限度的善行美德是不充分的。仅仅是它本身并无法论证它所定义为善的有关价值的等级,它也无法解释究竟是什么迫使人类必须去遵循那些它所要求必须遵循的特权规则。

公正程序本身就必须以公正意识为前提,它先于并指导该程序得以构建并实施的审议过程。

因此,如果我们站在个体的角度上,那么要使个体知道必须遵守某些规则和究竟应该怎样遵守,他必须已经对公正为何有了一个理念,并以此来指导自己的思考。我们会发现,当公正为程序步骤服务的同时,程序步骤也构成了公正内容的表达。公正意识的实质,以及任何该实质所承载的相关于情势的评价与具有期望与否特征的观点,只有当它们在与其得以发展的背景发生联系之后才能够获得其规定性。在当前这种具体的情势下,这种背景便表现为自由民主社会的文化。

简言之,如果说某些规则参与了何为公正的构建过程,那么这些规则就必须将自身纳入到某一环境之中,并且该环境所准许建立原则的内容也必须符合程序审议的实施过程。所以,由该程序审议所促使建立的有关公正的价值就正是这种情形,既然这些价值从探讨的一开始便已经存在了。尽管约翰·罗尔斯确信他的公正观源于狭义的善的理论[①]——即该理论所表达的公正观念并非先于通过正确的程序规则来选择参照原则(而存在),而事实上,约翰·罗尔斯是以观察善的广阔(épaisse)视角为基本前提的。[②] 对于那些被认为公正的、基本的价值他强烈地固执己见,而这些价值也被深深地打上了文化的烙印。在罗尔斯看来,自由民主所提倡的价值在公正原则的形

---

① 　约翰·罗尔斯:《正义论》,第 396 页。

② 　有关这个质的问题,我们借鉴查尔斯·泰勒的《自我的本源:现代同一性的产生》,马萨诸塞,哈佛大学出版社,1989 年,第 89 页。

成过程中起了极为重要的作用。① 事实上,罗尔斯所阐述的两大公正原则②被认为是如此重要,以至于在公正性方面它们被认同为人类的直觉。③ 因而这些直觉的内容也就同自由民主所标榜的价值密不可分。

罗纳德·德沃金从他的方面指出,自由政治并不仅限于通过定义人类应该为何来予以理解。在这一方面,德沃金特别注意避免使社会成员面临危险,即感到他们的生活被由权力占有者将其自身所认同为的特殊的善的观念所支配。④ 这种观点所带来的必然结果就是要求明确区分个体生存领域和政治实践领域:罗纳德·德沃金认为在个体生存领域中良好的生活观在个体偏好和生存选择中能够合法地发挥积极作用;而在政治实践领域中任何强制嫁接某种生活模

---

① 查尔斯·泰勒:《自我的本源:现代同一性的产生》,第88—89页。同时参看沙伊姆·佩雷尔曼(Chaim Perelman)的分析:《理性和正义的具体和抽象概念:关于约翰·罗尔斯的公正理论》,载于由让·拉德里埃尔(Jean Ladrière);菲利普·范·帕里吉斯主编:《正义理论的依据:关于约翰·罗尔斯的政治哲学的批判》,卢万-拉-纳弗,哲学高等学院出版社,1989年,第208—211页。

② 约翰·罗尔斯提出的第一个原则是:"每个个体对与其他人所拥有的最广泛的基本自由相容的类似自由都应有一种平等的权利"。引自《正义论》,第60页。他的第二个原则是:"社会和经济的不平等应该这样安排,以便使它们:(1)适合于社会最少受惠者的最大利益;(2)以便于1)这些不平等使社会中处于最劣势的成员获得最大益处;2)依系于在机会公平平等的条件下职务和地位向所有人开放"。引自上书,第83页。

③ 约翰·罗尔斯:《正义论》,第15页和第19—20页。

④ 罗纳德·德沃金:《法律帝国》,马萨诸塞,坎布里奇,哈佛大学出版社,1986年,第440—441页,注释19。同时参看查尔斯·泰勒:《自我的本源:现代同一性的产生》,第531—532页,注释60。

式的命令都应消失。① 然而他却终于没能避免求助于善的理论以及避免该理论对社会整体运行所产生的影响。德沃金的观点绝不是中立的。他的理论具有自由主义特点,构成了对某些被认为是对程序机制至关重要的原则表达赞同的一种方式。这种程序机制参与了对公正的阐明,并促进了公正在由被认作是不可逾越的价值所勾画的规范领域中演进。

　　然而,德沃金的自由主义最终却并没有——即便只是在很小程度上——实现使自身有别于一种规定个体在集体中其生活究竟应该为何的观念。尽管罗纳德·德沃金关注于不成为某种特定生存形式的代言人,但是在现实中他却无法避免地支持了某些特殊的原则与社会类型。尽管他认为共同体中每个成员都有权要求获得尊重和平等②——平等同自由一起,构成了自由主义的重要基础价值,既然正是由于平等和自由的联合才衍生出公民权利(尤其是言论自由、宗教信仰自由、结社自由或选举权)③,并且尊重的平等由于其普遍性而

---

①　罗纳德·德沃金:《自由主义》,载于《原则问题》,例如第 203 页:"我并不认为在确定自由主义的理论道德观是一种平等理论时能使自由主义更具吸引力,这种平等理论同与生活中有价值的东西有关的理论相比要求一种官方中立性。这一论据将会招致一些反对意见。它们会认为这样构想的自由主义是一种善的理论建构……自由主义不是矛盾的:平等的自由概念是正义所要求的政治组织的原则,但对个人而言,它并不是一种倡导的生活模式,这样的自由主义者忽略了一个事实,即个体决定发表有关政治问题的意见,或者过一种远离中心的生活,或者按自由主义想象的喜好的方式来行事。"

②　参看罗纳德·德沃金:《认真对待权利》,第 227 页和第 272—273 页,以及阿拉斯代尔·麦金太尔:《谁之公正? 何种理性?》,第 344 页。

③　这定会招致许多辩论,辩论根据偏好顺序进行,也会根据研究人员赋予价值观的作用和解释,以及在自由主义内部自由主义者和保守分子之间的论战。参看罗纳德·德沃金:《自由主义》,载于《原则问题》,第 188—191 页。

不应被归结为一种特定内容，但是该平等却坚信其原则是有效的，因此也就参与构建了对世界的一种特殊观察视角。通过竭力解释、捍卫并在现实中实施这些原则，尊重的平等鼓励一种特殊生活方式的发展。实际上，除了这种尊重的平等自信为比那些同它竞争甚至有可能发生冲突的理论更为优越以外，根本就无法解释与确立自由主义所给予自身的构建公正标准的能力，解释与确立为了使自身得以肯定并持续发展它在现实中所采取的行动。

把自由主义视为一个开放、流动的世界的源泉，在这种世界中，任何事或几乎任何事都是无所不能。这种倾向其实正是由于确信自己掌握了真理并捍卫普遍性的、宽容的和多元化的价值观。此外，即便自由主义价值标准被假设为具有普遍性，并几乎倾向于不介入人类存在之中①，然而它同任何一种世界观一样，都通过同经济、技术或其他定位于社会之中的因素相协调，以一种特殊的方式限定和组织社会各方各面。因而正是在自由价值的影响之下也正是通过与该价值的协调，个体生活方式——无论是在它的私人或是公共方面——才得以显现并运转。从这个角度看来，只有当异议不使自由价值观的基本原则受到严重质疑，并且异议也没有超出这些原则所保护的既定范围时②，这些异议才有可能被接受。

尽管德沃金所捍卫的自由主义执着于自身是开放的、中立的，但是它却从没有能够超越指明个体的生存究竟应该为何的界限。自由主义无法完全抹杀有力的评价（une évaluation forte）③，这种无能为力也就证明了一种现象，该现象超越了自由主义这一具体的例证，它事实上构成了普遍意义上的生活的一种不可逾越的特征。首先，它在于承认人类生存需要价值准则，因为它们赋予人类生活意义和代价，

---

① 参看阿拉斯代尔·麦金太尔：《谁之公正？何种理性？》，第346页。

② 麦金太尔：《谁之公正？何种理性？》，第342—345页。

③ 这种表达摘自查尔斯·泰勒：《公正和善》，载于《形而上学和道德杂志》，第40页。

并对其自身进行了指导①；其次，它也接受了一个事物和它的反面不可能同时存在，除非冒着精神分裂的风险。

　　尽管约翰·罗尔斯和罗纳德·德沃金所建议的公正理论同样没能摆脱当时的背景环境，但这却不能完全抹杀这些理论的意义。他们的公正理论通过努力使自身摆脱植根于历史所力求避免的障碍——尤其是以习俗为标准列举出公正的条件与内容所促使出现的相对主义，代表了一些非常现实的危险。所以，罗尔斯和德沃金面对反对他们的无历史真实性和普遍主义的目标的批判，这两位学者促使自身进行调整、甚至是修改自己的观点。

　　因此，约翰·罗尔斯为了降低存在于他的著作《正义论》中的紧张性——即存在于以一种持久的方式确定究竟是哪一种公正观优越于其他观念的渴望②与根植于历史背景对他理解公正所产生的影响之间的紧张关系，而使自己在最近的论著中将他的论证方式与实践相协调，尽管他不愿公开承认。③ 他进行的改动范围很广泛：他放弃了他的研究领域的普遍性含义。他承认政治哲学的研究目标取决于它所面对的社会，并肯定他的目标是为我们构建一种最为合理的公正理论。④ 因而罗尔斯对公正的理解就应该回应唯一具有自由民主文化特征的个体的观念⑤，并且这种理解也应该只涉及到自由民

---

①　这绝不意味着只有一种表达善的价值类型，也并不意味着人们不能改变观点。

②　约翰·罗尔斯：《正义论》，第 587 页。

③　参看布莱恩·玻瑞：《论社会正义》第一卷，《公正理论》，第 282 页。

④　约翰·罗尔斯：《通过印证的一致观》，选自《形而上学和道德杂志》，巴黎，科兰出版社，1988 年 2—3 月，第一期，由楚德挪维斯基译自英语，第 3 页。

⑤　参看论文《道德理论中的康德构成主义》，载于《哲学报》，兰开斯特，兰开斯特出版社，1980 年 9 月，第 37 期，第 9 号，第 554 页。

主文化。① 约翰·罗尔斯几乎把自己研究的范围仅限于美国及其
基本价值。②

但无论如何,这些都并未导致他去求助于一种先于公正意义而
存在的并将其包含于其中的良好生活概念。

通过依赖政治自由主义,约翰·罗尔斯确定将要强调一种鲜明
的公正观念,其理论依据将会在个体生存的不同方面上给予他们以
光明和指导。他之所以采取这样的立场,是因为那些接受民主制度
自由和宽容的限制及要求的人并不倾向于放弃多元化,从而有利于
一个以单一的、觊觎统治每个人生活的理论为核心的统一社会,更何
况民主政体得以诞生的条件也表明了并不存在一种普遍的、完整的
理论,可以为公正的政治理解提供一个令人满意的基础。③

而罗纳德·德沃金则在他的一方,在曾经反对建立一个以良好
生活观念为出发点的公正之后,似乎也很明显地改变了态度。然而
他并不是要放弃提供一个良好的生存观,他现在似乎是选择了一种

---

① 《道德理论中的康德构成主义》,上引书,第 518 页:"如果我们把研究
的中心集中在民主社会中自由和平等的明显冲突上,那么立即会造成
一个结果,即我们没有尝试找出一个适用于所有社会的正义概念,不
考虑各个社会的特殊的社会和历史条件。我们希望解决现代条件下
民主社会根本制度、正义形式的基本不一致。"

② 同上,第 518 页:"我们关注自身和自己的未来,自《独立宣言》发表
后,我们把辩论当作思考的素材。"

③ 约翰·罗尔斯:《通过印证的一致论》,载于《形而上学和道德杂志》,第
7 页:"现代民主政体的社会和历史条件源于改革时代之后的宗教战
争,以及改革时代产生的宽容原则的发展,此处还源于宪政政府模式的
扩张和与巨大工业市场相关联的经济的发展。这些条件对可实现的正
义概念的必然要求有着深刻影响:这种正义观必须考虑到普遍和完整
学说的多样性、相对性、真正无法评估的概念的多元性。特别是由于涉
及到民主社会公民肯定的人类生活的意义、价值和目的性(或者我简要
地称之为善的概念)。"

纯粹自由主义的善的观念。因此,他便极力提倡一种使个体的伦理和政治信仰相一致的生活模式。① 我们可以发现,对社会现象的研究必须根植于历史背景范围内,这是不可避免的。然而却并不是因为这种社会现象研究同其历史环境是密不可分的,因此其所作出的判断就应该被归结为这种历史环境,并且也无法以一种从合法性的角度来看令人满意的方式来分析发生在不同环境之中的社会现象所具有的特征。

评价的实施和不同社会的同一性

社会—政治科学的或然判断经常同其所处的社会的关注相回应。一个观察家,如果他并不是他所审视的情势的行为者,那么他的观察视角就很难有效地将那些曾身临其境的个体的感受恢复如初。而当在各种社会现象和观察家之间存在很大的文化差异时,这种情况就显得尤为真实。在这种情况下,究竟应该如何做,才能够使根植于具体的历史背景之中所代表的棱镜能够留出一个活动空间,以使得可以不违背社会现象的特性,并对统治者与被统治者之间的关系的公正与否进行可信的评价?

首先,应该考虑到社会具有不同类型。重要的是要尽可能地认识它们的特性,并把这些特性纳入到对其的评价之中。事实上,这些特征参与到了研究框架的规定性进程中。它们确定了那些被认为是

---

① 罗纳德·德沃金:《自由的平等的基础》,载于《有关人类价值观的泰涅讲座》,盐湖城,犹他大学出版社,第 11 期,由格莱士·B. 彼得斯顿编辑,1990 年,第 1—119 页,更确切地说是第 3—9 页。我们引述《自由主义者应关注平等》一文,选自《原则问题》,第 205—206 页,罗纳德·德沃金在此极力弱化他在《自由主义》中维护的中立观,并预见这种中立观的发展的可能性。同时参看了菲利普·范·帕里吉斯的评论:《何为公正社会? 政治哲学实践导论》,第 246—247 页。

公正的或者是那些应该被谴责的方向的界限。政治机构和政治家所承担的职责以及人民对他们的希望和该社会的同一性相联系。因此,要研究统治权利就不能不了解,正是某一社会所特有的世界观勾画出了其社会成员在其中发表对该统治权利公正与否看法的框架。

因此,这也就意味着应该考虑到社会的同一性在时间中的发展。比如说,很明显,如果今天在法国提出合法性问题就不能运用一百年前所使用的字眼。如果想以完全取自现代的判断标准来评价过去,那么这也就只是一种与时代不相符合的观点。从 19 世纪末开始,法国社会的资源和约束都大大改变,因而也就带来了在力量对比、对权利的需求以及在何为政治上合法情势的观念等方面的巨大变化。

此外,还必须关注处于同一时代的不同社会之间的差异。① 因此试图回答统治权利问题的社会观察家将不会根据同一种方式来讨论这些社会,(他们需要观察)这些社会是构成了属于同一价值体系的不同变量呢——比如说现代民主②,抑或是它们服从于各种完全不同的逻辑——比如民主平等理念以及在印度由种姓制度所建立起来的

---

① 关于对各种社会以及它们之间可能出现的差异的程度的分析,请参看路易·迪蒙(Louis Dumont)的方法论述:《经济意识形态的产生与发展》,巴黎,加利马尔出版社,1976 年版,第 17—18 页和第 23 页。

② 参看亚历克西·德·托克维尔:《论美国民主》第一卷,第 2 册,巴黎,加利马尔出版社,1979 年,再版,第 101—104 页和第 304—306 页。作者根据英国、美国和法国的各自特点,按照他们给予基本善——在民主中即为自由和平等——的相对地位,对这三种民主制度进行了对比:英国是没有多少平等的自由;美国在很大程度上继承了自由并且发展了平等;而法国在与旧制度决裂的革命之后主要是致力于发展平等的统治地位。

社会等级的组织方式。①

　　同样,有关合法性判断的可靠性也取决于研究者是否有能力将自身的分析建立在那些直接面对某一特定政治情势的个体的观点之上。因而那些参与具体历史背景构建的价值,既有利于促进社会也有利于促进其成员同一性的形成,因而其工具性作用便在于准许个体对在社会机构指导之下的社会生活的质量进行判断,并通过与该社会机构的关系来进行自我定位。这显然不妨碍以批判的眼光看待社会现象。分析的目的并在于建立一种分析,以确认任何一种被构建起来的有利于政府机构的情势。更确切地说,这涉及到通过思考这一政府是获得个体的支持抑或是遭致他们的反对,来考察某一政府所给予的公正的程度。因此,公众的满意或不满意的态度源自于那些体现政治权力的政府机构与人员履行各自义务的方式,正是这种态度为观察者提供了关于统治者和被统治者之间合法关系系数的首选指标。公众的赞同或反对也同样是信息与资料来源,可用来分析政治关系的公正或非公正特性。

　　事实上,在思想和行为领域,赞同或反对的态度并不总是表现得很明显,尤其是顾虑到公开发表言论可能会有的危险。因此,要弄清

---

①　参看路易·迪蒙:《人类等级:种姓制度及其蕴涵》,巴黎,加利马尔出版社,1979年,再版,第13页,第15页和第17页。属于截然不同文明的社会,在存在民族特性之差别的同时共同享有总体参照的社会,都没能容所有社会安排类型的各种可能形式。还存在一些补充形式。比如在有的社会多样性并没有造成严重的,有时甚至是悲剧性的紧张局势,反而使许多异质的价值体系结合在一起,这种情形在非洲和亚洲尤为明显,那里的国家,殖民当局及历来独立的新国家都融入了当地传统的文化中。关于这方面,还请参看乔治·巴朗迪尔:《政治人类学》第186—193页和第203—215页;以及格利福德·格尔茨(Glifford Geertz):《文化解读》,选自《论文选集》,纽约,基础书店出版社,1973年,特别是第148—150页,第238—249页,第255—261页和第317—323页。

公众真实的观点,关注他们参加集体生活的质量,同时也要研究他们的动机以及个体投入。特别应该努力阐明对统治方式的赞同是出于真实心意,或是恰好相反,只是出于谨慎小心才假装支持。[①]

当然,公众态度所提供的信息也不总是可靠的,比如对某一政策由反对变为赞成,而这种转变只是由于策划缜密的宣传活动产生的一种现象。此外,即便某一公众态度主要是自由思考过程的结果,但如果把它上升到决定性的标准,用来确定何为公正时,就会充满危险。这可能会有利于某种关于合法性主观主义观点的发展,以至于在没有符合理性标准的情况下,无法解决观念的分歧和利益的冲突问题。无论如何,认真谨慎地分析公众态度的确会有助于阐释清楚统治权利问题。

真理伦理学与权利社会

研究在所分析情势内部存在的不同观点,并且在必要情况下解释那些将其重点放到公正之上的分歧与冲突,这就意味着不应该否认为了知道社会现象究竟为何而对其进行了解的权利。这同时也就是采取了这样一种立场,即禁止将这些社会现象当作一种可以被随便利用的手段。然而这一点并不是在任何一个社会中都是行得通的。

尽管从合法性角度描述和评价统治关系无法回避它们在其中得以建立的背景对其所产生的压力,但是它们相对于它们所审视的领域却有一项义务要承担,即不要使该领域屈从于智力歪曲行为。事

---

① 有关这个问题,请参看莫西·卢因(Moshe Lewin)对东方共产主义政体状况的论述,例如《戈尔巴乔夫现象历史诠释》,伯克利,加利福尼亚大学出版社,1989年,再版,第25—27页和第110页。同样的问题,但这次的背景是现代企业中劳动力的管理,请参看菲利普·戴尔马(Philippe Delmas)的观察:《时钟的主人,公共活动的现代性》,巴黎,奥蒂尔·雅各布出版社,1991年版,第176—178页。

实上,应该在坚持并希望通过调查获得探寻真理权利的研究与对其表示反对的研究之间划界。为了使这一指导方针得以展开,从合法性角度对政治现象的研究就应该将其自身纳入到一种为其留下回旋余地的社会之中。而这一回旋余地也必须充分地将自身认同为有关真理与公正的(根本)原则,以便于从总体上构想和发展其历史,从而从自身角度上不会造成体系的倒退现象,尤其是不要损害存在于由它所庇护的思考活动与工程框架中的价值。

如果对事实的操纵占了上风,这将会带来巨大的损失。其负面影响不仅会触及理论范畴,而且在实践中也会有所体现,特别是当研究的现象与新近的现实有关时。如果研究对象属于某一社会近期发生之事,并且仍痛苦地萦绕在社会的现在,那么不考虑不得扭曲事件这一条款就不仅仅意味着损坏知识的可靠性和与对记忆的盗窃。因为最终为已犯罪行蒙上面纱,那么这也就是使自己被视为同谋。这会让人怀疑政府机构表达和推广真理和公正的意愿[1],而政府机构从来被认为是公正和真理的守护者。因次一种不信任感将有可能发生并导致权利与公正的观念丧失了其可信性;而一旦当这些观念在根本上受到了嘲弄的话,那么依据义务和连带责任进行思考和行为的理性便会消失,以至于这将有利于个体优先执着于追求个人的短期利益。因而,日常生活和社会共同体的未来也就将进入一个恶性循环。

在对合法性的研究中,尊重社会现象的表现形式是一种学术道德,即一种或是批判或是表明立场的中立的学术道德。这种道德与

---

① 请参看 1987 年在阿根廷掀起的论战,论战原因如下:面对军队的局部起义,总统阿尔丰新决定大赦,但一些指挥官,大多数最初被判定有罪和被指控在 1976—1982 年独裁统治期间犯反人权罪的军官除外。同时,参看德国历史学家的辩论,尤其是于尔根·哈贝马斯提及的辩论:《政治论著:文化、权力和历史》,例如第 187—197 页,辩论由分析纳粹主义,试图抹平和使其罪行正常化的工作挑起。

具有普遍意义的伦理学范畴相联结——领导者与他们所领导的社会正是依据该伦理学范畴来行为或不行为。事实上,本书中所提倡的研究方法鼓励认为,只要对社会现象所作的判断不丧失其追求真理的目标,那么这些判断可能的多元性就可能构成同样多的补充研究途径。所以,只要任何一种所建议的判断都不是试图从原则上垄断真理,并且也并不从属于一种一切都具有相同价值的多元性(观念),那么即便是这些判断的分歧可以将它们互相分离,但是它们却不仅仅是可以相兼容的,并可以丰富真理知识的复杂多样性,并且因而可以向着从权利角度理解政治生活的方向前进,从而促进权利的发展。

　　合法性研究所展开的学术道德强调真理和公正之间所存在联系的重要性,因而它是与一个社会为了同对公正的追寻相一致而必须赞同的事物密不可分的。政治机构及其领袖必须要促进对社会现象的最为可能清楚的认识。这种意愿所产生的力量反映了社会当前的公正程度。因此,如果隐匿或扭曲真相的机制是统治者活动的主要特征之一,那么他们也就是根本不去考虑权利和义务并违背了伦理的必然要求——然而他们却是充分感受到了这些权利与义务的分量,以至于他们不敢公然对之践踏。从这个角度来看,如果在推行堪可指责的实践活动中在他自己的责任上说谎,那么在别人的眼中这就不简单是否认这些实践真实性的一种手段。在这种情况下,这也同样是不向自己承认这些实践的真实性。不过,这些国家的罪人因其恶劣的信仰,当涉及到维护他们自己的利益时,却几乎很少受窘于这种顾虑。

　　因此,合法性判断的可靠性有赖于接受并阐明社会政治现象的历史真实性范畴及对其所进行的研究之间的关系。无论如何,本章所作的上述分析并未穷尽这个问题。因而应该通过思考个体在共同体内所经历的意义体验来补充上述分析。

第六章 共同体体验、可能的
原动力与政治合法性

为了指出可以将真理理念和历史现实的多元性协调起来,从而也可以认为生活方式的多样性及所发生的变化并不排除存在着对政治上可接受事物的限制,那么就必须通过探讨共同体体验来补充上述所建议的论据。事实上,正是在某个既定的共同体——个体充分地融入了这一共同体,以便同意达成一致,并关注于自己的权利与义务——的范围内,个体才体验到他的处境和统治者应尽的责任是否公正。

这一探讨包括三个阶段。首先,将要指出的是,实践真实性的问题同在社会领域中发展的意义和可能是相联系的。其次,有关合法性判断的主题将通过审视与可能的原动力相关联的共同体体验来进行探讨。如果说对某一社会的归属感是同个体看待自己权利和义务的方式分不开的,那么从这一理念出发,我们将发现这种情势意味着政治机构必须能够注意到可能所将要发生的潜在演变以及实现这些可能所具有的意义,既然行为人认为这些可能对他们的福祉至关重要。如果无法做到这一点,那么在政治机构和社会之间就有可能产生鸿沟。如果说影响到对可能进行评议的变动未被当局接纳,那么这些变动便会引起一些冲突,进而影响到社会的平衡。最后,应该明确的是权利和公正的实现是不断调整的努力的结果,并且同共同体范畴的有关主题密不可分。

意义体验,关于可能的评议与合法性判断

我们已经看到,某些社会科学流派——即那些使自身与唯科学主义、马克思主义和韦伯主义研究所依托的公设相一致的流派——的主要缺陷表现为无法用一种令人满意的方式来探讨价值哲学范畴。这些流派所赞同的研究指针禁止其自身通过对权利真正的思考来研究合法性。在社会和政治现象领域中有关可能性条件和真理存在条件的思考并没有被进行到底。为了超越这些流派的研究局限,也为了确信价值可以作为确定公正的标准,因而其多变与多样性并不是对合法性作出可靠判断的最终障碍,那么就必需指出意义范畴是人类体验的中心,尤其是社会生活的中心。

对意义范畴的分析必须从对可能进行审议的角度来进行,以便有利于建立起评估统治权利过程的可信性。从这个角度看来,首先我们就需要研究社会生存中意义、可能与实践真实性的概念是如何相互联系的。其次,应该指出领导者和政治机构所承担的责任正是通过由这些概念所确定的决定和行动领域来予以衡量的。

意义与可能领域,及实践真实性问题

由于人类现实并不符合真理的揭示机制,由于一致性与确定的事物很少出现在社会生活的运行当中,尤其是现代社会当中,所以,认为价值哲学领域和人类决定及行动领域可以被纳入到是与非的范畴之中,这种观念是很难被接受的。因而这种情势也就不可能不影响到社会科学对政治关系发展中意义这一或然判断所作的总体研究。社会科学把意义问题同实践真实性问题相隔离。因而,正是借口无法阐明建立在理性基础上的选择,实证经验主义才将其描述与解释的目标集中在易用数量表示的因素上,并由此放弃了环绕在人类行为周围的意义。因此,有关真理讨论的中心也就在于弄清楚所

提出的论述是否同证明其有效的程序相符合。对马克斯·韦伯而言,即便他对意义、意向性的形成过程给予了高度重视,但是他将个体信仰同真理理念相分离。他认为价值的不合理性阻碍了总结出价值哲学的等级体系,从而能够使人思考究竟哪些界限是不能逾越的。这种思考又最终使个体赋予其社会活动的意义与真理和公正观念的固有联系相脱离。而马克思的历史意义观念又同其关于真理的坚如磐石的观点密不可分,但是这种观点却同充满着多样性与细微差别的人类现实并不相符。

然而,建立起有关可能的思考却似乎是一种克服连接意义范畴和实践真实性范畴困难的方法。实际上,这种思考准许在个体信仰及目的在于评价该个体信仰的机制之间建立起一种联系。该思考是建立在下述论题基础之上的:社会是一个充满着可能的领域,该领域是同其置身其中的社会同一性的组成因素密不可分的。这也就是说在社会中的那些可预期的决定和行动既依赖于社会在它的许多活动领域中的发展状况,如经济、政治、社会、文化等领域,也依赖于对其结构起规范作用的不同价值。举个例子就足以使人确信这一点,比如说,生活在中世纪的法国人所能够获致的选择和行为一定同当今法国人的不同。在这两个时代的两种社会中,社会存在的价值界定,在认识和技术手段的领域中出现改变的同时而发生着改变。以至于社会提供给个体的选择是非常不同的。

将社会描述成一个可能领域,这也就是在强调这样一个事实,即在既定背景下,个体总是面对着许多导向,这些导向表现为同样多的途径,展示出他们有可能进行选择与行为的事物。① 提供给个体的可能性范畴构成了一个作出决定与采取行动的整体,通过它个体不仅能够影响到自己生存的过程,而且同样能够影响到集体生活的运作。

---

① 我们自由地借鉴了亚里士多德有关审议的分析:《尼各马可伦理学》,巴黎,弗兰出版社,1972 年,再版,由 J. 特里科译自希腊文,第三卷,5,1112a20—30,第 132—133 页。

　　当然,确信一个社会是可能领域根本就不意味着在社会中所有的东西都是可能预期的。恰恰相反!可能领域所包含的是个体所支配的资源的整体,该领域只有存在于一个确定的范围内才能是可预期的。从总体上看,这些资源的形式和内容是随着所分析社会以及个体在社会中所占据地位的变化而变化的。因而,各种可能性不可避免地会遇到许多限制,我们可以把这些限制分为两类。但是,我们必须从一开始就明确,在重大危机时刻,当集体成员不同意那些支配该集体的导向与组织的总体方式时,反对统治者和统治机构的质疑运动是将这两种限制结合起来的最为常见的形式。

　　第一种限制与属于不可设想范围的事物有关。为了形象地说明,尽管可能带些夸张,我们可以举个例子:法老帝国的一个奴隶就不可能对自己可能成为共和国总统的运气进行评估。很简单,他的头脑中绝不会出现这种选择。关于可能的想象和由此所进行的可能审议,只能是在某个特定社会所允许个体设想及希望的范畴之内才有意义。

　　第二种阻碍可能性发展的限制类型并不是那么明确,但是对于本书所讨论的问题却至关重要。这关系到一些选择和行为,虽然其在理论和实践上都是可以想象的,但是如果这些决定和行为所表现的是被社会所谴责的方向,从而它们将可能带来危险,那么它们因此而颇具争议性。

　　社会层面、对可能的限制,权利和义务——可能领域的第二种限制同社会整体文化是同质的。这里,反对某些可能实现的因素取决于从该社会同一性构成价值角度出发的领会和理解的不相容性。

　　个体在社会中发展,它所掌握的可能的决定和行动的范围,具有双重范畴。一方面,该范围被纳入到个体成功或胜利的战略之中。指引该范畴的是对实现某个目标、从而必然导致获得某种利益的关注。这就涉及到获致个体根据他所认为的属于可能范畴的东西而确信能够享有的利益。这种从个体利益角度进行的考量并不是在真空中进行的，它也并不是一个孤立的程序。因为，另一方面，对那些可能的事物的审评也不可避免地将要在社会环境内进行。事实上，个体正是根据那些社会的特征所建立起来的作为可能性远景的事物，来评估个体的轨道，并进而来评估他们为自己所确定的目标和可能获得的利益。此外，既然个体的思考无法逃避该社会范畴，那么该社会范畴所承载的对可能的限制也就给予了每一个人。

对于社会范畴而言，最重要的是关注个体利益和集体生存要求之间的紧张关系未达到使社会关系处于危险境地的程度。这种紧张关系是随着社会类型的变化而变化的，它在现代社会中要比在传统的共同体中显得尤为突出——因为在现代社会中，个体认为自己是个独立的个体；而在过去，个体身份和生活规划都是深深扎根于社会团结一致的体系之中。因此，这种紧张关系就有必要被限定在一个协作的框架之内。

个体之间的互利关系必须得以建立并持久。而社会成员之间的关系不可能向单一方向发展，也不可能只有利于某些人，并始终是这批同样的人。因此，重要的是社会成员之间的关系应表现为一种交换。尽管在互利之中承认的形式和内容会有所差别，但是他人的存在却必须以某种形式被纳入到每个个体的决定与行动之中。如果情况相反，社会的继续存在就将受到威胁。而如果缺乏互利，那么缓和关系继续也就被剥夺了意义。

如果这种情势，即个体之间这种单纯的冲突关系，成为集体关系的规范，那么协作关系的前景就不仅是在个体层面上受到了影响①，

---

① 参看罗伯特·阿克塞尔罗德（Robert Axelrod）：《协作的发展》，纽约，基础书店出版社，1984 年，第 7—10 页。

而且是在社会范畴的总体层面上也遭到了触及。短期盘算战胜了长期考量,而个体之间的关系也无法超越现时的限制。这种关系因此也就没有被表现为信任与授权,也就同社会范畴与集体未来的创造形成了公然的矛盾。那些认为自己被欺骗的人,当机会到来之时就绝不会不作出反应。如果需要他们谨慎行事,他们的反应就会审慎而行;但如果冲突的危险被认为很小时,或者他们将在力量对比中处于有利地位时,他们的反应便会是公开的。不论如何,这种情况下协作只能是一句空谈。

既然审议过程将不可避免地在社会范畴之中进行,所以社会范畴就不能被社会成员所无视,当然,除非是愿意承受遭公众蔑视的风险,或者,当这种态度为大多数公众所接受时,希望在混乱的选择与行为的压力之下促进社会关系发生剧变。

然而,即便是当个体在追寻自身利益时,如果他不愿意必须面对可能对其利益依据发生质疑的抨击①,那么他就显然会被告知必须遵守社会限定的范围。因此,审议机制的社会特性就意味着在有关可能性的探索中心存在着不能逾越的界限。这就涉及到必须根据社会所规定的价值和规则,考虑到那些归属于每个个体的东西。他人的权利表明了也指示了自己所必须承担的义务。

可能的界定和社会目标——为了相对明确地认识在个体的审议能力中起作用的社会范畴,就必须明确它同社会总体目标之间的关系。社会总体目标决定着共同体的整体发展方向。它们是对决定各种可能有着重要价值的参数。确定不可逾越的界限——如有违反便

---

①　参看马基雅维里的评注,他的观点是:在暴力统治的社会中,保护财产要求时刻保持警惕,因为在这一社会中,很难利用权利来确保保护财产。《君主论》,特别是第364页。同时也参考了克洛德·勒福尔的评论:《著作的创作——马基雅维里》,巴黎,加利马尔出版社,1972年,第346—348页。

会受到惩罚或使社会分裂,该界限的确定要同有关社会同一性的基本原则相协调。因此正是通过与社会的现在以及将来的构成价值的联系,对可能的界定才得以进行。例如,如果某一社会把宗教宽恕精神设定为它的基本原则之一,那么它就将致力于同鼓动一种宗教战胜其他宗教的人作斗争。同样,如果某一社会将确保所有成员的最低生存标准做为自己的义务,那么它显然就不会让某些人死于饥饿,并会持续地保障自己义务的可靠履行。

（社会）目标确定着共同体的总体同一性,但即便该目标所代表的因素对可能的构建具有决定性作用,然而可能同社会目标的兼容性却不应该仅仅是消极的。重要的是——至少当社会受到上升动力的推动时应该如此——体现可能的协作关系必须以积极的方式表明并公布出社会的基础价值。

个体的选择和行为同由社会总体目标和基础原则所确定的战略范畴的关系越密切,个体发展的余地就越窄并会受到更大监控,可能性的范围因而也就会缩小,被严格控制,并被规则化。在战略领域中决定和行动得以具体化之前,就应该设置一个严格的界定系统;而在其后,如果采取的决定和行动超出允许的界限,那么当局就会毫不犹豫地运用它所掌握的各种严厉的惩罚手段。相反,如果对可能的审议与可能的实现只与相对外围的因素有关时,那么可能领域将会更为宽广,更富有弹性。

社会总体目标推动社会战略领域的确立,而社会战略领域的影响随社会类型的不同而变化。因此,战略范畴意味着对可能的限制在传统共同体中要比在自由类型的社会中更为明显:在传统共同体中,社会团结一致的高水平同生活计划中的相似性和僵化共存;而在自由社会中,对社会基础价值的坚持允许个体行为的多样性存在。但是同样也可能观察到这种相对于社会而存在的现象:一些社会的体制尽管相同,如同样是民主政体,但却表现出不同的地方特色。

美国和法国对政治代表制存在着差异,从这个角度来说,这就很有说服力。如果说在美国,对政治领袖私人生活的重视比在法国要强,这并不只是由于不正常的好奇心。这同样是因为政治代表制在那里并不是像法国那样是由国家来担保的:在法国,国家通过使政治代表制参与到关于民族的普遍与抽象的概念之中,从而也就促进了使政治代表制脱离其物质躯壳(而存在)。在法国,民主原则在历史上是同国家权力缓慢上升的进程相伴而行[①],因而民主原则附属于国家,并由国家来确保,国家则自认为代表着公众利益并是世俗保护人。相反,在美国,是由社会统治着国家,美国社会是由许多共同体构成的。而这些共同体被整合入美国民族,尽管这种整合——根据种族团体的不同整合的程度或深或浅——的实现是在重要的普遍性原则的名义下进行的,但该整合却仍然受到了该关注的推动,即它们希望看到国家机构和领袖不仅考虑到了各个共同体的文化本位主义,同时在采取行动时也要同它们的道德价值相一致——这些道德价值中的大多数价值关系到个体的私生活。这些价值对社会生活的总体来说,被认为是最为至关根本的,以至于政治领袖必须遵守。换句话说,并不是社会将其自身认同为国家,而是国家应以社会为标准。[②] 人民的代表同社会在私人存在的框架中所赋予特权的伦理直接相关。正直和忠诚的(社会)契约价值难以容忍期望担任高级职务的政治负责人唐璜式的生活作风,这些价值在男人对女人行为中被清教徒似的道德体系置于非常重要的地位。[③]

---

① 请特别参见亚历克西·德·托克维尔:《旧制度与大革命》,第 127—129 页。

② 这些比较性评论并不显然意味着在法国国家同社会相分离,也不意味着在美国社会丝毫不受国家机构的控制。简单地说,在法国,社会对国家制度上的依赖关系要比在美国的显著;同时它也是同转归到国家名义之下的对社会运行集中控制的历史角色同步发展的。

③ 参看帕特里斯·伊戈内:《姐妹共和国——美国和法国共和政体的渊源》,马萨诸塞,坎布里奇,哈佛大学出版社,1988 年,第 29—30 页。

对于那些规范社会的结构并确定以组织其他次战略领域为目标的价值而言,如果可能性与它们之间的关系越为紧密,那么对这些可能所作的限制就越属于一个必要的层面——社会的持续存在要求在这一层面上不能作出让步,或只能作出微乎其微的让步。

所以,对那些所期望事物的估算就被要求与那些被认为是必然——一种将集体中难以想象的事物(即前面所提及的第一种限制)与其实现有可能会遭致惩罚的选择结合起来的必然——的事物达成妥协。从这一角度看,虽然在唯科学主义和自由主义的双重影响下,个体评议机制中的社会范畴被观察家们大大忽视了,尽管最近的科学研究倾向于重新承认它们的重要性[1],但是社会范畴的这个部分却为我们指引了道路,使我们能够将意义层次与实践真实性相互协调。

社会意义范畴与实践真实性——可能的领域由社会目的所限定,并在社会目的所确定的意义范畴发展。事实上,社会总体目标通过为个体思考和行为领域设置参照坐标促进了确定何为有意义的以及何为可能的。社会目的所体现的基本价值确定了社会的同一性,因而也就为个体提供了意义与行动的指南。无论是在意义层面上还是在实践层面上,该社会目标都指引着个体向着某一方向前进,而非向着其他方向。

提供给个体的可能性构成了各种选择的整体,这些选择根据社会推崇的价值所确定的意义世界从而影响到对可行性和可期望程度的估算。更确切地说,如果社会所期望获得实现的目标使得这一可能有成为现实的明显趋势,那么这种可能才具有完全意义。因而在个体置之于其选择和行动之中的意义和他们所期望构建的现实之间存在着汇合点。为了更明确解释这个事实,我们可以举个例子:一些

---

① 参看阿尔伯特·O. 希尔施曼(Albert O. Hirschman):《论非法侵入——经济学到政治学及超越》,剑桥,剑桥大学出版社,1984 年,再版,第 299—304 页,和阿马蒂亚·森:《论伦理学和经济学》,第 15—22 页。

美洲印第安人根据神话传说把西班牙人的到来解释为神的回归,如果要指责他们的无知,就是一种可笑行为:因为通过运用他们的世界观所给予他们使用的工具,他们只能信任于神奇(来予以解释)。①

所以,(个体的)审议是在可能的领域中进行的,该领域的格局取决于多个相辅相成地发挥作用的层次,以便于确定什么是个体所能够或不能够解释、决定或采取行动的。可能性领域既不受制于一种完全僵化的规定性,它也不给人们留有其他任何选择余地,它在一个确定的框架内规定了那些可自由运用的选择。假设集体平衡并未遭遇到深刻危机,那么这些选择同社会总体目标就是兼容的。而在由这些社会总体目标所赋予的意义世界中,这些选择就可以被思考、期望以及被实施,以便最终成为具体现实。

观察家们通过对可能与目的领域的分析所能够得出的意义范畴,并不仅限于这一个方面。它同样将实践真实性纳入其中。事实上,决定和行为的真实性,即便是受到了社会范畴的限定,但也并不应因此而被简化为其工具性效力。或者更确切地说,这种工具性效力牵涉到了实践层次上的真实性。

　　个体选择与行为的工具性效力是在由社会目标所确定的意义世界中得以发展的。所以,个体选择和行为在实践层面上正确与否取决于它们是否同该意义世界相一致。根据同社会目标的相容性,某种选择和行为将被判定是否遵守该社会的合理性,即相对于要求每个人的权利与义务关系来说是合乎理性的。这一点可以很容易被证明。因此,如果某人违反了共同体生活的良好行为准则——这种违背构成了对实践真实性的一种破坏——时,最为通常的情况是,他将会采取一种掩饰行为,以便

① 参看米盖尔·莱昂-波迪拉(Miguel León - Portilla):《被征服者的视角——征服之中的土著关系》,墨西哥,墨西哥国家自治大学,1982年,再版,第33—38页。

逃避他所面临的惩罚。确切地说,他的关注在于把情况搞复杂,以便于对道德客观性——即在一个既定环境内所确立的与互利规则相一致的必然要求——的违背不被发现。而紧随在这个实践错误之后的便表现为在认知领域中操纵与掩盖的企图。

　　(个体的)选择和行动越是与社会中现行的意义相矛盾,那么它们在实践层次上就越显得错误。并且也正是因为如此,它们才受到了惩治。如果错误大大超出了理性的限制,它便不再仅仅是简单的错误行为。如果是这样的话,那就不得不将该行径与荒谬相提并论。这就将涉及到必须面对一种使存在于集体中的意义体验化为乌有的陈述,必须面对一种放纵,它是如此的过分,几近于反常,甚至是反人道。

　　这种体验一定是死亡集中营中的大部分囚犯所曾经感受过的。他们所深陷其中的处境是如此的无法预料、难以捉摸,以至于他们无法预测会有什么事发生在自己身上。就算是在 1945 年以后,幸存者们仍然很难相信这些情况竟然都曾经是可能的。① 为了生存,必须放弃一部分人性,必须放弃作为人的权利,因为他们的施刑者拒绝赋予他们这种权利。② 他们必须忘记作为一个文明人所具有的意义,以便能够忍受住苦难和极度恐惧。自我麻醉、忘掉自己和被人遗忘已成为作为人的手段。③

---

① 汉娜·阿伦特:《极权主义的起源》,纽约,阿尔库特·布雷斯·约瓦挪维奇出版社,1979 年,再版,增添新的序言,第 439—441 页。

② 参看埃马纽埃尔·勒维纳斯(Emmanuel Lévinas):《倒霉或自然权利》,载于《困难的自由——论犹太教》,巴黎,阿尔班·米歇尔(Albin Michel)出版社,1983 年,再版,第 199—202 页。

③ 参看让·皮埃尔·阿泽马(Jean - Pierre Azéma):《纳粹主义牺牲者》,选自集体创作的《1933—1945 年希特勒德国》,巴黎,塞伊出版社,1991 年,第 322—323 页。

因此,我们并不能认为不可能评定在社会现象的运行以及对其所进行的描述当中的真与假。对社会及政治现象所进行的阐述,它所代表的并不只是可以进行无休止争论的阐释,以至于争论的双方最终都无法区分哪些是符合真实性要求的阐释,而哪些又是不符合真实性要求的阐释。真实的理念都有一段历史,或者是这一历史向我们表明它经常被利用以服务于党派纷争的目标,或者是它的内容在几个世纪中遭受了深刻的改变,或者是即便是在同一时期都会有不同的思想和行为体系觊觎于成为排他性的对真实的唯一体现,然而这一切都不应该导致我们认为实践真实性只是一种虚幻。甚至还有一种危险,即认为或者是必须迫不得已地接受那些在自然科学当中所运用的构建真实性的程序,或者是将真实视为建立在非理性基础上的信仰客体。

拒绝在实践中给予真实性概念以地位和作用,这也就是放弃了对善与恶所进行的评判,因而也就放弃了从权利角度进行裁判。这也就是既在有关社会现象的论证中也是在人类现实中所采取的行动之中排除了对什么是真与伪进行阐述的可能。

这样,由于历史唯名论和历史主义拒绝在一个多变和多样性的社会中探讨真实性的条件,因而它们也就被视为了保守反动思想和政治的特洛伊木马。事实上,对于历史唯名论和历史主义的支持者来说,他们似乎很难反对历史修正主义。因为要想揭露历史修正主义,首先就需要假设存在着对历史的正确和错误的解释;其次就是要揭示确立这种区分坐标点。否则,这种区分也就是不可能实现的。

有一种论断认为,对某一特定现象存在着多种可能的解释,并且也认为这种多样解释是与这些作出解释的观察家们在其中进行发展的社会环境密切相关,这一论断被广泛接受。但是该论断却不应该导致我们认为与这种阐释的多样性相伴随的必然是无法为各种观点划分等级。必须重新指出的是:个体所采取的立场,无论是在选择层面还是在行为层面,都被纳入进社会范畴。从这个角度来看,个体所采取的立场是在可能性范畴中进行的,而即便说这一领域留有某一回旋余地从而允许多样性得以表达,但它却并不因此而更少地受到某一特定社会意义范畴及其所推崇的东西的限定。可能的决定和行动的范围是根据它们同个体之间互利关系的需求来设定的,而这种需求正是社会范畴为了持续存在所必须要求的。那些遭到惩罚的行动走向是因为它们在实践上就被视为是不正确的,是因为这些走向超出了由集体的总体目标所确定的理性领域。因此,多样性并非意味着没有限制。人们不可能任意发表言论和采取行动而不违反社会的真实性,也不违背在其中调整互利、互换和宽容关系的那些事物。

　　属于无法确定的并且也可以进行无休止讨论的事物,只是那些不反对人们可以根据共同体所确定的互利规则发表意见并生活下去的可能性的事物。而那些反对并把这些规则置于危险境地的事物则必然会遇到在某一特定的背景中所不能违反的限制,以便使个体在其中得以相互承认的集体的意义和价值不被放弃。正是事物的这种状况,通过给予参照点,特别地可以使我们从实践真实性的角度来评判个体的选择和行为。很显然,这种论证假设了在社会成员之间就意义与可能的领域、因而就那些被认为是真实与公正的事物存在着总体的一致。所以,如果没有一种平衡的情势,那么在那些不可让步的原则和可接受事物之间的界限就将消失,从而使权利的实施陷入危机。

　　这就是为什么必须要把有关意义、可能性和实践真实性范畴的分析同对共同体体验本身的研究结合起来。但是,在为此进行冒险之前,应该研究上述有关意义、可能和真实在实践层面上的地位的思考是以何种方式提供了对政治领袖和机构在面对共同体时所采取的行动进行评估的标准。

可能的要求,政治责任及合法性评判

社会总体目标所确定的意义和可能领域指明了需要遵守的方

针,以便于个体之间的互利关系得以存在。在这一点上,该领域也确定了政治机构和领袖的责任。这也就涉及到这些政治机构和领袖务必要使那些被认为是可能的、可期望的,甚至是必然的需要获得满足;同时也务必要使这种满足有效地构成他们负有责任的社会当前与未来的事实。这也是他们相对于被统治者而言的责任所在。

无可质疑,政治机构和责任人所承受的任务同社会的同一性密切相关。因此,他们所负责任的大小也是经常变化的。这种变化是随着时期、社会类型和形势的不同而发生的。被统治者针对政治机构的选择与行为的期望是根据那些被明确地认为是有赖于政治机构的事物来确定的。因此,当某些社会问题被认定是政治问题时,如果它们在民众的眼中并未获致解决,那么这些问题会使政治领袖陷入困境。

政府如果不能够以一种令人满意的方式来承担属于其职责的领域,那么它所承受的风险是同其责任领域的战略特性成比例的。政治责任的范围越为重要,政治机构就越容易受到批评。因而,他们的力量就趋向于成为一个弱点:如果政治机构无所不在,那么它们就会不得不面对独自承担出现的困难所带来的责任的风险。因此,在社会主义国家中,一旦这种运动可以公开表达,国家政权的巨大作用往往在面对质疑运动时只能削弱国家本身。所以对苏联的机构来说就很难将所犯下的错误推卸给从前的当政者,而这种伎俩正像西方政客们所擅长使用的。

被统治者对政治机构以及在他们头脑中的政治领袖期望的实质在于不要抑制那些对于实现他们权利来说至关重要的可能。政治机构和领导人的作用应是承认并保护这些可能。根据政治机构承担职责的方式以及根据被统治者对统治者的态度,观察家就可以作出合法性的判断。他也就能够评价领袖者在何种程度上履行了其义务。

可能与可期望领域通过与政府活动相连接,也就给出了表明政治关系合法性的指数。领导机构的活动是否会获得被统治者的赞同,这一事实可以为研究人员提供有关个体对公正和合法性所进行体验的信息。

实践真实性概念、政治领域中权利判断的概念便重新获得了肯定,这种肯定因此也就必须经过对可能进行评议的思考。然而,为了使对存在于可能领域与意义领域之间联系的重视能够最终导致以一种令人满意的方式回答实践真实性的问题,那么在社会成员之间就社会所应推崇的目标问题就应该存在着一种共识。所以,个体就有必要就他们希望在怎样的社会类型中生活、就他们在其中得以互相承认的权利与义务的互利关系达成谅解。这也就是说,现在应该通过分析共同体体验来补充有关可能与意义的分析。

共同体情感,可能的演化与统治权

可能领域与调整社会组织结构的总体目标所确立的意义范畴密切相连。既然某个共同体的理性限制已经明确地给出了对政治机构在面对被统治者时完成其义务的方式进行权利判断的手段,那么沿着这一思路就可以使我们能够给实践真实性问题带来一个回答。然而,这些理性限制却并不是绝对稳定的。它们可能会发生移动,尤其是当可能扩大时。但是,这种变化将会影响到社会生存的条件,比如说公众对政府的期望。因而,被统治者的社会归属感和他们对统治者的忠诚也就取决于统治者对社会变迁采取措施的能力。

为了更好地解释这一点,首先要强调指出可能和意义领域是受到变动制约的,而这些变动本身对公众理解其权利和义务也产生着影响。其次,影响到可能领域的变动,根据它们所传递的内容和可能获得的赞成,参与了共同体生活和政治平衡已知条件的改变。在这方面,就应该审视所发生变动的战略程度重要与否。再次,这将导致论及与实践的真实性层面有关的合法性斗争的不同阶段,以及这些阶段的演进状况。

可能的原动力,共同体中的权利和义务

因此,由可能和意义领域所确定的社会同一性是会随着时间的流逝而发生变化的。即便是某些社会,虽然它们仍被描述成为置身于历史之外或者是拒绝历史及与其相伴随的变动①,但它们仍然是变动所上演的舞台。② 这些社会无法逃避改变,尽管确定无疑的是,它们变化的速度和它们各自的变化方式都将不同。无论如何,社会组织的任何形式都将发生变化。这些变化是原因多元化的产物:这些原因通过社会的历史同一性———一种通过与其自身相比较而得以表达的同一性———与其他共同体的联系以及它与环绕在其周围的自然环境发生关系的方式将该同一性镌刻在其(同一性)对自身时间性———从它对过去的记忆到它对当前与未来的观察视角———的理解之上。

这些变化即是"可能"发生改变的同义词。

在一个发展相对缓慢的世界中,比如说过去的传统集体,可能的改变不能从根本上动摇社会的平衡,除非这种变化是在发生了突然的、根本的、或多或少的由外部因素所导致的激变之后而到来。这些社会对自然环境的控制能力并不足够强大,以至于在可能领域所发生的改变使我们能够将社会的组织仅仅理解成为个体行动的产物,从而将其与自然和超验性范畴分隔开来。因而,正是在通过与上述两个范畴进行对比而定义的社会意义空间中,可能的演化才得到了广泛的诠释。

相反地,现代社会以可能的增多为特征;在现代社会中,集体的基础价值趋向于不再被单一地视为必须被服从的超人类限制。这些基础价值表现为行为人的决定和活动共同作用的结果。因此,当宗教成为共同体的构成要素之一时,如在传统社会中的情况,个体的宗教态度就被视作他们的社会进行整合的标志。而在现代社会中,宗

---

① 要参看关于这个论题的不同版本的介绍,参看乔治·巴朗迪尔:《人类学》,巴黎,袖珍书出版社,1985 年,再版,增加并作修改,第 204—215 页。

② 同上,第 238—248 页。

教在社会构成中的地位不再那么显著,因而个体信仰倾向于成为个体的责任范畴。

这种情况对于其他重大的活动领域也很有价值,尤其是对于那些属于政治领域的事物。在传统社会中被视为人们无法控制的因素,在现代性的世界中则被个体所掌握。由于社会结构被认为是人类的创造,因而从前从未进入个体活动领域的事物现在则构成了纯粹的人类活动对象的领域。

我们简单比较一下亚里士多德的审议理论和现代审议观念,这可以使我们弄清楚现代审议观念所具有的彻底性和典范性范畴。在亚里士多德的分析中,可能表现为个体的行为能力中所包含的东西,因此可能便是属于个体责任范畴之内的东西。虽然可能的范围被承认为是个体在现实中选择和行为能力的表达与活动场所,但是它与决定良好社会的价值无关。事实上,对这些价值从来就没有产生过真正的疑惑。因为在亚里士多德看来,与善相回应的目标已经被纳入到自然的本质之中。因此,一系列的可能以及由这些可能所导致的审议就没有被设想成为意义的源泉,虽然该意义被认为对一个要求获得公正的集体进行了组织。[①]

而在现代社会中情形就非常的不同:可能的范围始终处在不断的扩大之中。这种扩大只能是在这两个范畴发生交互影响之后才能够得以进行——即在不断发展的社会中具有意义的范畴,与伴随着对自然界和人类社会认识的进步而需要进行调整的范畴。[②] 可能性

---

① 关于这个问题,请参看皮埃尔·奥本克(Pierre Aubenque):《亚里士多德的贤明》,巴黎,法国大学出版社,1986 年,再版,第 116 页。同时,请参看弗朗索瓦·埃瓦尔德(François Ewald):《保护人国家》,巴黎,格拉塞出版社,1986 年,第 555—564 页。

② 例如,请参看诺贝尔·埃里亚斯(Norbert Elias):《何为社会学?》,纽约,哥伦比亚大学出版社,1978 年版,由史蒂芬·迈奈尔和格蕾丝·莫雷斯译为英文,原文是德文,由兰莱德·本迪克斯加序,第 63 页。

范围的扩大影响了目标领域,因而也影响到了意义领域。① 个人不再被促使认为目标与意义构成了一个他们所必须服从的已知条件。他们倾向于认为它们被纳入了向他们开放的可能的范围之中。这也就是说,个体的责任囊括了共同体的目标。个体责任推动着个体思考他们所期望在其中生存的社会的类型,也推动其思考他们所希望给予特权的基础价值。

　　从总体上来说,可能领域的改变对团体成员互相之间、对团体成员与对其进行统治的政治机构之间,甚至可能同自然环境之间维系着的关系所发生的影响并非是微乎其微的,这种变动的作用实际上是巨大的。事实上,满足个体之间权利与义务关系的存在与运转是同可能领域密切相连的,而该领域则必须要与共同体的同一性相共存。然而,当可能的范围发生了改变,当行为人感觉到他们将受益于某些他们从前未曾有过的前景时,那么交换关系的组织方式同样也将倾向于发生改变。但一种情势,如果说在从前从未进入过个体评议与行动的领域,而现在则构成了思考与争论的主题时,那么新的干预范围就需要重新定义权利和义务,尤其是当人们希望新的可能所蕴涵的互动关系将会导致某些协作关系时。换句话说,影响到可能的变动将会衍生出对权利和义务的(重新)认识,而这些权利和义务从过去到目前从未得到如此的认识。因而,这种变动将会推动权利框架的改变。

　　因而,在一个社会中,尽管那些等级体系和政治、经济、社会领域在过去曾经被认为是既定的、自然而然的,至少是被视为不可改变的,然而一旦它们发现自身被揭露成为隐瞒和理论灌输机制所造成的后果,那么那些处于不利地位的社会成员就倾向于不再把他们的境况视为命运使然。新的可能的出现使他们感到自己的权利受到了嘲弄,或者是认为他们忠诚的义务不再有存在的理由,或者是感到他们应该要求进行重新调整。

---

　　① 　参看弗朗索瓦·埃瓦尔德:《保护人国家》,第564—570页。

　　关于可能的想象的扩展和该扩展由此而对集体之中的权利生活所产生的影响，很显然，为现代社会科学的解放观念提供了很多启示。[1] 事实上，现代社会科学致力于促进被认为更符合公正的社会关系的到来，如卡尔·马克思的乌托邦主义[2]或皮埃尔·布迪厄对象征性暴力的社会学批判都反映了这种趋向。[3] 但是，这种意识的确立却需要承继一种形势——该形势必须已经向出现新的可能以及该可能所呼唤的权利与义务调整的方向进行了足够的演进，以至于最终可以想象对事物原有的秩序进行思考。

　　简言之，对新的可能的意识、将该可能明确视为挑战的理解、对新的权利与义务的要求，这一切意味着为了实现对它们的承认已经走过了一段路途。这即是说，可能重新获得更新，以及就有关权利义务重新进行争论，在通常情况下，这只能是在物质演进——在经济与技术等层面上——以及非物质演进为之作好了准备并在二者协同效果之下时，这种更新才有可能在对社会实践的思考领域中出现。

---

① 参看罗伯特·A. 尼斯贝（Robert A Nisbet）:《社会学传统》，纽约，基础图书出版社，1966 年版，第 21—44 页。

② 参看乔恩·埃尔斯特:《哲学政治（韦内、齐诺维夫、托克维尔）》，巴黎，午夜出版社，1990 年，第 186 页:"……在读马克思的作品时，人们对他的思想由两个原则指引会有印象:所有可希望的即是事实上可能的东西;所有可能的和可希望的东西即是事实上必须的。由此便产生一种永久的空想主义倾向。"

③ 参看皮埃尔·布迪厄:《教训的教训》，第 20—21 页，或《区分:判断的社会批判》，第 443—444 页。人们可能指责皮埃尔·布迪厄未能超越批判的程度。经过思想解放阶段之后，应该充满着期望。象征性暴力社会学只希望证明奴役是重要的社会制度的依据，并思考能够到达于此的其他方式，而并没有鼓励和推动个体打破奴役，因此象征暴力社会学很可能使个体忘记自己的雄心和崇高的激情，并使个体习惯于怨恨情绪，也就是说被自我怨恨和仇恨他人所左右，进而成为犬儒主义者，利用社会批判知识来为自己的职业利益服务，有时还求助于人道主义和表面的伦理学。

　　因而提供给个体的新的可能就要求一种对权利和义务的重新定义。从这一点上看,个体对其权利与义务理解的演变就为观察家们提供了为了实现有关公正的判断所必需条件的信息。但是为了最终可以进行可信的判断,还应该关注于这种演变究竟是以何种方式在集体生活中得以有效的体现。因而也就有必要分析这种演变被整合进社会组织之中的程度,这特别意味着要重视社会类型以及统治机构对被统治者提出的要求予以反应的方式。

可能的原动力,权利和义务,共同体体验之中的整合与政治责任

　　如果政治机构和政治领袖承认关注社会的运动属于他们的责任范畴,那么他们就必须要关注在可能领域所发生的改变。这就涉及到他们要重视新出现的情况,并整合公众们对于那些对于他们来说是可能的、可期望的以及是必要的事物所提出的迫切要求,以使公众们的权利获致尊重。在政治机构和政治领袖决定关注社会领域新情况的同时,他们必须进行一些调整。

　　重视并整合新的可能、新的权利和义务不能只是在立法领域进行。尽管在立法领域的阶段是具有决定性的,但这还不够,还必须在实践当中有具体的实效紧随其后。统治者不应该只是满足于记录下已发生的变化。仅仅停留于此将最终使立法程序和政府机构丧失威信,将一项无法实施的法律附加在其他法律中,最终只能是阻碍法律效力的发挥,并可能会使团体成员认为合法律性和现实是割裂的,合法律性既不是公众所推崇的价值的中介,也不是这些价值的保护者。法律条文应该是公众认同的变化的表达,以及具体的阐明。如果不是这样,合法性就无法期望从合法律性中获得任何一丝益处①,而个

---

① 参看西尔瓦娜·卡斯蒂尼奥(Silvana Castignone):《合法律性、合法性和社会变革》,载于由安东尼奥·塔兰蒂诺(Antonio Tarantino)主编的论文集:《合法律性、合法性和组织变革》,米兰,多特·A. 热余弗雷(Dott. A. Giuffrè)出版社,1980 年版,第53—55 页。

体的赞同就有可能同当局所制定的法律现实一样是虚假的。

当然,这个变化整合过程表现在现实中的形式,以及给集体生活所带来的变革幅度并不是固定的。尤其是社会变革依赖于新的需求的战略性质。有些变化所带来的权利义务调整是很小的。相反地,另一些变化则带来深层次的变革,以至于打乱了社会的同一性。

这种战略性质同变动的内容、发生变动的社会的政体类型都有关。因此,很明显,如果可能的变动远未影响到基础原则,而只是涉及到社会组织方式的外围方面,那么因可能的变动所产生的权利义务重组规模是缩小的。但除此之外,只要某一政体试图强制实行系统的控制,那么任何可能变动都会使社会整体结构处于危险状态。如果某一社会中只有一个坚如磐石的观念,而又没有可能或被允许的东西作替代物,那么争议就不能只是局部的、非政治的。很快地,这种争议会对社会的领导及整体组织提出质疑,既然官方当局标榜自己担负起和控制了社会无论是过去、现在还是将来的各个方面。根据必然主义的和封闭的历史观点,社会现实不能也不应该与官方的说法不相同,这种观点使得偶然性的整合很难实现。而这种观点也赋予了偶然性的变异推动力以必然的革命功能。

因此,由可能的变化所导致的社会影响和变革的幅度因可能的变化是否是可以整合的而有所不同。这样,如果领导机构决定整合可能的变革,从而对权利和义务进行调整,也就是说把权利和义务并入立法领域并监督其在这些领导机构负有责任的社会各个领域具体运行中的实施,就必须有两个补充的条件。首先,这必须以一个有利于新的可能的背景为前提,这个背景引导当局考虑新的可能。这种有利环境的产生可能是因为其所蕴含的要求变革的规模很小,或者是由于这种背景环境的产生无法避免,当局不得不考虑到它,否则就会发生冲突,甚至是发生机能障碍进而导致社会瘫痪。其次,新的可能的整合意味着它们不应同社会环境完全背道而驰,因为它们是试图融入该社会中。其实,统治者很少会主动打算接受那些同他们当时所维护的价值相悖的变革的。

新的可能的整合程序即便是发生了，它也不可能是一蹴而就，或不遇到任何困难。即便共同体内部力量对比的分布鼓励各方去寻求妥协，也是如此。

同新的可能相关的要求首先倾向于成为辩论的主题，从而超出简单的、最初的特定范畴。随后它会成为更广泛的讨论题目，并具有政治性，尤其是如果政府人员认为这种要求属于政府机构的职责范围。最后，如果这种改变被接受，这一要求便会被纳入法律体系，被实施，并在现实中受到维护。当然，这种机制的全过程完成需要时间，甚至有时是很长一段时间。某种变革彻底完成所需的时限同该变革的广度是不成正比的。如果某种要求没有战略意义，那么可能会因此被政府机构忽视，被搁置，就算是它并不会带来激烈的争论。而相反地，如果某一要求对社会可能会产生深刻影响，那么政府会立即根据它制定法律，并尽力使它迅速成为现实。

现在我们就被引入了围绕着合法性而展开的斗争的核心。其实影响可能领域以及权利义务组织方式的变化并不总是通向整合。介入的各方经常不能达成妥协。而没被整合的新的要求可能会引起共同体的分裂。

集体的同一性，个体为承认而作的斗争及围绕政治合法性的冲突

可能的原动力通常是在没有超出冲突范畴的力量对比框架中进行的。那些被认为是公正的或是不公正的并且其实施被认为是属于政治机构责任范畴的价值，构成了那些无法获致一致的各个党派进行斗争的核心，因此，如果冲突的规模已经排除了达成一项友好的协议，那么观察家通常所面对的将是如下的情况：个体当中的相当一部分无法继续在社会关系的组织和政治机构之中为自身定位。他们认为他们对自身及自身要求所形成的影响并未得到切实的反映。他们在统治者拒绝整合其要求的行为中看到了对他们的权利、人格以及同一性的损害。

这种期望获得承认的渴望必然地会引起冲突。既然被统治者没有得到政治机构的承认，因此他们也就无法在政治机构中为自身定位，甚至他们也无法在属于他们自身职责范畴的领域认清自己的位置。互利原则因而也就不再发挥作用。既然个体认为其权利并没有被尊重，那么他们就没有动力去履行自己的义务。他们在同他人合作中所发现的利益和意义也将不复存在。因当局不尊重行为人所认同的价值而表现出来的社会道德丧失会在共同体的内部引发了社会环境恶化的反响。

这种履行义务意愿的减弱不仅表现为个体不愿遵循领导机构的指示，而且在人际关系层面上也有所体现：当社会气候的恶化达到一定程度以至于便会侵入所有社会领域时，团结一致的关系就会逐渐消失。因而，人人互相争斗的危险便很有可能发生。

这种为了公正和统治权利而斗争的情形会在多个层面展开。

首先，紧张局势表现在论证方面。当局就有关管理和组织社会方式的论证会成为批判的目标。政府所进行的辩护被认为是一种使其自身具有合法性而并非是已具有合法性的陈述，因此被揭露为只是服务于其拥护者的利益，而非公共利益。在此之后，对官方的论证从意识形态和宣传角度所进行的分析胜过了从前毫无保留地对领导机构给予支持的态度。从前用来评价是否是可接受事物的判断标准被揭露为只是关注于为特殊利益服务的花招。这就是为什么（官方的）论证从前所致力于组建的有关可能的坐标系，在今天则被描述成为对可能的一种封闭，其目的只是用来维护某种社会、政治秩序。既然个体认为自身受到了欺骗，那么他也就将集体内部的分类与判断价值同统治者的权力战略联系了起来。

同样，为使自己获得对公正与权利的定义而进行的斗争也表现在实践领域。尤其是有关犯罪行为界限的不规则划定得到了发展。

因此,在一个社会力量均衡的社会中,冲突消失在妥协之中,而妥协则可以使集体内部的协作继续,并有助于对犯罪与否作出定义。相反,如果冲突无法获得解决,那么犯罪的界限就会变得模糊。对违法行为的惩罚就得不到公众的承认和赞同,而只有获得公众的赞同才会使得不法行为确实地被视为是不合法的方式。这样,那些有资格确定善恶的机构的可信性也就瓦解了。这些机构提出的关于犯罪行为的判断将会被分析为冲突和腐败行为。违反法律的人可能会被舆论视为是反抗者而非罪犯。而政府自身却可能会被认为是在犯罪。

当然,这种局势逆转的产生必须是当力量对比有利于反对势力时。反对力量不能只是孤立的少数派,也不能同社会其他组成部分隔离。要使有关犯罪的判断颠倒,重要的是反对政府的批判要被广泛接受,无论是以积极的或者是默示的方式。要使对当局统治权利的质疑发挥其作用,这种争议必须涉及到战略领域,特别是与公众息息相关的社会问题。即便是这种批判进程最初只是由少数派发起,但是它却可能得到其他团体成员方面的认同,在适当的时机,这些成员将会由一种观望态度变为积极参与。想要成功地获得支持,这些活跃的少数派就必须要准确判断有关其行动问题与社会问题的中肯性。只有这样,他们才可能有朝一日获得公众的支持。

如果个体没有什么可以再失去的,如果为他们而留下的活动余地已微乎到无法忍受的地步,或者是,如果不满和愤恨情绪达到无法回头的程度,那么冲突就会表现为暴力的形式。收益和付出的衡量的计算将不再是符合常规的合理性。对于个体来说,这就涉及到表达在他们身上所积蓄的暴力,并结束当权者们使他们承受的失望与死亡,无论是肉体的还是精神的。求助于肉体冲突的人根据对峙的力量来判断他在同统治者的激烈斗争中获胜的几率。反对派获胜的可能性是由他们自身的能力和他们用来调动群众的倡议的影响力来衡量的,也就是说要使他们从一种横向上表达不满的状态过渡到纵向发出质疑的参与①，其矛头指向统治机构。当然反对派获胜的可能性也取决于政府的态度，政府的决心和迟疑。如果暴力冲突超出小规模接触的范围，那么它将证明社会的瓦解。

但是，暴力行为并不是唯一争取合法性的斗争方式。这一斗争还可以采取许多迂回的方式，虽不带激烈的特性，但是也可成为深刻的危机的标志。如果这些迂回方式趋向于系统化，那么它所产生的颠覆效果将同暴力行为一样是有效的。事实上，如果个体在这样一个政治秩序——即个体对于其合法性予以否认，而该政治秩序也特别地出于谨慎而禁止个体通过发表意见来表示其不满②——中演进，那么他们就会经常表现出背叛以表达其抗议。这种背叛至少可以有两种形式，它们都表现为拒绝接受某种政体或同某一社会组织合作，既然这些质疑们并不将自身认同于它们。他们的行动目标便是尽可能少地参与上述政体和组织，以便不背叛他们对自己、对自己的权利以及对他们同其他社会成员关系应该为何的信念。

事实上，这两种背叛形式都是同一主题的变异。它们都回应了个体为了避免随波逐流而努力建立起来的尝试，尽管他们所遭遇的压迫与奴役的境遇强迫他们接受这种状态。

第一种方式是个体在他们体验到受奴役的活动领域中假意地参与和投入。他们所采取的是一种消极抵抗的态度。这种现象在极权社会中很是普遍。对武力的垄断、禁止发表同官方宣传不同的言论以及由国家机构控制绝大多数活动，这些情况都加强了公众的消极

---

①　参看阿尔伯特·希尔施曼的评注：《向着扩展的政治经济发展》，巴黎，午夜出版社，1986 年，由作者本人和伊莎贝尔·肖邦合作译为法文，原著为英语，第 63—64 页。

②　参看阿尔伯特·希尔施曼：《出口、发言权和忠诚，对公司、组织和国家衰落的回答》，马萨诸塞，坎布里奇，哈佛大学出版社，1970 年，第 3—5 页，和近期他在《向着扩展的政治经济发展》中第 57—66 页陈述的观点。

抵抗情绪。如果消极抵抗得以体系化，那么社会实体会被掏空而成为空壳。似乎一切都是在根据政府的指令运转。但这只是表面现象。个体尽可能少地履行自己的职责。最后，这种正常状态的虚假性便会曝光。社会舞台就将趋向被简化为一个巨大的谎言，而社会的整个运转会陷入瘫痪。一种分裂的社会体系便会形成，社会现实与曾经对它所作的描述毫无瓜葛。被统治者赞同的喜剧只是对官方僵化辞令的回应。最终，集体的组织可能会像一间纸牌搭的房子那样坍塌。

还有另外一种背叛形式：移民国外。事实上，如果积极的质疑无法形成一种意见，那么移民国外——为此要存在着一些颇具吸引力的接收国——也就成为了一种对在位的政府发泄不满的方式。离开共同体，这便是一种抗议的方式。如果移民国外发展成为大规模的运动，如 20 世纪 80 年代末东德发生的移民潮，那么该国的继续存在本身就会面临危险。但是有时政府会鼓动这种采用移居方式的叛变，这样政府就可以决定把那些他们认为不可能接受劝诱的讨厌的人逐出本国，同时封锁边境禁止其他国民离境。[①] 这样做，就涉及到关闭了通向可以远离压迫的可能之途径。从这个角度来看，禁止思想自由就是以禁止流动自由为补充的。只要一个人仍为改善其所从属的共同体中的生活条件而斗争，那么至少他就没有完全绝望。斗争、抗议、为实现一定程度的根本改变而努力就意味着他们仍然相信可能建立一个被认可的政治社会。相反，上文提及的移民国外就是不再坚信在他们离开的那个共同体中可能出现令人满意的生存状况。脱离社会舞台的移民认为在社会舞台上不再有他们的位置，他们最终也无法被纳入到考虑他们的权利与义务的互利关系之中。这种状态会推动他们否认自己的来源地，希望尽可能地摆脱在那里重

---

① 关于这方面，请参看索尔热尼西恩（Soljenitsyne）的个案以及塞尔日·莫斯科维奇：《单独一个个体的分歧》，即《行动少数派的心理学》附录，前引书，第 253—254 页和第 259—260 页。

压在其居民头上的奴役,即便他们并不希望放弃对故土的怀念和依恋。既然他们的原籍国不允许他们实现自己的愿望,那么他们原来的国籍也就正是他们所真正想放弃的。

权利、公正和人类共同体的范围

我们已经发现,以一种令人满意的方式探讨合法性问题就必须找出受缚于实证主义的社会现实思想和历史教条主义之间存在的脊线。当然,实践真实性所提供的便利,并不能使我们以经验的方式来检验对科学陈述的证明。并且,那些可以对统治者决定和行为进行指导的价值也无法避开讨论、修正与不完善。但是,有关价值哲学范畴在社会领域中的地位和作用问题所造成的困难,政治分析不应只是作出消极反应,而应尽力就有关现代性的价值提出一种包含不确定性在内的公正思想。它必须接受这一理念:多样性、变化和不完善并不能排除限制或是价值哲学等级的存在。

权利和公正标准的历史特性,共同体体验

那些曾经最为激烈地对权利和公正的概念进行攻击的进步理论家,就其中的一部分人而言,他们把他们的批判建立在由该鸿沟(即在这些概念所承载的要求与具体的社会现实之间所存在的鸿沟)所引起的失望之上。权利和公正的价值并未被那些被认为应该服务于它们的机构反映到现实之中,因此,这些理论家倾向于诋毁权利和公正的价值观,从而特别地强调权力游戏与力量的对比。①

因此,从这一角度我们就能够解释马基雅维里的政治现实主义。实际上,他赋予力量对比的地位就很有可能部分地是由于在他的年

---

① 这种机制不是权利领域的特有的。它遵从下列普遍原则:一个个体越是执着于一个理想,并期望很多,现实就越是与他的期望不符,现实也就越会倾向于否认他的价值被假定服务于它的机构。

代中所出现的新的政治挑战。这些新挑战虽然还没有足够的重要以至于导致其自身成为来自于个体方面的明示要求，但是这些挑战对于马基雅维里来说却已经是足够真实的了，以至于当马基雅维里注意到政治玩弄了这些挑战使人预期其到来的个体权利之后，也就将政治简单地归结为力量对比了。

更新近一些，皮埃尔·布迪厄的思考更明确地例证了这种失望机制所带来的反常效果。如果说皮埃尔·布迪厄的研究系统化地将权利简化为象征性的暴力行为，这是因为他几乎仅只专注于在权利被假设为公正所带来的贡献和具体的现实之间所存在的差距。从这一差距之中布迪厄得出结论：权利必然蜕变成为一种伪装的压迫。然而，更确切地说，更应该弄清楚的是要思考，在一个既定的背景中，权利究竟在怎样的条件之下才能够成为权利，而又在怎样的情形下，它才能够满足公正的需要。

研究活动与其说是要以这种或那种方式来诋毁从权利与公正的角度对政治进行分析，不如说它更需要列出那些在某一特殊背景下可以作为实践真实性标准的原则和规范，并审视这些因素是否能够建立起实践真实性的可信性。我们已经注意到，那些能够作为参考的价值是那些能够确保社会互利关系的价值。显然，这些价值会随着时间地点的变化而变化，并且其具体实现也总是有其不尽完善的地方。但是，只要社会成员在这些价值上获得了相互定位，并且也都相互承认这些价值观能够承担互利关系的良好运行，那么就应该对它们予以重视。

只要某些价值能够准许建立起个体之间的协作关系，只要这些价值构成了一个集体规定性范畴并且行为人也将自身认同于它，那么该价值就是有效的。最具战略意义的价值显然是政府活动最常涉及到的，因为正是根据政府活动是否能够在共同体的整体范围内表达、防卫并促进这些价值，对该政府合法性的评估才得以进行。无论这些价值发生怎样的变化，只要是个体在历史变迁过程中希望这些变化并在其中相互承认,只要他们感到始终忠诚于自身、忠诚于他人和周围的环境,并因而感到始终继续着与历史的对话①,那么这些价值变化的本身就不会构成任何问题。相反地,如果统治者的决定和行为所实施的价值并未获得社会成员的赞同,如果它们使得社会成员成为自己与他人的陌路人,并最终从总体上来说,成为他们的历史的局外人,那么政府的合法性便要受到挑战。

余下的问题便在于讨论,确保互利关系的价值却并不能保障总是沿着宽容的方向前进,或者沿着最为公正、最为严整的利益分配方向前进。定义何为善恶的价值观从来没有像今天这样在很大程度上依赖于个体期望获得公正的能力。在这一领域中没有任何一种绝对的担保可以保障权利和公正沿着正确的方向进展。因此,法律程序有时会服务于仇恨和排斥,即便只是微不足道,也足以使报复心理在社会上大行其道了。这会导致探讨两个问题:一个关系到个体责任在其共同体同一性发展过程中所应承担的份额;另一个则关系到个体的互利关系在其中得以发展的共同体范围。

从人类的责任到人类共同体范围

个体对其周围环境的控制能力越强,他们在事件发展中的责任就越重。这一点对于被统治和统治者来说都同样地重要。这种现象在现代社会中表现得尤为明显。为了衡量这一现象的广度,就应该分析当该现象在与平等理念相结合而发展时,它对集体的运行以及该集体所推崇的价值所产生的影响。

平等意识和反动思想——如果在一个团体中地位的差别根植于被所有人或几乎所有人所普遍接受的等级观念,那么社会成员便不

---

① 参看让－马克·费里的评注:《体验的力量——论现代同一性》第一卷《主语和谓语》,第151—152页。

会为他们的不平等而倍感失望。相反地，在一个平等原则深深扎根于社会道德之中的民主社会中，这个原则与这一理念——即行为人在其失败或是成功之中负有部分责任相结合，从而会带来深刻的社会变革。比如说，平等原则可能在民主社会中煽动起怨恨情绪，从而可能会使其所引导的现代社会的前进方向违背了该原则的主旨。

特别是，处于不利地位的人可以有多种选择：或者接受他人的特权地位，并承认这是其特殊成就的结果；或者把他人的特权地位阐释为一种超出了其自身能力范围的力量对比的产物；或者把自己的失败大部分归咎于自己，但并不明确承认，并认为他所身处其中的社会环境应该为此负责。关于这最后一种假设情形，个体可能会陷于一种自我厌恶情绪中，这种情绪将会毫不延迟地转移成为一种对他人的仇恨。这就是为什么怨恨的逻辑会有利于反动思想的发展，并因而毒害整个社会。

指定一个替罪羊是任何社会在公开承认自己的错误之后但却无法或无力量解决所遭遇到的困难时准备求助的一种机制，这是反动思想最显而易见的表现之一。但指定替罪羊却并不是唯一的表现。不管怎样，反动思想所采取的行为会牺牲社会的互利关系从而有利于排斥政策。对于一个深受其影响的个体来说，这就涉及到该个体通过否认试图超过他的竞争对手的生存权来使自己获得显现。社会影响——即他人的成功或即便是他人单纯的活生生的存在对该个体所反射的影响，都会促使他想消除这种存在，因为这只是让他无时无刻不忆起自己的失败。因而否认他人的生存权和否认其作为已作为的事物的权利，这就成为了使自己确信自身生存的最终的、永久的证明。

因而，反动的个体并不是去努力促进生活价值的发展，反而是要努力为自己的状况辩白，希望周围的世界都向自己的状况看齐。既然自我厌恶带来毁灭的冲动,那么忍受着该种厌恶的人便同样会希望他人的死亡。既然对于自我仇恨的人来说,让别人陪着一起下地狱是更快乐的事,那么反动思想所期望看到的就是整个社会范畴被它的病态所同化。必须要使社会和它尽可能的相似,并且其排斥行为所要特别打击的也必须是那些最能够成为其憎恨目标的人。这些遭受排挤的人可能是那些享受特权的个体,也可能是那些在社会地位上比反动分子更差的个体,因为反动分子感到自身已经被流放到了这一等级。种族主义正是在这里找到了它人尽皆知的动力。社会范畴、互利与一体化的原动力——当该动力获得长足的发展时社会肌体将不断趋向成长进步——却在最终蜕变为一种病态的强制态度,蜕变成为一些旨在使个体在面对陌生世界的多样性时获得安全感的集体仪式,既然该个体惧怕被这一陌生世界所卷走。

面对这种情形,个体的责任便至关重要。既然今天社会已经不再根植于历史和超验的价值之中,既然那些能够区分善与恶的界限已经不再真正依托于与传统社会结构相联系的超验性,所以,正是在个体的双肩之上担负着那种判断可否接受、是否具有理性的事物的能力。

这也就是为何审议与评判善恶的能力不能够被不满和仇恨的思想所败坏、指引。

如果说道德客观性的确立属于个体责任范畴,那么择善而不是选恶,使生活成为一种自身良好的价值,这就有赖于个体期望善与行善的能力。为了使不满和毁灭的价值不会战胜对最大限度的互利与一致性的追求,重要的就是尽可能地限制挫折感。如果挫折感成为个体生存中无法逃避的领域,那么生活也就无法被承认为是一种自身良好的价值。也就是说,统治者不要忘记公正所提出的迫切要求。这一点在今天更具有决定性,也更难以满足,更何况现代民主思想已经使个体对自己的权利十分敏感。他们的权利越是受到嘲弄,他们内心的挫折感就会越强,那么他们就越会有可能通过封闭自身来反动于所面临的物质和精神的不安全状态。与这种封闭相伴随的便是排斥任何对其个体身份与弱化的社会同一性构成威胁的事物。因此,政治合法性问题就导致了强调促生个体肌体或社会肌体积极动力的必要性。个体只有在相对的客观公正性的推动下,才会有意愿也有能力将那些旨在促进最为容忍的共同生活并按照整合的理想来运行的原则提升到客观道德价值的行列。个体之间的一致是建立在他与其自身取得一致的基础上,而后者却只有在每个个体都认为自己的权利获得尊重时才会有可能实现。如此确定的具有道德客观性的价值有可能随着历史的变迁而发生改变。但是它们却将始终代表一种定位于互利关系与社会融合的道德客观性,只有个体在自己本身不被惊吓时,恐怖才能够得以避免。

　　社会整合与共同体范围——个体在面对其权利未获尊重时所能够体验到的不满,是以他们已经事先融入某一共同体为前提的。事实上,个体必须成为某一集体的组成部分,才能够去思考他在那里拥有权利,并为其权利没有受到尊重而感到遗憾。很显然,如果一些人并未充分地融入以使他人听取其意见,那么那些已经充分融入的个体就必然会表现出十足的道德信心从而以其自身的名义发表言论。因而,对那些未充分融入个体的排斥,也就作为一个棘手的挑战而被真正地、严肃地提了出来。这也就涉及到了人类共同体范围的问题。

　　政府的合法性是根据它表达、维护并宣传某一既定集体中个体将其自身所未认同为的价值的能力来衡量的。这些价值必须要具体地表现为获得承认的对物质和精神财富的公正分配。但是这些原则所适用的共同体范围到底为何? 这就涉及到认清如何划定有关公正判断领域的界限,因此也就是认清政府行为在面对公众时的义务。认清共同体的边界意味着两个问题:谁有权利拥有权利? 是谁已经充分地融入(共同体)从而可以认定其命运以及他人的命运是否符合公正? 这两个问题的答案代表了最为根本的挑战。

社会的历史包含着社会的发展以及社会所经历的革命。事实上,该历史在很大程度上是由那些劣势个体为了融入社会而进行的斗争所构成的。有关公正和统治权的赌注只不过是这些劣势个体成功地迫使社会所接受的争论。的确,如果个体的社会效用自身就颇具影响,那么对这些个体来说,他们就会更容易在权利层面上获得承认并被整合。集体为了不去承受不得不失去他们的服务的风险,被促使去倾听他们的意见。最为普遍的是,即便是以激烈的冲突为代价,集体也将最终接受他们的要求。政府的目标即在于确保他们的忠诚,以便使社会继续良好运作。

相反,如果个体的社会效用并不明显,因而也就无法对社会施加压力,那么对他的整合、对他权利的承认以及这二者的具体反映就会变得非常难以实现。

作为个体的社会有效性给予其的施压手段,行为人所拥有的作为投票人的可能,便构成了共同体范围的规定性及该范围就有关公正的辩论所能施与影响的首要标准。但这却并未构成唯一的标准。事实上,还应在其中加入个体对其自身所具有的理念,以及该理念与承认他人生存的形式发生联系的方式。

体验共同体,就是承认他人是另一个自我。更确切地说,"他人"即是每个人身份特征的构成因素。但是全部问题的关键也就在于了解:我们将自己承认为那个人?又是那一个人——其社会与经济地位、种族,等等——是另一个自我,并因此作为另一个自我而成为每个人身份特征的构成要素?这个问题的答案至关重要。因为公正的内容便取决于此。

事实上,将自身认同为他人,承认他人与自己共属于一个世界,这样做的结果在于使他人的尊严在某种程度上成为我们自己的尊严,而他人的耻辱也就成为了我们自己的耻辱。他人所作出的受到赞赏或勘可指责的行为也同样约束着我们,并同样涉及到我们的责任。如果是这样的话,那么我们将只能感到他所承受的行为是不公

正的待遇,而我们自身也将不会容忍这种行为。对他所强加的不公正同样是强加给我们自身的不公正。如果对于我们将自身承认为他人所承受的苦痛无所作为,那就是再遭耻辱。背叛他人也就是背叛自己。特别地,这一点可以解释为什么直到今天仍然难以承认二战期间维希政权与当时的一些法国人与德国的合作及反犹主义的行为。承认这些行为,就是承认法国背叛了自身的某个理念。但确定无疑的是,对大多数法国人来说,带着愉悦回忆起抵抗运动的法国比承认存在着一个卑躬屈膝、放弃荣誉的法国要更为容易。

因此,公正与统治机构相对于一个既定公众的义务问题也就与共同体的范围主题密不可分。这也就涉及到了个体是如何将自身认同到他人之中,又是如何在他人遭遇苦痛时感到自己也形同身受并受到牵连。这一点无论是在共同体内部,还是在国际层面上都是真实有效的。

事实上,国际法的发展在很大的程度上是与承认其他作为人类共同体要素的文化同时进行的;因此,这也就使我们求助于自身的形象与同一性。这种承认与认同的现象必须要战胜那些文化的相似与差异所导致的大大小小的困难。虽然这一现象的建立与发展无可避免地要屈从于相互竞争社会之间的权力对比关系①,但不可否认的是,正是通过这种承认和认同的现象国际社会和国际法才得以创立。② 也正是它使得共同体体验以及建立团结一致的必然要求始终不断地扩展着。

---

① 参看施坦利·霍夫曼:《门神和密涅瓦智慧女神——论国际政治的理论和实践》,布尔德,西部视角出版社,1987 年,第 171—174 页。
② 参看弗里德里克·V. 克拉托赫维尔(Friedrich V. Kratochwil):《规则、规范和决定:论国际关系和国内事务中实践和立法推理的条件》,剑桥,剑桥大学出版社,1989 年,第 250—256 页。

结　语

任何将政治分析构想成为必须进行专门研究的人,在阅读这本书时都会大吃一惊。但是在我们看来,似乎只有采取一种相对全面的研究途径,既从历史角度分析,又考虑到社会的运行,才有可能不拘泥于在合法性问题上已有观点的限制来对之进行讨论。

社会科学尤其是政治科学在将哲学排除出政治研究之外的过程是与社会政治现象的专门化分析和放弃明示承担责任的发表立场密切联系的。与其说这个过程在于思考在何种情况下才能够通过引入应该在何层次研究人类现实的可能性而不至于流于教条,还不如说它通常更倾向于进行支离破碎的研究,既然这种研究大都是描述性质的。

然而,有关公正的问题,尤其是政治公正的问题,却总是困扰着个体。这正是社会生活的根本挑战之一。证据便是,虽然研究人员关注于将现象与价值割离开来,但是他们很快便陷入了与该种理念的自相矛盾之中。因为在现实当中,他们很快地就与他们所假设赞同的论断断绝了联系;同时非常不幸的是,他们从来就没有能够将他们的理论付诸实践。

为了遵从合法性思想所提出的要求,没有必要甚至也并不建议抛弃经验论和实证主义观点所提供的要素。这就涉及到要借鉴它们的问题,但也要关注这样做是否会损及价值哲学范畴。这也就同时涉及到思考应该怎样为社会政治现象的传统分析类型带来改变,以便使分析活动与实践真实性的科学在一个变化与多元的世界中成为

可能。正是这种思想引导着本书。

　　显然，我们可以看到通过重视价值范畴探讨合法性所带来的风险。因此，在行文组织上，更为谨慎的作法是提出一些因不与已被接受的论点相背而更有把握获得赞同的答案。这样，因所犯错误而遭受惩罚的风险也就会因此而降低。此外，考虑到统治权利问题的复杂性，这里所提出的解决方案还都只是一些毛坯式的初步研究。无论如何，建构假设，提出其答案并非显而易见的问题，尽管不确定但仍试图提出解决方案，这些都是认识进步必不可少的阶段。

　　答案的不完美并不仅仅是某种生机勃勃的、正处于发展之中的思考的表现；同时，它也推动了认识世界和人类自身的集体事业向前全面发展。

　　另外，本书提出的合法性研究途径所甘冒的风险与不确定性，着重展示了今天个体在其社会生活中所处的境遇。接受这种境遇并把它视作思考不可回避的要素，这不仅不是在逃避责任，而且是同所思考的问题保持一致。事实上，如果科学无法达到与它所解释的客体同样的高度，如果科学只是想要保留关于其自身的原有观念而不愿改革自身，那么科学又将具有何种价值呢？

　　虽然现在比过去更难探讨有关公正的问题，但这却并不应该导致回避该问题。恰恰相反！人们不能逃避他们应该明确理解的问题。

　　所以，只有在重新恢复价值在社会关系发展中所占有地位的条件下，有关合法性的探讨才能够推动一种从权利角度评估权力的真正思考。如果价值哲学范畴不被重视，如果那些由政治机构领导和组织的人与人之间的合作并不是依据个体将自身认同为的、确定集体内部个体权利与义务的价值来审查，那么政治责任思想可能性的本身也就毫无意义。

人名译名对照表

Adam Przeworski	亚当·普热沃尔斯基
Alain Pons	阿兰·庞斯
Alain Renaut	阿兰·雷诺
Alasdair MacIntyre	阿拉斯代尔·麦金太尔
Albert O. Hirschman	阿尔伯特·O. 希尔施曼
Aleksa Djilas	阿列克萨·吉拉斯
Alexandre Koyré	亚历山大·科伊勒
Alexis de Tocqueville	亚历克西·德·托克维尔
Alfred Weber	阿尔弗雷德·韦伯
Althusser	阿尔都塞
A. M. Henderson	A. M. 亨德森
Amartya Sen	阿马蒂亚·森
André Hauriou	安德列·奥里乌
Anthony Giddens	安东尼·吉登斯
Anne Rivière	安妮·里维埃
Antonio Tarantino	安东尼奥·塔兰蒂诺
Auguste Comte	奥古斯特·孔德
Benjamin I. Schwartz	本亚明·I. 施瓦茨
Bertrand Badie	贝特朗·巴迪
Brian Barry	布莱恩·玻瑞
Carole Pateman	卡罗勒·帕特曼

Carl Schmitt	卡尔·施密特
Chaim Perelman	沙伊姆·佩雷尔曼
Charles Larmore	夏尔·拉莫尔
Charles P. Loomis	夏尔·P. 卢米斯
Charles Taylor	查尔斯·泰勒
Christian Bouchindhomme	克里斯蒂安·布辛德姆
Christophe Naulleau	克里斯托夫·诺洛
Claude Lefort	克洛德·勒福尔
Claude Lévi – Strauss	克洛德·莱维－斯特劳斯
Claus Wittich	克劳斯·维蒂希
Cliford Geertz	克利福·格尔茨
C. Wright Mills	C. 赖特·米勒
David Hackett Fischer	大卫·哈克特·菲舍尔
Denis Richet	德尼·里歇
Dennis F. Thompson	丹尼斯·F. 汤普森
Didier Louvel	迪迪埃·卢韦尔
Edmond Barincou	埃德蒙·巴兰库
Eduard Bernstein	爱德华·伯恩施坦
Edward A. Shils	爱德华·A. 希尔
Edward Shils	爱德华·希尔
Elsa M. Sinclair	埃尔萨·M. 辛克莱尔
Emile Durkheim	埃米尔·涂尔干
Emmanuel Kant	伊曼努尔·康德
Emmanuel Lévinas	埃马纽埃尔·勒维纳斯
Ephraim Fischoff	伊弗雷姆·菲少夫
Éric de Dampierre	埃里克·德·当皮埃尔
Ernest Nagel	埃内斯特·纳赫尔
Ernst Cassirer	恩斯特·卡西尔

Ernst Kantorowicz	恩斯特·坎托罗维奇
Etienne de La Boétie	艾蒂安·德·拉博埃西
Ferdinand Kolegar	费迪南·考勒卡
Ferdinand Tönnies	费迪南·腾尼斯
Fichte	费希特
François Bourricaud	弗朗索瓦·布里考
François Ewald	弗朗索瓦·埃瓦尔德
François Furet	弗朗索瓦·菲雷
François Jacob	弗朗索瓦·雅各布
François Picavet	弗朗索瓦·皮卡韦
Friedrich Meinecke	弗里德里希·迈内克
Friedrich V. Kratochwil	弗里德里克·V. 克拉托赫维尔
Gabriel Girard	加布里埃尔·吉拉尔
Gaetano Mosca	加埃塔诺·莫斯卡
George Balandier	乔治·巴朗迪尔
George Duby	乔治·迪比
George H. Taylor	乔治·H. 泰勒
George Huppert	乔治·于佩尔
George Schwab	乔治·施瓦布
Georgia Warnke	乔治娅·沃恩克
Gilles Deleuze	吉勒·德勒兹
Gilles – Gaston Granger	吉勒－加斯顿·格兰杰
Glen Dealy	格伦·迪利
Glifford Geertz	格利福德·格尔茨
Guenther Roth	坎瑟·罗茨
Hans Blumenberg	汉斯·布鲁门伯格
Hans Gerth	汉斯·格特
Hans Jonas	汉斯·若纳斯

Jean Lacoste	让·拉克斯特
Jean Ladrière	让·拉德里埃尔
Jean Leca	让·勒卡
Jean – Marc Coicaud	让－马克·夸克
Jean – Marc Trigeaud	让－马克·费里
Jean – Marie Pellerin	让－玛丽·佩尔兰
Jean – Michel Roy	让－米歇尔·罗伊
Jean – Pierre Azéma	让－皮埃尔·阿泽马
Jean – Pierre Faye	让－皮埃尔·费伊
Jean – René Ladmiral	让－勒内·拉德米拉
Jean Starobinski	让·斯塔罗宾斯基
Jean – William Lapierre	让－威廉·拉皮埃尔
Jeffrey Gross	杰弗里·格罗斯
Johann Gottlieb Fichte	约翰·戈特利布·费希特
John Greville A. Pocock	约翰·格雷威尔·A. 波考克
John P. Plamenatz	约翰·P. 普拉梅纳兹
John Rawls	约翰·罗尔斯
John Samples	约翰·桑普拉斯
John Stuart Mill	约翰·斯图亚特·密尔
John Wilson Lewis	约翰·威尔逊·刘易斯
Jon Elster	乔恩·埃尔斯特
Jose Guilherme Merquior	乔斯·吉列尔梅·迈奎奥尔
Joseph Raz	约瑟夫·拉茨
Joseph W. Bendersky	约瑟夫·W. 边杰尔斯基
Juan Linz	胡安·林茨
Julien Freund	朱利安·弗洛伊德
Jürgen Habermas	于尔根·哈贝马斯
J. Tricot	J. 特里克

Karl Hempel	卡尔·亨佩尔
Karl – Otto Apel	卡尔-奥托·阿佩尔
Karl Popper	卡尔·波普
Keith S. Rosenn	凯思·S. 罗森
Kenneth L. Karst	肯尼思·L. 卡斯特
Leo Strauss	利奥·斯特劳斯
Leszek Kolakowski	莱塞特·科拉科夫斯基
Louis Althusser	路易·阿尔都塞
Louis Dumont	路易·迪蒙
Luc Ferry	吕克·费里
Mannheim	曼海姆
Mailys De Bernede	迈斯·德·贝尔内德
Marc B. de Launay	马克·B. 德·洛奈
Marc Richir	马克·里希尔
Marcel Gauchet	马塞尔·戈谢
Marcel Mauss	马塞尔·莫斯
Marianne Weber	玛丽安娜·韦伯
Matthew J. O'Connell	马修·J. 奥康奈尔
Maurice Chevalier	莫里斯·舍瓦利耶
Maurice Merleau – Ponty	莫里斯·梅洛-庞蒂
Max Horkheimer	马克斯·霍克海默
Max Rheinstein	马克斯·莱茵施泰因
Max Weber	马克斯·韦伯
Maximilien Rubel	马克西米利安·吕贝尔
Michael Daumer	米歇尔·多伊默
Michael S. Steinberg	迈克尔·S. 斯坦伯格
Michael Walzer	迈克尔·沃尔泽
Michel Foucault	米歇尔·福柯

Michel Henry	米歇尔·亨利
Michel Villey	米歇尔·维利
Miguel León – Portilla	米盖尔·莱昂 – 波迪拉
Monique Nathan	莫尼克·纳坦
Moshe Lewin	莫西·卢因
Nicolas Machiavel	尼古拉·马基雅维里
Niklas Luhmann	尼克拉斯·卢曼
Norbert Elias	诺贝尔·埃里亚斯
Olivier Broche	奥利维埃·布罗什
Pareto	帕累托
Patrice Higonnet	帕特里斯·伊戈内
Patrick Well	帕特里克·威尔
Paul Feyerabend	保罗·费耶阿本德
Paul Ricoeur	保罗·里克尔
Paul Veyne	保罗·韦内
Peter Paret	皮特·帕雷
Philippe Delmas	菲利普·戴尔马
Philippe Raynaud	菲利普·雷诺
Philippe Van Parijs	菲利普·范·帕里吉斯
Pierre Ansart	皮埃尔·安萨尔
Pierre Aubenque	皮埃尔·奥本克
Pierre Birnbaum	皮埃尔·伯恩鲍姆
Pierre Bourdieu	皮埃尔·布迪厄
Pierre Clastres	皮埃尔·克拉斯特
Pierre Manent	皮埃尔·马南
Pierre Nora	皮埃尔·诺拉
Pierre Rosanvallon	皮埃尔·罗桑瓦隆
Pierre Simon Laplace	皮埃尔·西蒙·拉普拉斯

Raissa Tarr	拉萨·塔尔
Ralf Dahrendorf	拉尔夫·达伦多夫
Raymond Aron	雷蒙·阿隆
Raymond Boudon	雷蒙·布东
René Girard	勒内·吉拉尔
René Thom	勒内·堂
Richard J. Bernstein	理查德·伯恩施坦
Robert A. Nisbet	罗伯特·A. 尼斯贝
Robert Axelrod	罗伯特·阿克塞尔罗德
Robert B. Kimber	罗伯特·B. 金伯
Robert Michels	罗伯特·米歇尔斯
Robert M. Wallace	罗伯特·M. 瓦拉赫
Robert Nozick	罗伯特·诺奇克
Robert O. Keohane	罗伯特·O. 乔汉
Robert Paul Wolff	罗伯特·保罗·沃尔夫
Robert Mangabeira Unger	罗伯特·曼加贝拉·昂格尔
Ronald Dworkin	罗纳德·德沃金
Samuel P. Huntington	萨缪尔·P. 亨廷顿
Serge Moscovici	塞尔日·莫斯科维奇
Silvana Gastignone	西尔瓦娜·卡斯蒂尼奥
S. Jankélévitch	S. 捷克洛维奇
S. N. Eisenstadt	S. N. 艾森施塔特
Soljenitsyne	索尔热尼西恩
Sophie Sebirot – Nlssof	索菲·塞比洛特－尼索夫
Spinoza	斯宾诺莎
Stanley Hoffmann	施坦利·霍夫曼
Stephen Holmes	斯蒂芬·霍尔梅斯
Stéphane Piobetta	斯特凡娜·皮奥贝塔

Steven Lukes	史蒂文·卢克斯
Talcott Parsons	塔尔科特·帕森斯
Theda Skocpol	西达·斯考伯尔
Thomas Hobbes	托马斯·霍布斯
Thomas McCarthy	托马斯·麦卡锡
Tocqueville	托克维尔
Vilfredo Pareto	维尔弗雷多·帕累托
Vincent Gortes	文森特·高特斯
William H. Swell Jr.	威廉·H. 斯韦尔
Wolfgang J. Mommsen	沃尔夫冈·J. 莫姆森
Yvon Belaval	伊冯·贝拉瓦尔

哲学与社科类图书书目

尼采文集

书　　名	作者	定价
看哪这人	[德]尼采	16.00 元
权力意志	[德]尼采	35.00 元
超善恶	[德]尼采	28.00 元
快乐的知识	[德]尼采	26.00 元

后经典文丛

书　　名	作者	定价
后资本主义	李惠斌　李朝晖	38.00 元
后帝国主义	曹荣湘　曹义恒	30.00 元
后社会主义	苑洁	48.00 元
后马克思主义	李惠斌　周凡	54.00 元
后马克思主义:批判与辩护	周凡	46.00 元

全球化系列

书　　名	作者	定价
全球化的边界——当代发展的难题	[俄]戈尔巴乔夫基金会	68.00 元
白银资本——重视经济全球化中的东方	[德]贡德·弗兰克	35.00 元

不纯洁的全球化	[印]卡瓦基特·辛格	20.00 元
国家与市民社会	邓正来	32.70 元
资本全球化	[法]弗朗索瓦·沙奈	19.80 元
金融全球化	[法]弗朗索瓦·沙奈	20.00 元
经济全球化	[法]雅克·阿达	19.00 元
全球化陷阱——对民主和福利的进攻	[德]哈拉尔德·舒曼等	21.80 元
全球化时代的民族与民族主义	[英]安东尼·史密斯	16.80 元

社科类

书　　名	作　者	定价
小趋势	[美]马克·佩恩　E. 金尼·扎莱纳	58.00 元
大事件	[英]杰希卡·威廉姆斯	38.00 元
沉思录	[意]马可·奥勒留	20.00 元
沉思录　中英双语·典藏本	[意]马可·奥勒留	32.00 元
渐进的社会革命	林德山	45.00 元
精质论——一种新的本原说及其视野里的现实世界	汤公山人	38.00 元
公民伦理观的价值源流	周国文	30.00 元
当代中国司法文明与司法改革	缪蒂生	29.80 元
《新民主主义论》与中国文化现代化	辛文斌	28.00 元
从结构到解构:法国 20 世纪思想主潮	[法]弗朗索瓦·多斯	120.00 元
西方现代思想史	[美]马兰·斯特龙伯格	68.00 元
保守主义的含义	[英]斯克拉顿	25.00 元
庶民研究	刘健芝　许兆麟	29.80 元

现代性之隐忧	[加]泰勒	10.00 元
乌合之众	[法]勒庞	16.00 元
世界传播与文化霸权	[法]阿芒·马特拉	26.00 元
群众与权力	[德]埃利亚斯·卡内提	28.00 元
图腾与禁忌	[奥]弗洛伊德	24.60 元
性爱与婚姻	[英]罗素	25.60 元
不同的声音	[美]吉利根	19.80 元
比较诗学	[美]厄尔·迈纳	20.50 元
首都外语论坛(第 1 辑)	刘利民	80.00 元
首都外语论坛(第 2 辑)	刘利民	120.00 元
美德的起源	[美]麦特·里德雷	21.80 元
神圣的饥饿	[美]桑迪	26.80 元
民主的模式(新)	[美]赫尔德	26.90 元
理念人(新)	[美]科塞	24.80 元
古代社会	[美]路易斯·亨利·摩尔根	48.00 元
博弈生存	潘天群	16.80 元
民族与民族主义	[英]厄内斯特·盖尔纳	16.00 元
妇女、民族与女性主义	陈顺馨、戴锦华选编 吴晓黎等译	21.80 元
解殖与民族主义	许宝强、罗永生选编	19.80 元
民族主义	[英]埃里·凯杜里	11.80 元
反市场的资本主义	[法]费尔南·布罗代尔	23.00 元
冷却的太阳	[美]巴恩斯	36.00 元
历史的真相	[美]阿普尔比	21.50 元
资本主义论丛	[法]费尔南·布罗代尔	18.40 元

实践与反思	[法]布迪厄	26.80 元
不同的声音	[美]吉利根	19.80 元
地方性知识	[美]克里福德·吉尔兹	24.80 元
驯服偶然	[加]伊恩·哈金	28.00 元
社会科学方法论	[德]马克斯·韦伯	14.90 元
人文科学认识论	[瑞士]马丁·皮亚杰	16.40 元
作为意识形态的现代化	[美]雷迅马	22.00 元
政谈	[日]荻生徂徕	22.00 元
现代性困境中的极端体验	肖伟胜	21.80 元
真实之复兴	[美]斯普瑞特奈克	18.00 元
先秦名家四子研究	朱前鸿	20.00 元
知识的战术研究	韩毓海	22.00 元
信用伦理研究	王淑芹	28.00 元
维护政治理性	陈喜贵	20.00 元

北京市版权局著作权合同登记章

图字:01 - 2005 - 5044

Légitimité et politique

Jean – Marc Coicaud

© Presses Universitaires de France

本书简体中文版由 Presses Universitaires de France 授权中央编译出版社独家出版发行。
版权所有,未经许可,不得以任何方式使用。

图书在版编目(CIP)数据

合法性与政治/(法)夸克著;佟心平,王远飞译.
—北京:中央编译出版社,2002
ISBN 978 - 7 - 80109 - 553 - 4

Ⅰ.合... Ⅱ.①夸... ②佟... ③王... Ⅲ.合法主义 - 研究 Ⅳ.D091.6

中国版本图书馆 CIP 数据核字(2002)第020223 号

合法性与政治

出版人	和 龑	
责任编辑	高立志 周明圣	
责任印制	尹 珺	
出版发行	中央编译出版社	
地 址	北京西单西斜街 36 号(100032)	
电 话	(010)66509236 66509360(总编室) (010)66509366(编辑室)	
	(010)66509364(发行部) (010)66509618(读者服务部)	
网 址	www.cctpbook.com	
印 刷	北京中兴印刷有限公司	
开 本	880 × 1230 毫米 1/32	
字 数	238 千字	
印 张	9.5	
版 次	2002 年 5 月第 1 版 2008 年 12 月第 2 版第 1 次印刷	
定 价	28.00 元	

本社常年法律顾问:北京建元律师事务所首席顾问律师 鲁哈达
凡有印装质量问题,本社负责调换。电话(010)66509618